# 公益华夏
# 中国民间
# 公益机构
# 访谈录

梁卫浩◎编

南方日报出版社
NANFANG DAILY PRESS
中国·广州

**图书在版编目（CIP）数据**

中国民间公益机构访谈录 / 梁卫浩编. — 广州 : 南方日报出版社,
2015.11
ISBN 978-7-5491-1316-3

Ⅰ. ①中… Ⅱ. ①中… Ⅲ. ①慈善事业－概况－中国－现代 Ⅳ. ①
D632.1

中国版本图书馆 CIP 数据核字(2015)第 237151 号

ZHONGGUO MINJIAN GONGYI JIGOU FANGTAN LU
中国民间公益机构访谈录

著　　者：梁卫浩
出版发行：南方日报出版社
地　　址：广州市广州大道中 289 号
责任编辑：刘志一　郑　颖
封面设计：邓晓童
责任技编：王　兰
责任校对：阮昌汉
经　　销：全国新华书店
印　　刷：广州市怡升印刷有限公司
开　　本：787mm×1092mm　1/16
印　　张：14.75
字　　数：220 千字
版　　次：2015 年 11 月第 1 版
印　　次：2015 年 11 月第 1 次印刷
定　　价：38.00 元

投稿热线：（020）87373998-8503　读者热线：（020）87373998-8502
网址：http://www.nanfangdaily.com.cn/press　http://www.southcn.com/ebook

# 序言

## 伟大时代先行者的史册

■ 王振耀（北京师范大学中国公益研究院院长）

在历史发生根本性转折的时期，许多伟大的创新往往始于一些细微的、有着决定性意义的改革以及参与这些改革的勇于探索的先行者们。

在中国开启经济改革的大时代之初，大家耳熟能详的故事，就是始于安徽省凤阳县小岗村的村民；而农村选举的改革，则是吉林省梨树县平安村农民所致力创造的海选经验。也许，他们居于实践一线，春江水暖鸭先知，最早感知社会需求并具有志向与使命感的一线人员，往往能够从细微之处开启伟大改革的历史之门。现在，当社会改革时代来临的时候，又是一大批行动者在社会急需之处开始了民间公益的探索。

当我接到中央人民广播电台梁卫浩先生送我本书的初稿并嘱我作序的时候，仅仅初步翻看一些内容，就被书中所记录的人物及其故事所深深感动。这决不仅仅是因为书中的人物绝大多数都是我的好朋友，有的故事我也有所参与，更为重要的，是书中所系统记录的这些历史性的案例，客观上反映了我们时代的伟大进步，勾勒了这些时代先行者的探索、波折、成功与挑战。该书的出版，必将成为公益慈善领域一份宝贵的案例汇编，给同行者们以激励和启迪。

尽管整个发展的态势并不均衡，但我对中国公益慈善的未来是持相当乐观态度的。其实，在2008年汶川地震的四川灾区的日日夜夜，我作为国务院抗震救灾前方指挥部的成员和民政部救灾救济司的司长，看到民间组织的杰出表现，看到志愿服务的巨大力量，看到年轻人义无反顾的救灾行动，就已经深切地感受到中国社会的力量所在。在大灾大难面前，中国社会所展现的担当精神，使国际社会对中国人刮目相看！是年8月，在秘鲁首都利马召开亚太经合组织的救灾委员会会议，我作为会议主席向大家介绍中国救灾的进展并受到各个经济体代表致敬的情景还历历在目，我知道，这是大家对中国人民和中国政府的特别敬意。

前几年，作为北京师范大学的教授在欧洲参加一次国际会议，与一位以色列的教授讨论中国慈善的发展。他对中国的坦诚赞言让我意外：“王先生，你永远都要对中国人的慈善保持乐观，你想过世界上有哪一个民族能够待犹太人太好而让其忘掉了自己的宗教呢？”我认真请教，原来是以色列民族永远记着宋朝时期一支犹太人到中国最后融合于中华民族的故事。确实，我们的民族基因中有着相当多的善因！这是我们的一份重要的民族财富。

过去，由于多种原因，我们的社会慈善受到多方面的抑制。我们这一代人，长期所使用的语言就是“披着慈善的外衣”来观察和处理与慈善有关的组织与人士。我们的心智模式就是：世界人没有无缘无故的爱，如果有人给你钱物，一定是对你有所求。我们这一代人习惯于使用“别有用心”一词，对慈善行动往往是充满怀疑，百般挑剔。

但是，从2004年开始，在中国共产党的历史上，第一次充分肯定慈善的意义。第二年，支持慈善事业就列入了国务院的工作重点之一。而落实此项工作任务的，就是我担任司长的救灾救济司，我们组建了中华人民共和国历史上第一个慈善工作处，我们召开了中国历史上第一届中华慈善大会并颁布了中国慈善事业发展指导纲要。使人始料不及的是，仅仅几年时间，汶川地震的救灾行动就使得国家政策所激发的社会活力能够充分展现，人们普遍认为2008年开启了中国的公益元年！

本书所记录的，绝大多数都是在2005年之后社会涌现的著名公益慈善典范，他们的故事我不用重复。但我要特别说明的是，我辞职离开民政部所组建的北京师范大学壹基金公益研究院，就是与壹基金特别是李连杰先生有着直接的关系。由这一事实可以看到，民间组织实际上可以影响到政府部门一个司长的职业选择，民间公益所具有的力量，自2005年以来已经获得了长足的进步。

现代慈善客观上就是组织慈善，是民间的爱心人士组织起来，与政府合作，承担起解决各类社会问题的责任。在中国社会的人均国内生产总值2014年已经超过7600美元，并且在未来几年之内中国多个省、自治区、直辖市超过10000美元的历史时期，中国的社会建设已经面临相当紧迫的挑战。社会建设就是要提供更多的社会服务产品，这类服务，就是以老年人、儿童和残疾人为基本对象的服务，通常称之为人类服务。在这个方面，我国社会还相当滞后。生产以人为本的社会服务产品，必须由社会组织来承担，这就如同经济商品必须由经济组织来承担一样。而如何由社会组织来提供社会服务，对于我国社会还是一个较大的挑战，因为这是一项新事物，无论是政府还是民间，都不太适应，不太会从事此项工作。

在这样的发展阶段，许多有使命的先行者主动承担起社会的责任，他们主动探索，不断改进，做出了相当多的有影响力的成就。他们中的主流应该充分肯定！正如听到邓飞说，他们团队参与推进的免费午餐项目成为国务院的重要政策，我的激动甚至超过了他们的团队。因为，我看到了一个政府与民间积极互动模式的产生，这恰恰是中国社会改革的希望所在。

我要特别感谢中央人民广播电台，更要感谢《公益华夏》节目的梁卫浩先生，正是他们的眼光与持续努力，促成了国家电台开始对民间公益的传播与推广，从而促成民间公益具有更为广泛的影响力。

历史的进步往往来自基本的社会发展环节中关键人物的主动创新，这里往往没有多少既定的计划。本书所记录的人物与事件，相信正是中国社会转型之时，社会领域中最为关键的一些人物，他们展示了中国社会进步的图景！这些人物，现在还依然坚守在各自的组织与项目之中，还在不断地面临挑战，也在不断地克服困难，坚强地成长。愿此书的出版，作为记录他们成长的史册，产生新的促进!

2015年6月21日于北京

# 目录

前 言

# 记录民间公益前进的脚步

■ 梁卫浩

这本书的出版，跟一个广播栏目有关。

2013年初，中央人民广播电台华夏之声（对港澳和珠三角地区广播的区域国家电台）正式推出一个纯公益类栏目——《公益华夏》，每周六、日晚上以一个小时的时间，讲述公益故事，分享公益理念，推动公益行动，用温暖的声音讲述温暖的故事，传递社会正能量。一个小时的纯公益类栏目，当时并不多见，我是这个栏目的开创者和主编。

港澳地区的民间公益发展，已是非常成熟。曾在澳门工作数年的我，对此有近距离的观察，尤其是每年一度、已坚持31年的澳门公益金百万行，每次活动都万人空巷，全城近十分之一的人热情参与，印象极其深刻。世人眼中的赌城，于我心中是一座爱心无限的公益之城。

2008年汶川地震被视为中国现代民间公益元年，曾赴灾区现场采访的我被众多民间公益人士的热情所感动，也为随后几年我国民间公益事业的大发展而激动。尤其是看到知名媒体人士邓飞、王克勤纷纷投身公益事业时，更令我心驰神往。

2012年年中，我到华夏之声广州编辑部主持工作，每天有四五个小时的节目时间。于是，一切都是那么水到渠成，经过初步尝试，我们便在2013年初正式推出《公益华夏》栏目，每周六、日播出一小时。

初试啼声，反应良好，领导认可，业界赞叹，收听率也不错，给了我们信心。2013年6月，恰逢华夏之声大改版，对港澳节目中心领导力主《公益华夏》必须每天播出，方能有更大社会影响。

每天晚上一个小时的纯公益类广播栏目，恕我孤陋寡闻，之前并未听见。当时每周两天，已把我们累得人仰马翻。每天都做一小时，要累死人的节奏?

感谢伟大的互联网，尤其是微博、微信，让我们可以轻松找到各种公益活动资讯，联系采访各个公益机构；更感谢开放的公益圈，各位小伙伴都非常愿意分享，乐意讲述自己的故事。

从一开始，我就定位其为一个公益人士的分享平台。不同的公益小伙伴在节目中分享他们的喜怒哀乐、甜酸苦辣，分享他们的探索与碰壁、成功与失败，自然就会带来多元化的故事、多方位的思考、多角度的碰撞，从而能较全面地反映我国公益事业的现状与前景。

《公益华夏》栏目一突出特点，是聚焦民间公益机构。一来各种官方或半官方慈善机构已为大众熟悉，也有较多传播渠道；二来20多年记者生涯，我认为民间公益机构更有活力，更有创新力，更具成长性，更接地气，更有故事，更需要挖掘，更需要传播。

截至2015年4月底，《公益华夏》栏目播出近750期，采访公益小伙伴超过千人次。其中，约四分之三为民间草根公益机构负责人，其余包括政府官员、基金会负责人、学者和企业CSR负责人。

两年多时间坚持下来，我们累并快乐着、感动着。国家的重视与支持、商业力量与手段开始深入介入公益领域、越来越多知名高校成立专门的公益慈善研究机构，种种迹象皆昭示着我国公益慈善事业已迈入高速发展的历史时期。作为媒体人，见证并记录这一过程，是我们的责任，更是我们的荣幸。

更重要的是，我们注意到，“公益”已日益成为社会主流思潮，越来越多的普通人愿意投身其中，为社会一天天变得更加美好而努力。尤其是那些平平凡凡、默默无闻的公益小伙伴，如同一株株野草，即使无人关注，无人喝彩，他们仍努力生长，为大地不断添上一抹抹绿色。

平凡人的努力与坚持，总是给我们最大的感动。记录他们前进的脚步，讲述他们温暖的故事，是我们的责任，更是我们的荣幸。

移动互联时代，我们还充分利用微博、微信和专业电台APP等形式，尽可能地把这些温暖的故事传递给更多的受众。

我们还身体力行，积极参加公益活动，如连续数年参加深圳慈展会、壹基金举办的“为爱同行”50公里公益徒步、广州公益界联合主办的“益动广州”公益徒步、“免费午餐”成立周年纪念活动等等。

传播公益、践行公益，我们乐在其中。

某天闲聊，我们节目的常客——中山大学中国公益慈善研究院的周如南老师说他们正在策划出一系列关于我国民间公益的书，有较强的理论指导性。我一听，第一反应就是我们节目采访了大量的民间公益机构，如果可以择其先进，将这些一线公益机构的探索与努力，以文字的形式向公众传播，供业界借鉴，不是挺好?

于是，我们重新梳理了一遍数百家采访过的民间公益机构，以影响力、成熟度、创新性为主要衡量标准，选出了目前您所看到的18家民间公益机构，重新采访、整理，以访谈的形式结集成书。

本书内容大致可分为以下几类：

一是基金会，如全国知名的壹基金和阿拉善SEE基金，还有由金融高管们发起的真爱梦想基金会，这几家基金会都越来越重视以商业的理念和手段去经营公益事业。

二是教育资助类项目，如让孩子免于饥饿的免费午餐、专注中国贫困地区教育的美丽中国和麦田计划、致力于农村小朋友阅读的满天星等等。

三是社会救助类项目，如关注农民工尘肺病的大爱清尘、互助互爱的北京瓷娃娃罕见病关爱中心、20年如一日服务麻风病康复者的广东汉达康福协会、关注重症儿童的碧心基金、让癌症患儿不再孤独的广州金丝带协会、守护精神障碍者权利的深圳衡平机构和守护山野安全的深圳山地救援队。

第四类我把它们归为社会企业，如邓飞发起的以“让农产品走出农村　让爸爸妈妈回家”为宗旨的E农计划；王卫创办的以“骑行天下　传播公益”为己任的“齐天下”游学馆；安猪则完成了从背包客到公益人再到社会企业家的蜕变，矢志以设计新颖的“一公斤盒子”来改善教育；郭鹏设计的一款走路就可以做公益的APP“行善”，极大地降低了公益的门槛，并赋予公益时尚、健康的形象，深受年轻人欢迎。

再次采访这些可敬的公益人，再次细读这些温暖的故事，仍深深被他们温暖着，感动着，激励着。再次重申，记录他们前进的脚步，传播这些温暖的故事，是我们的责任，更是我们的荣幸。

更荣幸的是，您和我们一起分享这些温暖故事。

移动互联时代，我们很高兴与知名播客平台——荔枝FM合作，把我们书中的访谈录音放到了平台上。书中每篇文章前都有一个二维码，一扫就可以听到记者与嘉宾的对话。目前荔枝FM已有数千万注册用户，且以年轻人为主，我们期待这些公益声音能在更广泛的空间被听到。

# 壹基金：
# 面向未来　人人公益

■ 嘉宾：壹基金秘书长李劲

■ 记者：邓泽宇

听见公益

## 机构简介

壹基金是李连杰先生2007年4月创立的创新型公益组织，2010年12月3日在深圳注册为中国第一家民间公募基金会。作为中国最具标志性的民间公益组织，壹基金一直备受关注。2014年2月，壹基金理事会正式换届，在新一届理事会带领下的壹基金将继续以“尽我所能，人人公益”为愿景，搭建专业透明的公益平台，专注于灾害救助、儿童发展、公益支持三大领域，致力于成为中国公益的开拓者、创新者和推动者。

## 在变化中创新，实现转型

泽宇：从2010年12月壹基金在深圳注册成立，到现在已经有4年的时间了，经过了4年的发展，壹基金的公益项目和活动在全国各地开展。2014年初，第二届理事会成员更替上任。这个变化是否也意味着壹基金的整体发展战略会和以往有一些不一样的地方呢？

李劲：第二届理事会其实是第一届理事会的延续，壹基金的工作领域和战略并没有大的变化。但是，目前中国公益正在面临着重大的转型，所以壹基金作为一个现代公益组织也在思考未来的方向。

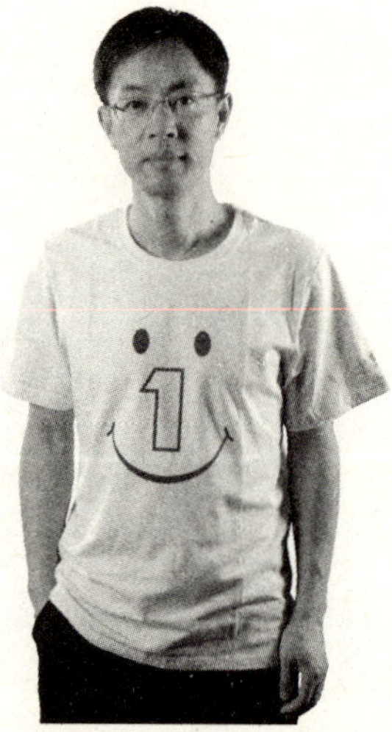
壹基金秘书长李劲

目前，管理思维正在发生变化，业务模式在考虑调整。比如说我们现在要推行企业管理模式，以企业管理的思维来治理和经营公益组织，这是一个比较大的思路转变。同时，我们也在考虑业务模式里面，包括项目、筹资、传播这三大业务的组合，以及我们后台的财务管理、综合运营方面，怎么样组合得更好，更有效地实现使命，更有效地来使用从公众那里募集的资源。这个资源包括信任、资金、他们的志愿时间和他们的专业技术等等。应该说去年换届之后，特别是马蔚华理事长就任之后，这个思考显然要更多。

泽宇：现在是一个更加全面的构想。刚刚李秘书长您提到了它是一个延续，壹基金一直都很强调“尽我所能，人人公益”，在新一届理事会上任之后，原来的三大领域儿童关怀、灾害救助以及公益人才培养会发生改变吗？

李劲：“尽我所能，人人公益”是壹基金的愿景，这是我们对未来的期望和设想，以及我们的工作在未来所呈现的理想状态，这个是不会变的，会坚持10年、20年、30年，甚至50年、100年都不变，我们希望未来是一个“尽我所能，人人公益”的世界。说到具体的战略和业务，会有一定的变化。大家都知道现在的公益组织跟企业是一样的，会根据外部环境的变化来进行适当的调整。当前我们的三大领域是没有变的，包括灾害救助、儿童关怀、公益人才培养。最近，我们思考比较多的对象是儿童，现在这个领域叫“儿童关怀”，实际上我们更注重的是“儿童发展”，所以我们可能会把这个领域变为“儿童关怀与发展”。最近，国家统计局发布了2013年《中国儿童发展纲要（2011—2020年）》实施情况统计报告，这一届政府明显加大了对中国儿童发展问题的关注，所以我们的工作也是对这份报告的很好的呼应。

此外，理事会通过的关于公益行业发展方面的计划，称为“公益人才培养”。实际上公益人才培养已经有很多机构在推动。我们在想，作为在国内有自身独创性和先进性的这样一个指标性的公益组织，在公益行业发展方面扮演什么样的角色是更为有效的，这是我们思考的问题，所以我们现在想把这个领域的名称改为“公益支持与创新”，支持公益行业发展，特别是支持公益创新。我们现在在做的一些工作，比如说内控机制的建设，就是内部风险控制机制的建设、信息化战略的建设。如果把公益机构当作现代企业一样管理的话，这些方面都是对公益机构而言比较创新的内容，所以我们也在想这些方面先尝试，然后看能不能引导、推动和促进行业一起做。过去两年以来，我们的工作重点是灾害救助领域，但是对于公益支持与创新，我们有很多想法。我相信这个领域的成长，会使壹基金对整个中国公益的贡献，对美好社会的建设起到更重要的作用。

泽宇：能不能这样理解，壹基金要打造一个公益枢纽组织，把所有从政府到民间的力量都集合起来？

李劲：我觉得提打造枢纽组织可能为时尚早，我们现在更多的思考是如何让壹基金成为一个面向未来的公益组织。就像我刚才提到的，中国公益在发生很大的变化，需要靠创新来迎接这样的变化，要逐渐实现壹基金的转型，这个转型的目标肯定是面向未来的，但是未来是什么，实际上对企业界、公益界来说，都是比较模糊的。我们知道互联网和移动互联网对人类生活的影响越来越深远，越来越广泛，这样的潮流对一个现代公益组织意味着什么？我们在思考，我们在观察，过去半年我们做的很多工作实际上是梳理、思考，还没有到完成转型和定位的阶段，但是确定了目标，是成为面向未来的公益组织，面向未来的现代公益组织，面向未来的以现代企业制度进行管理的公益组织。

## 引入现代企业管理思想

泽宇：自从前招行行长马蔚华担任了壹基金的理事长之后，他给机构带来了很多新的变革，特别是把现代企业制度引入到基金会的管理中。这个转变的过程，是不是也经历了一个阵痛的阶段呢？

李劲：思考本身可以是痛苦的，也可以是快乐的。马理事长上任之后，他明确提出以现代企业的管理思想来管理公益组织，这一点是非常清晰的。那么什么是现代企业制度呢？这包含了它对使命的认识，对战略使命一致性的认识，对业务模式、业务板块与战略一致性的认识，对人力资源如何与机构的战略和业务板块保持一致性的认识，对机构的文化如何促成更好的人力资源的形成的认识，对机构的内部风险控制和外部风险控制如何支撑整体业务的平稳发展、避免出现重大风险的认识，还包括人力资源里面包含的绩效管理体制，这些都是现代企业管理的一些基本思维。我们正在推行这一套思路，过程中肯定会有痛苦。目的都是为了提升壹基金作为一个现代公益组织的效率和效能，利用同样的资源获得更多的公益产出，使公益产出可以更好地节约公众的资源，所以效率和效能是我们的目标指向。如果这个目标指向能够实现的话，也就是说我们的战略和使命可以更加一致的话，我们的业务模式就能够更好地支撑我们“人人公益”的使命。这个转换的过程只是刚刚开始。

此外，马理事长特别清晰地提出要在壹基金推行“客户经理制”，这种制度把传统的“受益人”称为“主要客户受益人”，以此支持客户捐赠人，把其他的利益相关方都当成客户来为他们服务。我们要服务受益人，服务捐赠人，满足他们的诉求，同时又能实现我们的使命。当前，整体业务盘面的组合对机构来说是有冲击的，但是这样的思考可以使壹基金更好地面向未来。也就是说在未来的环境中，在内外部环节变化的情况下，还能够更好地实现“人人公益”，这个目标指向是非常清楚的。但是，如果机构的业务内容和业务模式没有发生变化的时候，就认为它已经能够实现使命，实现“尽我所能，人人公益”，我觉得还为时尚早。

泽宇：那这三大项目在业务模式已经变化了的基础上，会不会也随之发生一些新的变化，进行一些新的梳理呢？

李劲：一定会有一些新的变化，这里就要谈到机构转型的内容了。虽然这个转型内容和方式还没有特别明确，但我们可以明确的是：第一，壹基金一定会利用互联网和移动互联网带来的潜力和机会；第二，如何使我们的工作更加贴近城市人群。我们现在服务于中西部贫困地区的人群，城市人群参与公益并不仅仅只是捐钱，他们可以以更有意义的方式参与，比如志愿服务，这意味着捐赠者能够更好地理解我们所从事的事业。

泽宇：在灾害救助这一块，原来壹基金总会在紧急救援的时候出现在第一线，过渡安置和灾后重建的阶段也做了很多的工作，未来有什么变化吗？

李劲：在灾害救助这一方面，面向未来的话，必须要把精力放在减灾和防灾上面。当大灾来临的时候，壹基金一定会作为一个民间公益组织冲在最前面。当全国人民都信任壹基金，把大量资源捐赠给壹基金的时候，肯定希望壹基金在紧急救援、过渡安置以及灾后重建上面都有出色的发挥，我们是不能辜负全国人民的期望的。我也相信我们的团队在过去两年多以来，已经变得越来越成熟。比如说我们在鲁甸地震灾后以钢架房结构援建的一个学校，在1月中旬就已经投入使用了。只用了大概5个月的时间就能够投入使用，这显然就是一个团队成熟的表现。我们的团队把雅安救灾以及灾后重建的一些经验直接用到鲁甸，效率自然就高了。

另外在儿童关怀与发展这个领域也是一样的，就是刚才我提到的，一是利用互联网带来的机会，二是要贴近城市人群，三是我们在这个业务模式上的思考，就是所谓的“产品化”，包括三个方面：一个是项目，也就是对中西部受灾地区或者灾害易发地区的弱势人群的服务；一个是筹资，也就是与捐赠人的互动和传播；一个是与公众的互动。这三个部分都要结合在一起。以前三个部分是相对分离的，现在我们在讨论项目的时候都会关注到，比如说“温暖包”项目、“海洋天堂”项目，怎样才能够把筹资、传播和对受益人的服务融合在一起，相互支撑，而不是相互割裂，这就是一个业务模式的重要变化，当然我们还在思考这个方法。

泽宇：您提到“海洋天堂”，这个项目在过去一年中也有很多执行策略方面的转变。能不能给我们具体介绍？

李劲：在儿童关怀与发展这个领域也会进行业务模式的调整，海洋天堂这个项目是比较好的例子。以前海洋天堂这个项目比较重视对自闭症、脑瘫和罕见病儿童治疗费用和培训的直接的捐赠，包括老师的培训。项目做了三年以后我们发现，想要引起社会的关注，实现社会影响，解决特殊儿童个人和家庭所面对的问题，仅仅通过治疗和培训是不够的，更好的解决方法是政府出台更多关注特殊儿童和他们家庭的政策，所以我们会把更多的精力放在特殊儿童的社会融入、社区倡导和政策倡导上。这是在项目执行策略方面的转变。

在筹资方面，我们加强和捐赠方更深度的合作。比如说我们很幸运，当然也是因为我们团队工作努力的缘故，有了像英菲尼迪这个重要的捐赠者。这个捐赠者的重要性不在于它捐了600万元或者1 000万元的资金，更重要的是它把企业自身的业务模式和壹基金海洋天堂的业务模式结合在一起，他们是一个销售的业务模式，通过4S店和它的消费者发生关系，他们希望号召4S店的员工和管理者，以及他们的消费者、车主朋友们能够有效地参与到海洋天堂这个项目里面来，所以除了捐赠的资金之外，他们最后动员的能量会非常大。

在传播方面，引入了与艺术家群体合作的方式。我们和广州市少年宫在艺术上进行合作，用白瓷做了100个罕见病、脑瘫和自闭症儿童的塑像，在全国6个城市展出，邀请许晴这样非常有影响力的影星做我们的推广大使，通过艺术的形式和城市人群直接接触。所以说海洋天堂这个项目，在三个维度都在创新，但这三个维度如何更好地结合，还需要我们去探索。

泽宇：这也说明了壹基金未来会更加关注合作伙伴，对吗？

李劲：是的。这就要说到未来我们的民间NGO伙伴如何更好地参与到筹款和传播工作中。最近我印象很深刻的是西安的一个合作伙伴——西安拉拉手特殊教育中心，这个伙伴联合西安音乐学院做了一场关注自闭症的音乐会，邀请了像赵季平这样国内顶级的作曲家、音乐家，让他们参与并来到现场，让音乐学校的学生、自闭症的孩子以及家长都能够齐聚一堂，通过举办音乐会这样快乐的方式来了解关注自闭症。这个活动是西安当地的NGO合作伙伴做的，不是壹基金做的，壹基金只是提供一些后方支持。像这样的效果都是我们特别希望看到的，能够看到我们的合作伙伴在成长，和壹基金共同成长。

## 将企业运营模式融入公益

泽宇：说到“人人参与”有一个很直接的体现，那就是壹基金的“为爱同行”这个项目。在2013年的时候，“为爱同行”50公里徒步活动只在深圳和杭州举行，到了2014年的时候就分别在深圳、长沙、温州和厦门四地一起举行。只是一年的时间就获得了如此快速的发展，这是为什么呢？

李劲：我们很幸运跟一些具有前瞻性的企业伙伴合作，比如战略合作伙伴之一可口可乐，这个战略合作伙伴不光体现在捐赠，还体现在参与我们的业务模式，对我们几个项目的公益支持，包括公益映像节、净水计划、为爱同行等项目和活动。为爱同行可以在这四个城市举办，一方面是当地政府的支持，这个很重要，更重要的一点是可口可乐公司业务链上的装瓶厂，比如深圳、长沙、厦门、温州、杭州的装瓶厂都扮演了很重要的角色。在企业的业务模式里面包含有生产、装瓶、运输销售等环节，每个环节的人都参与了这个活动。像在长沙、厦门、温州，我都作为健行者参与过，发现整个可口可乐集团的下游部分都很积极地参与进来，员工参与的积极性都很高。

所以，我们不会把企业伙伴当作奶牛来挤奶，或者说是当作钱篓子、钱袋子来掏钱，更重要的是如何通过企业的业务模式、商业的业务模式，更好地推进公益。其实不管是在中国还是在全世界，企业的力量现在都远远大于公益的力量，所以我们应该如何顺势而为，融入企业的生产和经营方式，包括销售方式，这是现代公益组织必须要思考的问题。当然这几个城市的公众和政府都非常支持，这也是一

2015年，为爱同行杭州站，李劲秘书长（右一）为队伍颁奖

个很重要的因素。但是，一个现代公益组织如果能够与现代企业合作，特别是能把它的公益模式更好地融入企业的运营模式，那它成功的概率可能就会大很多。

泽宇：其实从结果来看，基金会和企业的合作是受到公众认可的，光从“为爱同行”这个项目筹款的数字来看，2013年只在两个地方举办就已经达到250万元善款，而第二年在四个地方举行，善款的总额就更多了。这是否也说明了只要有适合的活动和项目，公众并不抗拒用捐款的方式奉献爱心呢？

李劲：对，现代的公益组织不仅要学习现代企业的管理制度，还要利用现代企业管理的基本观念和方法。更重要的是要面向现在、面向未来，关注当代主流人群在思考什么、关注什么、爱什么。最近这几年，城市人群越来越重视自身健康，重视衣食住行，重视环境保护和自身的锻炼。这个变化很重要，为什么“为爱同行”能够得到这么大的支持和这么快的普及？正是因为它抓住了普通中国老百姓，特别是青年人对运动和时尚的关注、喜爱和参与。今年我们还会和耐克合作，启动一个比较大型的项目，会考虑如何把公益模式注入到现代人的生活方式、企业的经营模式里面，这将会是壹基金在这方面最重要的探索。

我们不是用一个弱势人群动人的、伤感的故事去赚取公众的眼泪和他们的同情，而是把公益模式、公益行为、公益思考融入普通老百姓的衣食住行和生活方式，融入企业的经营方式，这样的公益机构才是一个顺势而为、因时而化的公益机构，这是对外的要求。对内就是要用现代企业制度、现代企业管理的思维来经营和管理公益组织。所以，从内功到外功两方面都要求壹基金要有更多的思考、实践和变化，而变化和实践、思考的唯一目的，就是更加有效地实现我们的使命“尽我所能，人人公益”。

## 以制度化的方式对公众负责

泽宇：对于很多公益慈善组织来说，单纯公布筹款的数字，显然已经没有办法满足现在公众的要求了，包括善款怎么用、最后的效果如何，这方面的信息公开都对公益慈善组织提出了更高的要求。这是不是也会给壹基金带来一些压力呢？

李劲：这个压力是显然的，特别是大互联网时代来临，使得信息更加容易得到，同时“信息不对称”这个问题更加凸显。因为有些信息是不能通过互联网得到的，互联网得到的信息可能是容易的、简单的信息。以前我们提到公益机构、公益人口、公益人群，都是讲自律，但是作为现代公益组织来说，就必须靠制度来解决这个问题，而不能只靠道德解决这个问题，这可能要求新一代的公益人有更多的思考。我们的前辈更多的是考虑怎么样利用自律的方式、自律联盟的方式来解决公众信任的问题，而我们现在考虑的是制度的问题。比如在这个办公室，采访之前坐在这个位子办公的是IBM的高级咨询师，我们为什么请IBM来给我们做咨询？因为这关系到我们新的IT信息化技术战略。它是一个战略，而不是一个信息化技术的系统或者简单技术的使用，而是一个协助壹基金构建面向未来的信息化战略。也就是说我们怎么样把三大业务板块，甚至是后方的综合运营和财务这两个管理支持部门的信息，通过IT技术、信息化的技术整合起来。对项目来说，就是指我的钱从哪里来、到哪里去、受益人是谁、捐赠人是谁、机构提供了多少什么样的服务。对于壹基金这样一个大型的机构来说，这些信息都是海量的信息。

这些信息都需要向公众传播，向捐赠人汇报。如何从捐赠开始，由捐赠人到壹基金，由壹基金到受益人，再从受益人那里返回到公众、反馈给捐赠人，形成一个闭环，是我们在深入思考的。这些海量信息的处理对于一个小的机构来说可能用一个Excel表就可以处理了。但是，壹基金去年的捐赠人数超过400万，捐赠金额是20 080万元，这样海量的数据如果用传统的方式、用Excel表、用一堆人能够处理吗？不能处理。所以我们更多是考虑如何用制度，如何用战略来解决这个问题。信息量大了肯定就会造成信息不充分和信息监控不到位的问题，业务量大了会有腐败风险出现，所以我们就会考虑设置“内部风险控制机制”，包括在整个业务链上，哪些环节上存在风险、哪些风险大、这些风险分别用什么方式来控制，诸如此类的内控机制。因此，“信息化战略”和“内控机制”都是一个现代公益组织所思考和使用的方式，从而更好地对公众负责。

我认为对公众负责不是简单地把数据和信息告诉公众，而是让他们更好地理解我们作为公益组织所做的事情的意义是什么、怎么样理解我们做出的成果。比如，给一个孩子提供300元的治疗费是很容易说清楚的，一张收据就能够说清楚。但是说到自闭症的孩子和脑瘫的孩子如何获得更好的社会融入，社区的老百姓如何更好地接纳这些弱势儿童，使他们更加顺利、畅快、自由地在自己的社区和家庭生活，这些数据就更难获得，更加不容易沟通。我们考虑信息化，就是在考虑这个信息披露的时候，一定不要被简单的数据影响或束缚，要思考数据背后的意义是什么，这些意义才是公益机构存在的价值。

## 聚焦灾害救援，稳步走向成熟

泽宇：我相信对于基金会要实现面向未来的发展会面临很多的挑战，同时我们也能看到公众对于壹基金项目的认可，那能不能说明“人人公益”的局面正在逐步形成呢？

**李劲：**一方面，在壹基金整个业务盘面里，灾害救助这个领域是我们比较成熟和自信的。目前中国的确进入了一个自然灾害多发的阶段，但我们希望下一次的灾害来得更小一些、更晚一些。在这方面我们相当自信，我们的团队随时做好准备迎接挑战，壹基金从汶川地震、玉树地震，到雅安地震、岷县地震，再到最近的鲁甸地震，从这些大灾发生以来所形成的核心能力和竞争力已经很清晰了，所以我们一定会维护这个业务领域，因为这是社会的需要，是一种中国民间力量的参与。参与救灾实际上是中国社会发展的一个里程碑式的事件，壹基金绝对不会缺席，壹基金仍然会扮演非常积极和引导性的角色。

另外一方面，是刚才说的创新。在哪些领域创新？靠哪些资源创新？这都是我们在思考的问题。壹基金从一个名人发起的公益组织，发展到一个以企业界领袖为治理主体的现代公益组织，这个过程可以说已经完成了。当然，我们作为现代公益组织的转型还会是一个不断改善的过程。因此我们有了更多的资源向这些企业家学习，学习他们的智慧、他们的经验、他们的思想、他们的机构成功的业务模式。

从李连杰先生开始，一直到我们现在说的三驾马车（腾讯、阿里巴巴和招商银行），包括牛根生的基金会在最近也完成了转型，他也把自己的后半生都投入到公益慈善中。还有冯仑先生、王石先生都是一样的，他们能够提供的智慧是我们最好的资源，所以这也是我们的优势。这也意味着我们需要提升自己的能力，提升自己的学习能力，吸取最好的企业、最先进的企业、最代表未来的企业的精华，从而打造一个更加面向未来的现代公益组织。

泽宇：好，谢谢李劲秘书长，也希望壹基金能够持续传递着一种爱的理念，让这种信念在几十年、几百年之后，仍然流传人间。谢谢。

李劲：好，谢谢大家。

## 记者手记

和壹基金的缘分始于2013年首届“为爱同行”50公里公益健行活动。参加这次健行活动的出发点不是为了工作，纯粹是为了挑战自己身体潜在的能力。

在随后的采访中，我发现身边越来越多朋友开始加入我的行列，带着同样的诉求参与公益活动：为爱同行，捐助温暖包，关注困境儿童……大家在不知不觉中都成为了民间公益重要的推动力量。

奉献爱心是人类最美好的情怀，但只依靠爱心，很难让人们的志愿精神发挥出持续的效果。当前，公益行为已经跳脱出“我付出，你收获”的传统模式，出现各类公益创新。在采访当天，李劲就告诉我，在同一个会议室，他刚跟世界知名企业IBM的高级咨询师就机构的信息化战略部署进行交流。

公益事业方兴未艾，我们期待创新的理念能让公益成为每个人的生活方式，让“尽我所能，人人公益”的愿景真正实现。

# 阿拉善：

# 深耕环保　为公益而共和

■ 嘉宾：阿拉善SEE生态协会秘书长刘小钢

■ 记者：庞晓露

听见公益

## 机构简介

阿拉善盟是中国四大沙尘暴发源地之一，是对中国北方地区，特别是对首都北京沙尘暴袭击最为频繁的地区。阿拉善地区生态环境的治理需要长期、稳定的支持机制。为此，2004年6月5日，在企业家刘晓光等人的组织下，阿拉善SEE生态协会成立。这是由中国近百名知名企业家出资成立的环境保护组织，旨在改善和恢复中国内蒙古阿拉善地区生态环境，减缓或遏制沙尘暴的发生，同时推动中国企业家承担更多生态责任与社会责任。目前，SEE的企业家会员已经超过400人，10年来在环保公益领域的投入累计超过2亿元。

如今，阿拉善SEE生态协会在如何发挥企业家资源、联合社会各界力量、推动和促进环保事业发展方面推陈出新，如“创绿家”“节水小米”“企业绿色体检报告”。如何“留住企业家精神，留住碧水蓝天”，阿拉善和企业家们都在路上。

## 秘书长必须有能力去适应不同的会长

刘小钢：今天跟你们聊这个题目也是挺有意思的，昨天我们任会长到办公室宣布我正式卸任阿拉善的秘书长，王利民作为代理秘书长过渡大概半个月，月底正式上任阿拉善的秘书长。

庞晓露：在我印象里，您应该是任期最长的一位？

刘小钢：对，四年了，我是2011年这个时候去的北京。说实在的，这也是阿拉善最稳定的四年，太频繁换人对这个组织其实挺伤的。我2013年底就感召王利民过来，我们两个共同工作了一年，然后我才卸任，他去接任，基本上是做到了无缝交接，等于所有事情在我手上很顺地过渡到他的手上。这样的一个过程，可以令阿拉善这个组织的延续性更好，减少换人的破坏力。

庞晓露：我从前有一个印象是，秘书长是跟着会长更替的，是这样子吗？

刘小钢：我们原来的章程是这样规定的，后来发现其实这样的一种做法是不利于这个组织发展的。因为秘书处是一个常设机构，秘书长是这个秘书处的总的负责人，他应该能够做到适应不同的会长，他的稳定性其实比会长的稳定性要重要得多。大家民主选举产生会长，会长他是志愿者性质的。

秘书长是非常讲究稳定的，这个秘书长要是跟着会长走的话，两年换一个，这个机构就肯定搞不定。像我们国际狮子会的秘书长一做就做十几二十年，我们有一个创始人是终身的秘书长。秘书长的稳定，对这个机构非常重要，所以后来我们在章程上把这条拿掉。不能说换会长就换秘书长，每一任会长都带一个自己的秘书长来，这个组织肯定就做得不健康。

这样其实对秘书长的要求很高。秘书长必须要有能力去面对不同性格的会长，然后跟他配合好，把这个工作往前推进，这个是秘书长很重要的能力。

从我开始，秘书长就已经跟会长脱钩，所以我经历了三任会长：韩家寰、冯仑、任志强。三个会长完全是不一样的性格。他们对这个组织都有很深的感情，又各有特点。做秘书长，要懂得怎么样用他们的这些优势来支持我们秘书处的工作。

## 不同会长的不同特质对这个机构的贡献很大

庞晓露：从您自身的经历来说，您觉得在这三任会长各自的带领下，阿拉善有了怎么样的发展？

刘小钢：不同会长的不同特质对这个机构的贡献真的是很大。举几个例子，晓光总是我们的创会会长，对阿拉善就跟自己儿子一样，倾注了很多的感情，而且人特别正，特别好，大家都很喜欢他，有点像阿拉善的精神领袖。

第二任就是王石。王石我觉得是一个非常有愿景的领导人，他看问题看得很远，很有高度，阿拉善在他的手上跟国际接轨了。比如说在他的带领下，我们去参加哥本哈根的气候会议，和联合国的气候环境署签署合作协议，很多外国的领导人来中国跟阿拉善谈合作，谈关于气候变化、环境的话题，对于阿拉善的国际化贡献是很大的。

刘小钢在阿拉善地区“重回阿拉善”活动现场

韩会长是台湾人，身上最大的特点就是特别认真。你总是被他感动，他做事情事无巨细，可以一天打十个电话给你，就为把一件事情做好，你可以看到他非常非常用心。

冯仑很有文化范儿，为SEE做出的最大贡献是提升了SEE的文化和价值内涵。在冯仑那一届，我们有了自己的会歌，大家都觉得会歌特别好听，也特别喜欢唱，一唱起来大家都很激动。每一年有一个重回阿拉善的活动，回顾机构的起源，思考机构的价值。

庞晓露：我以为是一直都有的。

**刘小钢：**没有，是在冯总的那一届开始，就是每年的10月份，我们会把新老会员带回到阿拉善去，重温当年是怎么发起这个组织的，这个组织的使命是什么，有很多仪式性的东西。这是冯仑很强调的。他说，为什么宗教对人会有那么大的魅力？因为宗教是有很多象征性的仪式的。

庞晓露：仪式感很强。

**刘小钢：**仪式实际上是带来荣耀感和归属感的。以前大家就是觉得好玩，一起进阿拉善，反正做环保不重视仪式感和荣耀。但其实这个是非常重要的。在冯总那一届，我们还重新梳理了我们的愿景、使命、价值观。这些都是文化，都是软的东西，但是对阿拉善这个组织非常重要。所以冯总对阿拉善的文化贡献是非常非常大的。

任志强很凶、很严格，但是很认真。说实在的，我跟了三届会长，所有的会长都很认真，而且都花费了很多的时间，但是任志强是最多的一个。

因为他工作就是这个习惯，比如说秘书处发文，怎么发法，怎么规范化，哪些制度要怎么样，有什么没什么，要加强一些什么东西，每个月要有会长办公例会等等，所有的这些细节，他的要求都很高。这种要求其实某种程度上来讲，提升了我们秘书处的精细化管理能力，对我们是很有好处的。

## 从吵架拍桌子到达成共识，现在效率特别高

庞晓露：在开始的时候，中国一群有责任心的企业家为了环保梦聚集在一起。但是因为都是企业家，他们可能性格上都带有强硬的一面，可能在妥协或商量方面不是很好。现在制度也比较完善了，大家也磨合得差不多了吧。

刘小钢：我觉得这个有太大进步了。2007年我曾经旁听阿拉善一个理事会，大家就是争啊吵啊，各自都认为自己是对的，可以吵到半夜也没结果，都是很能说的，不善于听的，这样的话大家的意见就很难统一。

现在一个最大的变化是，大家知道治理是必须要有一个制度的，不能够相互之间乱吵。所以我们有了阿拉善自己的一个议事规则，每一届的会长也严格按照这个规则去做。

我们现在理事会的议事能力就非常强，效率高了很多。比如任志强开会，有很清晰的会议议程，一个议程一个议程去过，每一个议程谁发表意见，别人必须要听。然后理事们意见发表完了，其他的监事、章程委员有意见也可以讲。讲完了以后，理事就会进行表决，非常顺。如果有机会，我欢迎你去参加一下我们的议事理事会。

庞晓露：特别好奇这样的转变是如何实现的。

刘小钢：嗯，以前不行，以前真的恐怖，吵架拍桌子的，指着鼻子骂，以前就是这样子。现在就变得效率特别高。我们秘书处提前一个星期把开会所有的议程发给大家，大家需要去看，看完在会上就议。

庞晓露：不会有卡住的时候吗?

刘小钢：有，卡住不就通不过嘛，通不过就放一放。如果说哪个地方不完善，放下来，我们秘书处再去完善，下一次理事会再上。如果整个议题是错的，就否掉了。

庞晓露：企业家们在议事方面比较有效率，那么他们有没有达成一个共识，比如说在这两年他们打算通过阿拉善去完成什么样的目标?

刘小钢：有的，我们两年一届理事会，每一届理事会都有它的工作目标。我

SEE的理事会

当会长，我要带领我的理事会在这两年里面实现什么，然后就围绕我们所制定的目标，每年会开三到四次理事会，每一次理事会要去回顾在这个阶段里面有没有完成我们应该完成的那部分目标。

现在搞得有点像公司的目标管理，那秘书处的责任就是，你要把理事会通过的计划和目标变成现实，所以现在很顺畅，基本上就是这样管理。

庞晓露：目标还围绕在阿拉善地区吗？

刘小钢：早不是了，我们2007年、2008年的时候成立了一个基金会，当时的组织定位就是基于阿拉善、不限于阿拉善，就是我们会在阿拉善坚持工作，但是我们有一部分资源会支持阿拉善地区以外的民间组织，让更多的组织能够得到我们的支持，来解决更多的环境问题。

庞晓露：所以也就有了后面的“创绿家计划”，有了生态奖。

刘小钢：没错。2005年开始就有生态奖了。“创绿家计划”是培育组织的，还有给钱支持很多组织去做一线环保的工作，比如说做水的相关工作，做大气污染的相关工作，做垃圾处理的相关工作，做土壤的工作等等各种各样的。所以说我们一直就是一个最大的民间环保组织的推进器，基本上中国活跃的环保草根组织其实都拿过我们的钱，就变成阿拉善的影响从阿拉善地区扩大到全国。所以现在大概有60%的资金用于阿拉善之外。

## 没有当地的农民和牧民跟我们一起是没用的

庞晓露：阿拉善地区，我记得从一开始的时候邓仪做的社区发展模式，再到后来王石当会长的时候提出的“梭梭林计划”等等，您觉得在阿拉善地区做保护，咱们SEE区别于其他的环保组织，或者区别于政府保护的“阿拉善模式”是怎么样的？

刘小钢：其实我觉得到现在为止，还是在沿用邓仪那一套社区发展的做法。我们的理念认为，要做一个可持续的环境友好型社区，没有当地的农民和牧民跟我们一起，帮助他们提升他们的意识，其实是没用的。你在那儿，你给他钱，你给他东西，他按照你的要求做，你走他又回去了，跟以前一样乱用水，一样乱砍梭梭，等于根本没有用。

跟政府和其他组织比较大的不一样就是，我们不会自己去做，我们一定是让当地的农牧民他们去做，我们去支持。

庞晓露：阿拉善地区缺水，所以我们教他们怎么去节水。如果能够把他们搬到其他地方去，可能效果会更好一点？

刘小钢：但是这个可能是政府的事情，NGO是做不了的。但是我觉得节水方面，我们NGO也是有自己可以做的事情。事实上我们从王石那一代就开始去做节水小米，因为玉米和小米这两种农作物相比，其实玉米是很费水的。

庞晓露：而且种植面积又大。

刘小钢：对，而且价值又很低，一亩地它要用到800方水。小米它实际上是很省水的，它一亩地种得好不到300方水。它们之间的用水量是差很大的，小米的价值也比较高。当地的问题是，牧民比较懒，把羊放到山上让羊吃草，他就在那儿看着，下午了把羊赶回来。他就不像农民那样每天日出而作、日落而息，不是这种生活习惯，所以让牧民当农民其实是很难的，他们只能很粗放地去种这些作物，玉米种子撒进去，开个大管子呼呼浇水，浇完了以后他就不管了。每年就浇几次水，玉米长起来了，他就把玉米交给政府，政府用很低的价格收购。整个的运作属于粗放式的。

本来阿拉善就没什么水，每年贺兰山给阿拉善的地下水补给也就2000万方左右，但是这些农民种这个地哗哗地用水，每年用掉七八千万方，每年都是补给不够。所以水井越打越深，本来是20米就可以见到水了，现在要打到100多米才能见到水，恨不得连岩石底下的战略用水都抽出来。这是很危险的，如果再这么搞，我们计算过，可能十年之后又是一片大沙漠，没水了。

## 我都买了几千斤了，任志强成了“任小米”

刘小钢：所以在这样一个情况下，从王石那一代我们就推荐节水小米，然后引进以色列的膜下滴灌，每一棵农作物旁边都有小管子，然后有个小洞。

庞晓露：对，还覆膜了。

刘小钢：太阳照得厉害，就覆上膜，然后通过水滴的那个小洞，就滴到根上，这样种肯定省水，我们就用这个办法。一开始做得挺好的，省下很多水，我们都挺高兴的，政府也挺高兴的。但是当时有一个很关键的问题没有解决：小米的市场销售解决不了，总是我们那些会员去买。会员能买多少？我都买了几千斤了，别人也在那儿买，如果只能维持几百亩的小米，根本对节水没意义，一定要以万亩为单位，才有意义。

所以后来就搞不下去了。农民又懒，成本很高，非常复杂，他们就没有做了。到2013年，我们又认为还是要做小米，但是小米的问题是要解决销售，所以就开始打市场。除了我们会员自己买之外，我们去打市场，就特别成功。所以2015年1月份，我们跟中粮、旺旺、大成合作。现在任志强是“任小米”，他在做我们的小米代言人。我们成立一个社会企业，然后就专门去销小米。

## 合作就是大家必须投降于同一个规矩

庞晓露：有些时候我会怀疑他们的协作精神，因为毕竟牧民没有经历过当年合作社那样的东西。可是你要说以万亩为单位，他肯定是需要协作的。

刘小钢：事实上我觉得好就好在我们从2004年成立这个组织，在阿拉善工作的第一天起，我们就在农民和牧民合作的问题上花了很多时间和精力。那个时候项目做得很小，但是我们非常注重农牧民之间的协作，他们成立合作社，成立各种小的经营性的委员会，让大家学会怎么样去合作，一起来把规矩定好。

其实合作是什么意思？合作就是大家必须投降于同一个规矩、同一个制度，你也同意，我也同意，这个制度才能够合作。我们从第一天起就很重视，现在我们要扩大生产，这就不是阻力了，农牧民都特别懂得合作。

因为一开始做个项目，农民出三分之一，我们出三分之一，政府出三分之一，变成一个村寨基金，他们叫村寨基金委员会，由大家共同来管这个钱。在管这个钱的过程当中，其实已经锻炼了他们的合作和管理能力了。这个村寨基金到现在都运作得非常好。

庞晓露：村寨基金？

刘小钢：对，今年你们家有困难，那你们家借钱，说好了多少时间多少厘，然后你们家到时候还过来，他们家又借。我们一开始就做这个。所以现在在阿拉善做农牧民之间的经济合作，其实已经很顺了。

我们现在做小米，到2014年的时候，这里头已经牵涉到五六家农民来合作。我们对他们的要求就是，你要按照我的种植程序来种，我才能收你的小米。首先你必须要是有机的，不能用除草剂，不能用化肥，全是人工，但是我们会用比较高的价钱来收，那他们就愿意。

庞晓露：他们的地是分散的还是……？

刘小钢：全都是分散的。分散没关系，我们的工作就是在那里检查你们有没有按照我们的耕作程序来运作，所以与农民的合作对我们这个组织来说已经不是很难的事情了，因为已经干了十年，大家已经从理念上接受了。

所以最大的问题是，当我种到1000亩的时候，我们的企业家会员内部肯定是消化不了了，大家每家搞个大粮仓可能都搞不定。所以就找了我们的会员中粮、旺旺、大成这些大的食品公司来跟我们合作。我们2015年就准备扩大到3000亩，只要解决市场化运作，我们后面的那些节水、农民的积极性才有可能实现。

农民是不跟你讲环保的，农民要利益，没有利益就没有动力。所以我们企业家解决了一个很关键的问题——市场。

## 不能够忽视物质作为一个基础去推动这些人做事情

庞晓露：更多的时候，这真的跟自己的切身利益有关，他会做得更加持久。用企业家的思维去做公益，我觉得阿拉善在这一点上特别有优势，是吗？

刘小钢：其实反过来问我们自己，如果我们连饭都吃不饱，有一个人来跟你讲公益、环保，你觉得你会做吗？你肯定是不会做的，对吧？所以我觉得不能够忽视物质作为一个基础去推动这些人做事情，这是一个很基本的东西。

当然，如果我们跟他讲，你再这么去用水，十年之后你可能就要搬家了，因为你这里就没水了，他也会有点担心。但是第一，他可能不知道怎么办；第二，很重要的是，如果我能够跟他讲道理，同时我又能够让他得到一定利益的话，那他会更积极，那这个事儿也顺。人都是这样的，你不能说他当时不节水一定有什么恶意，因为人就是有这么大的惰性。所以我们现在发现，你跟农民讲道理的同时，必须要给他一点好处。

庞晓露：把方法也教给他。

刘小钢：把方法教给他，他会做的。现在平均下来，每亩种小米的用水量，我们自己种是290多方水一亩，给农民现在种的也就是300多方水，已经比原来那个800方、1 000方水省下来很多了。我们算过，如果我们能够做到三万到四万亩种小米的时候，地下水的补给和使用这两者就可以持平了，那就能可持续发展。

所以这是我们的一个目标，亩数在三五年之内要迅速地扩大。所以为什么市场很重要？市场能够吃更多小米，我们就能够种得更多。把整个小米的种植规范化，农民也会提升，所以其实这是一场运动，是一场长久的持续的运动，让这个事情顺利地慢慢地发展变化。

## 我们继续捐钱之外，又长出了一只手

庞晓露：刚刚在您的介绍当中，我们发现阿拉善已经把当地的这些农牧民、全国各个草根环保组织、很多的企业家，都集结在一起做环保。有人评价它是“以环保的名义共和”，您怎么评价这句话？

刘小钢：我们是在路上。因为当今的环境问题是一个巨大的挑战，任何一个部门和组织都不可能单独面对、解决环境问题。所以必须联合起来，不论是政府、我们的企业、我们的NGO，大家要跨界合作，想出一些有效的办法。同时限制自己的行为，尤其是企业。其实很多污染的源头就是企业造成的，作为企业来讲，它更应该有一种社会责任感，不能为了赚钱来破坏我们的环境。

庞晓露：现在阿拉善的会员企业家有多少？

刘小钢：有400了。

庞晓露：那么阿拉善会对自己的这些会员企业有限制吗，就是在环保方面？

刘小钢：你这个问题问得非常好。我们是这样，我们2004年成立，到2014年，这十年我们主要是企业家们捐钱，然后去支持各种环保组织的工作。从2014年开始，我们就把整个战略扩展了，我们除了继续捐钱支持中国各个环保公益组织的工作之外，我们另外又长出了一只手，这只手就是要推动我们自己企业内部的环境制度的建立和执行，就等于阿拉善将来对我们自己的会员企业会有很严格的环保要求和标准。

2014年年底我们在开年会的时候，发布了一个阿拉善会员企业的绿色体检报告，看到目前我们阿拉善的会员企业整个环境管理的理念和水平是高于现在社会上的平均水平的，也高于上市公司的平均水平。也就是说，这些企业会员参加到阿拉善这个组织之后，其实阿拉善的各种环保活动对它们是有触动的，这些企业家回到他们自己的企业里面，很重视自己的环境制度的建立，同时很愿意去学习。

我们2015年年底可能会增到500个会员，这500个会员如果能够从自己做起，带头去做企业内部的环境制度理念的建设，同时把它付诸行动的话，它们就是中国企业界一股特别大的正能量，就可以拉动影响更多的企业转型，能够真的将绿色环境、友好可持续发展放在企业发展战略的最重要的地方。这其实是我们一个很重要的存在目的，是我们特别想做的一件事情。

庞晓露：我特别赞同您的这句话。之前我们总是说企业家他作为现在这个社会的中产阶级，他会有更多的力量去做公益，比如说他会有更多的资源、更多的钱帮助到别人。但事实上像阿拉善在2014年底的“管住企业家自身企业”这样一个目标，会让我觉得其实他们更大的力量还没有被发挥出来。

刘小钢：对，如果企业不改变，光是我们环保组织和政府这两股力量的话，环境不会变的，因为很多问题在这里。要把这个企业本身搞定，辅以NGO的监督，再辅以政府的管制，然后再去表扬那些好的企业，这样很多股力量捆在一起，环境才会好。

庞晓露：参加到阿拉善里面的这些企业，我感觉它们真的整体水平都是蛮高的，它们的发展也是比较好的。如果它们也真的把自己企业的环保做好的话，那种带动力量绝对是不可估量的。

刘小钢：对，我认为这是阿拉善存在的最大的意义。你说做环保，说实在的，很多的机构比我们SEE的钱多得多，我们一年也不过拿出三五千万的钱来支持。

庞晓露：拼人。

刘小钢：对，拼人。没有一个机构有阿拉善SEE这么多企业家的聚集。我认为阿拉善SEE存在的意义，就是去改变这帮企业家，然后这帮企业家回去再改变他们的企业。越来越多的企业家改变了，带领整个企业界有个新的结果，那阿拉善SEE这个组织的目的就达到了，这个甚至比钱的意义还要大。

## 企业家们的“创绿家”情结：好像帮助当初的自己

庞晓露：钱的意义可能对于环保NGO来说也会很有力量。我想了解一下，像“创绿家计划”，它是想去支持整个环保行业，还是想去支持草根的环保行动？

刘小钢：“创绿家”受天使投资的影响和启发很大。因为中国的环境问题非常非常严重，但是中国的环保组织很少很少，2008年中国的环保投入大概是美国的二十分之一，零头都不够。全中国只有大概2 000多人真正地在公益环保领域里，可能也就只有四五百家比较活跃的环境组织。

所以我们是把我们的战略定位在推动行业发展，就是把基金会作为一个行业的发动机来推动行业的发展，希望能够有一个好的行业生态。

在这样的想法下，我们认为现在人太少、组织太少，这是行业的两大问题，那怎么办？我们除了支持现有的组织继续去解决环境问题，必须要再孵化出更多的组织，让环境保护的行业可以壮大，所以就想出“创绿家”来。

我们当时的想法很简单，你要有一个很好的点子，然后你要有一个小小的团队，两个人以上就行。你的点子，最起码理论上听上去是行得通的，是可以解决某一个环境问题的，那我们可能就愿意给你一笔钱。但是这笔钱一次过，你可以拿这笔钱去解决你这个问题，做成了，你要有能力再去继续申请别的基金会的钱，甚至申请我们基金会的钱也可以，但是就不是“创绿家”了。“创绿家”就等于企业孵化器，给你第一笔资金，让你去启动，去往前走，之后你就正常地成为一个NGO。“创绿家”到现在孵化出来的、还在孵化的大概已经超过100个组织了。

庞晓露：有些时候我会觉得“创绿家”孵化的这些组织筛选标准有点奇怪，之前觉得最奇怪的一个是做萤火虫的。在这100多个“创绿家”里面，筛选标准是怎么的？

刘小钢：萤火虫很重要的。

庞晓露：它不应该是野生动物保护之类的吗？

刘小钢：不管它是什么，“创绿家”，反正是跟绿色、保护生态环境有关的都可以。

庞晓露：概念很大。

刘小钢：很大，只要跟环境有关系。萤火虫是环境好了它才会有的上游物种，它没有，就说明这里的生态是有问题的。所以我们支持过好几家保护萤火虫的机构——不管你做什么。

还有一个是做雨伞的，很棒的思路。以前下雨的时候到百货公司去，带了雨伞就放在那个伞套里。下雨需要伞套，不下雨了就扔得到处都是，特别浪费。我参加评审了几个小孩一起做的一个机器。你把你的伞放进去，一甩，伞就没水了，你不用拿伞套。他们现在在概念阶段，自己也在试验。这个实际上是很典型的可以把它变成一个社会企业的，你把它卖给百货公司、商场，卖给很多地方都是可以做的，我们认为这也是一个很好的环保点子。

我们“创绿家”不管什么项目，只管你这个项目对生态环保有帮助，然后又行得通，听起来有道理。我们所有这400个企业家全都是评审员，因为我们自己做企业很有经验，一听你这个点子就知道能不能成功，八九不离十，一听吹水那肯定就不可能给他。一听这个点子好，这个点子做成了以后会解决什么环保问题，我们就会给钱。

所以这样又让企业家感到自己有价值，因为他们在帮助这些“创绿家”。然后这些“创绿家”有了这么一个小小的资助，就能够更快地实现梦想。我觉得这个项目真的是做得很好。

庞晓露：有没有一种感觉，好像是帮助最初的那个自己？

刘小钢：对。为什么我们阿拉善SEE企业家喜欢这个项目？就等于每个人都在自己创业。他们每个人都是创业过来的，所以有这种情结。我当年创业也是有人帮我，所以我现在来帮我的NGO创业。

## 评估“创绿家”：首先你活着，你才能解决你想解决的问题

庞晓露：到现在为止已经帮助了100多个这样的“创绿家”，您觉得效果达到预期了吗？

刘小钢：对，我们做了三年了，2015年我们准备做一次评估，看一下它的情况怎么样。

庞晓露：做三年才做评估，这是一个项目规律，还是说……

刘小钢：因为我们每一个项目是两年的周期，我给了你钱，你两年肯定不会死，评也没用。得两年之后你这个钱花完了，你还有没有能力去拿到别人的钱，让你这个组织继续生存，这才有意义。

庞晓露：评估的标准是它还能不能继续活着？

刘小钢：嗯，这是第一，首先你活着，你才能解决你想解决的问题。“创绿家”只有一点点小钱给你，也就够你活着。但在活着的两年中你把项目做成，SEE基金会有另外的项目拨款支持。也有很多就死了，死了我们就得认，投资就是有风险的。

庞晓露：您觉得像这样子的一种资助模式可以复制吗？

刘小钢：可以，完全可以复制，很成熟了，我们现在这一套玩法已经非常好了。

庞晓露：这个模式、这种玩法的关键所在，可以用几个关键词来概括吗？

刘小钢：核心的价值在哪里？肯定首先一个还是要有一批有经验的评审，对这个项目、对商业有感觉的企业家愿意来帮忙。其次，有钱。第三，还得要有一个关系网，你能找到这些“创绿家”在哪里。如果找到的“创绿家”的素质比较高，本身已经具备了这样一些基本能力的话，那你的成功率就会比较高。

还有我们的管理。这两年我们不是说把钱给你了就放羊不管了，我们在中间还有不时的聚会、工作坊，各种各样的活动来让他们互相支持。到最后不是我们去推动他们，而是他们自己相互推动。如果愿意做的话，很多组织都具备这些条件。

庞晓露：现在做了四批“创绿家”，接触了那么多草根环保组织，您觉得它们的局限在哪里？它们为什么会申请不上，是没有好点子，没有好管理，还是什么？

刘小钢：一个就是它的点子可能不行，根本就行不通，我们这些都是干企业二三十年的人，一听你这个点子就知道到底是脑子想出来的，还是可以落地的。第二个，可能点子是个好点子，团队不行，你这个团队根本就实现不了这个点子。肯定是这两个原因，任何一个原因都可能导致他拿不到钱。

## 小钢，好吗？小钢，想好了吗？

庞晓露：我之前了解到您多次拒绝来阿拉善担任秘书长，也听说过一句这样的戏言：如果你讨厌一个人，你就让他去阿拉善当秘书长。这个位置可能在很多人看来都是很难很难去做的，您最后还是答应了，并且成为了阿拉善创会以来任期最长的一个秘书长。您觉得阿拉善什么东西吸引到您了？

刘小钢：这个故事，其实我已经跟很多人说过，是一个挺好笑的事。我广州生广州长，从来没有想过我要到外地去工作。我从美国读书回来之后，觉得在广东本身就有很多事情可以做，环境比较宽松，朋友又多，在狮子会玩得也挺高兴的。跟朱健刚老师成立了中大的公益研究院，又支持一个培训机构。反正我自己有千禾基金会，从来没有想过到北京去搞个啥东西，想都没想。

杨鹏（时任阿拉善秘书长）先打电话给我，我在美国，我说不可能，我怎么可能去北京当秘书长。我自己在广州玩得好，我不会去北京的，想都不要想，就拒绝了杨鹏。

然后韩家寰（时任阿拉善会长），因为我原来认识他，对他印象也特别好，觉得他身残志坚，拄着两根拐杖，特别认真做事情，我真的非常非常佩服他。

庞晓露：很儒商那种感觉。

刘小钢：对，很儒商的感觉，然后人特别好。其实我当时不知道他什么意思，我在美国，他上午给我打了电话，问小钢好吗？晚上又给我打电话，问小钢好吗？我说，你干吗啊？他说，你能不能来做秘书长？我说，这是不可能的了，我都已经拒绝杨鹏了，你还找我，真的不可能。我说，我在广州忙死了，我做不了。

他不理，然后每天早一个电话晚一个电话，就这样打电话。我说，大哥，你是不是一定要打到我说yes你才停止？他就哈哈哈在那儿笑。

后来我回来，那个时候也没有打算接受。我回到广州，王石每天都打电话给我，问小钢怎么样，想好了没有？我说，想好什么，我从来就没答应过，什么想好？

王石他知道我要什么，知道什么能打动我，什么对我重要。他就跟我讲，他说，我知道钱是打动不了你的，但是你去读NGO，回来做NGO，你的目的是什么？你不是希望把这个社会改变得更好一些，能够有更多的资源来支持我们更多的组织，去做各种各样的公益慈善？如果你能够当阿拉善秘书长的话，这些资源可能可以用得更好，可以支持到更多人，推动公民社会，那不是更有效吗？

庞晓露：好有杀伤力啊。

刘小钢：对，你觉得还有什么平台比阿拉善SEE这个平台更好？这一下子就把我打得没话讲了。

庞晓露：这下抵挡不住了。

刘小钢：王石知道我想要什么，我为什么要干这个事情。完了以后我就跟曲栋和朱健刚两个人商量，因为我们三个人当时在一起干，哎呀，怎么办呢？后来他们的意思就说，实在不行的话，你就去一年。

我说，这么多老大，人家恨不得跟你下跪求你，你还摆谱，你还觉得自己挺牛的。我真是觉得已经很恶心了，我已经真的没脸，除非我再咬住说不去，那就是我跟他们一刀两断，再也不见到他们，退会。如果我不退会，整天会见到他们，我觉得我特别没面子。他们每天都给你打电话，就当根本没听见你说不去，他们每天都觉得你会去，给你打电话，每天都是这样。

所以我在这个过程中，发现成功的人是有特质的，有他成功的道理，他一定不会理你说不去什么的，他就是很倔，就坚持，天天打，搞得你实在没办法了，那你还能说什么呢？后来我说，王总，我实在拧不过你了，我没办法，我要不然去一年吧。

他说，你先来了再说吧，别说一年还是两年了，来了能搞好一年你就走，但是你得先来，如果来的话，我百分之百支持你，你要我干吗我就干吗。这就搞到我没办法，只好去。其实我自己当时觉得一点把握都没有。

其实我当时思想压力挺大的，去了大概一个月我就被任志强骂了一顿。我当时心想，好歹我也是企业家，凭啥受你的气？不玩了，我又没拿你的钱，我就很不高兴。但是后来又想，不行啊，你都答应老大了，你要做出点东西才能走，你就这么走了很不负责任。后来我就不和他计较，他就是这么个人，管他呢。

## 慢慢地心态放得很松　慢慢做慢慢做

刘小钢：慢慢在这个过程中磨炼，不同的老大不同的性格。其实很多人刚开始根本不相信我，包括刘晓光。一个人又不拿工资，家又不在北京，一个南方妞跑到北方来做这样的机构可不可以？他后来跟我讲，一开始我根本就不相信你，我对南方人有成见，我觉得南方人就是没有北方人实诚，你肯定搞不定。

但是我这个人有个好处，我一直在修炼自己，我不管那么多。一开始我压力很大，后来心想，我来这里为的是什么？就是觉得这个平台还有很多地方可以学，有很多人也是我可以学习的，这个对我的吸引蛮大的。

工作我认真做，尽全力，做得怎么样就怎么样，我也就这么大能力了，我只要对得起我自己就行，别的无所谓。慢慢地心态就放得很松，慢慢做慢慢做。这事儿就是这样的，只要你全力以赴，认认真真地去做，事情就会做成，这个机构就会前进，最后大家会一步一步往前走。

机构的这些人是非常能干的，我可能真的很多地方都没有他们能干，但是我有一个最重要的价值就是我是秘书长，有这样一个权力，我可以支持这些能干的人去把这个事情做好。所以我认为我是这个机构最大的支持者，而不太愿意定位为领导。我反正就是一个支持，所有的事情拿出来跟大家商量讨论，然后谁有好点子，非常好地支持他们，让他们把自己的点子都拿出来努力去做。哪些地方需要我支持的，我就尽量去支持，这些人就跟我成为一股力量，推动这个机构往前走。

庞晓露：好，最后一个问题问一下您2015年有什么愿望吗？

刘小钢：2015年我都住院了，还搞什么鬼？年初一上天给了我一份“大礼物”，晚上血压飙到200多，所以就进来住院了。我觉得这个很有意思，羊年是我的本命年，给了我一个很大的提醒，过去我可能一直全力以赴在工作，却对自己的身体照顾得不够。所以年初一给你一下子，就让你知道其实没有身体什么都没有。的的确确，身体应该是放在第一位的。所以2015年，我想我主要的工作就是把身体搞好，其他的事情照样支持，能做多少做多少。

庞晓露：祝您在接下来的时间里一切顺利，身体健康！

刘小钢：好，肯定可以，谢谢庞晓露。

## 记者手记

我也没有想过会在病房里采访小钢姐。

跟她做采访很放松，因为她自己的状态就是放松的，亲切如邻家姐姐。作为迄今为止阿拉善SEE任期最长的一位秘书长，她甚至让我产生了错觉，觉得阿拉善的秘书长就应该是这样利落又从容、理性又柔软的女性形象。只有这般的利落，才能理清千头万绪；只有这般的从容，才能具备适应不同特质会长的能力；只有这般的理性和柔软，才会被王石的一句“你觉得还有什么平台比阿拉善SEE这个平台更好”打动，慷慨受命。

阿拉善，初初接触采访时，我觉得它是一个高大上的公益组织，因为它拿着很多的钱，做着很多听起来就很振奋的事情，叱咤风云，挥斥方遒。后来看过杨鹏老师的《为公益而共和》、聂晓华老师的《其实没有理想国》，明白在中国这样的环境大命题之下，哪里有容易做的环保组织？到了小钢姐这里，好像一切又归于常态：好不好做，总得去做，能不能做好，尽力就好。

这是她当秘书长的心态，我觉得也该是环保NGO坚持下去的最良心态。“终会有一天，理想会实现；在连天的草原，现牛羊万千……”

整个采访结束后小钢姐说，这是她第一次在病房接受这么长时间的采访，两小时，居然也聊下来了。

我也希望这是最后一次，以后您就身体健康，开开心心过您丰富热闹的生活吧。

# 真爱梦想：
# 用商业的管理方式经营公益

■ 嘉宾：“真爱梦想”基金会秘书长吴冲

■ 记者：王思元

听见公益

## 机构简介

“真爱梦想”是由金融机构和上市公司的专业管理人员发起和运营的公益组织，致力于推动中国的素质教育发展。2007年10月在香港注册成立真爱·梦想中国教育基金有限公司。2008年6月香港政府税务局核准真爱·梦想中国教育基金慈善团体免税待遇。2008年8月14日，经上海市民政局批准，注册成立为“上海真爱梦想公益基金会”。2014年1月，经上海市民政局批准转为地方性公募基金会。

真爱梦想自2009年起按照上市公司的标准披露年报。2012年3月，获得中国民政部颁发的公益领域最高奖项“中华慈善奖”。2013年10月，真爱梦想连续三年蝉联《福布斯》发布的“中国慈善基金榜”榜首，被誉为中国最透明的基金会。

## 金融高管们实现财务自由后想回报社会

思元：今天把吴冲请到我们的节目当中，聊一聊有关金融高管们发起的这个公益基金会。吴冲是“真爱梦想”的创始人，2008—2014年任秘书长，现职基金会副理事长。老话说干什么吆喝什么，还有就是隔行如隔山，做投资你们就最擅长，但好好的，为什么全职去做公益了呢？

吴冲：其实在人生中，我觉得我们每个人都是业余选手，你要说做投资，我们原本也不是做投资的，我过去是搞国际政治的，为什么不去做外交官而去做投资？我觉得人生会有很多的机缘让我们走上一些不一样的道路。我们这些人在2007年以前都是金融界的高管，在2007年的时候，我觉得发生很多机缘，一方面取得了相对的财务自由，人生终于可以做一点完全是自己想做的事情，另一方面，我们这代人非常幸运，因为基本上是改革开放以来最好的日子全赶上了，这个时候我们本身也开始在考虑，是不是应该拿出自己的所得来回报一下社会。

思元：于是你们在这个背景之下，就开始想捐一点钱？

吴冲：是的，钱不多，几十万这样子。但是真正去想捐这笔钱的时候，我们这批做投资的人就过分地认真。我们会做很多项目调研，调研下来，我们突然意识到，其实中国的公益领域差的东西还蛮多的，我们这笔钱好像在当时很难把它放心地捐出去，因为很多的项目你看不到它有严密的数据反馈，你不太清楚你的钱捐出去最后到底变成了什么东西。

那这个背景之下我们会去想，我们这些人最大的价值恐怕不是捐钱，因为我们其实没有太多的钱，也改变不了这个社会的什么东西。但我们突然意识到，这个领域里面其实需要很多专业化的管理。另外，如果要做到那样的情况，那其实重要的不是把钱捐出来，而是把自己捐出来，把自己这十几年的管理经验捐出来，这样就能够运用到公益领域里面，我觉得这是最初始的一个动因了。

## 从乡村地区的素质教育入手是一种市场策略

思元：为什么选择做教育？

吴冲：我们做了很多这种项目的调研，我们那时候会背着包去西藏、去四川、去贵州，然后到很偏的地方，跟那里的孩子谈、老师谈、校长谈，如果人家愿意见我们的话，就去交流。

思元：说到底现在有哪些是真正的社会需求，你们会看到。

吴冲：是，其实在中国很多非常偏远的乡村地区，学校的房子反而有可能是当地最漂亮的建筑。我们会意识到硬件好像不是现在最短缺的东西了。但是我们听几堂课下来，就会有很多这种心理的感受——你会看到，房子是变成新的了，但是里面上课的方式、内容还停留在很传统的状态里，这些老师很多都还是在照本宣科，学生在底下毫无兴趣，在打瞌睡，在走神。

所以我们会觉得，第一，教育不仅仅是让孩子有学上，让他们有窗明几净的教室，教育更重要的是你到底赋予了这些孩子什么东西，你在教什么内容，怎么教，我觉得这个过程是非常非常重要的。第二，我感觉到了这个深深打动到我们、呼应到我们自己内心的价值观的东西。我们觉得其实教育最重要的部分是给予人独立的自我意识，就是人要知道自己是谁，他要有自我的认知。

思元：所以你们改变了你们最初想捐点钱的想法，选择做教育了！看来做投资的人还真是比较认真，看似简单的一个选择题，却被你们做成了方程式。我觉得你们的想法是好的，改变现有不科学的教学模式，推出更具有教学意义的课程，但又回到了最初的问题，我想大家也会比较担心的，那就是非专业人做专业事能行吗？这个不比你们最初说的搞国际政治的却做了投资那么简单，这个跨度似乎更大了，也更专业了。

吴冲：就像你说的，大家会说你们一帮做投资银行的，不好好去赚钱，来我们教育领域瞎掺和什么？但事实上我觉得这个问题是这样的，就是你会看到中国有很多的改变其实是非专业人士做出来的，它的原因是，你其实越是在专业领域里，可能受到的这种习惯的力量的约束会越大。比如说中国的很多新媒体实业，它不是由传统的媒体人做出来的，可能是由一帮IT的码农们干出来的。

思元：所以你们当时做这件事的时候也叫无知者无畏了！

吴冲：对，其实对这个领域我们也不是特别了解，但是我们会去做很多的研究工作，我觉得这个是投资领域教给我们的东西。我们首先去看全世界教育领域里面，做素质教育的机构最好的是谁，它是怎么做的，如果我们来做有没有可能超越它，这是我们习惯性的工作方式。你知道投资银行其实一年到头要跟很多完全不同的行业打交道，那每一个行业都不是它的专业，但是它必须在很短的时间内形成对这个行业的完整的认识，这就需要很开放的心态和学习能力。

思元：所以经过了这些调研之后，你们感觉到，这个领域或许是你们这些人可以做一点事情的地方。

吴冲：没错，它是一个大范围的普遍性需求。现在，公益行业其实有两类不同的东西了：第一种是所谓小而美，在一个局部的领域里面把它做到很精细化，跟这个村里的大大小小、老老少少全都认识的那种。第二种方式就是像真爱梦想这样做有点产品化的东西，可能它的覆盖范围会非常非常大，它不是在一个点上做到完全的精益求精，这有点像巴黎的Boticca店跟我们所谓的大卖场的差别。

思元：因为商业经验最有价值的是它应用于大范围需求的时候。

吴冲：是的，这时候有一个复杂的资源管理的问题。所以我们会看到，素质教育在中国是一个普遍性的需求，可能不仅是乡村地区需要，城市地区也有非常强烈的需求，只不过当我选择以一个公益组织的角度出发来做这个事情的时候，用一个投资行业的专业术语来说，它实际上是一种市场策略。就是你的捐助人首先会认同哪一个领域，会愿意在哪一个领域里面出现，那我们觉得从乡村地区开始是一个蛮好的切入点。

## 从一个简单的图书室变成了一个多媒体的教室

思元：另外一个方面，这件事情跟你们的理事长潘江雪个人的心态也是有关系的吧？听说她长期在藏区做很多个人的资助，对那个地区非常有感情。

吴冲：是的，所以我们最初的一个项目选择了四川的藏区，叫马尔康。我们最开始的想法倒还真没有像今天所做到的这样，深入教育很深的领域。开始其实非常简单，就是我们觉得，如果这些学校的学科教育不能够给这些孩子足够人生的支持的话，那我们是不是可以去尝试着用图书给他们更多的帮助。那么除了图书之外，如何保持知识的不断更新和对外开放的状态，所以我们在传统的图书室里面加上了互联网，这就是我们最初的产品版本，完全没有想到变成今天这样的一个状态。

思元：是说没想到你们会切入到学校的课程，切入到学校本身的教学组织管理？

吴冲：对，在当时完全没有这样的想法，所以最开始它就是一个多媒体的图书馆，做得非常漂亮的图书馆。我记得我们第一个图书馆是北师大珠海分校的总工程师帮我们做的设计，教室里面会有小阁楼，学生进去就会尖叫你知道吗？非常非常受欢迎。但它的专业化的程度是有限的，比如你怎么选书、怎么做平面购置、图书馆的管理规定，这些东西也有专业，但是门槛不是很高，完全没有像今天这些事情的专业门槛这么高，所以那个时候是有一点无知无畏的心态。

思元：其实调研和探索的过程是很辛苦的，但我知道你们这些做投资的人都喜欢挑战，不断地挑战自己的能力，一旦有一天实现了就会很兴奋，这就是你们的动力。

吴冲：我们现在谈这些，大家听的过程会觉得很简单，但创办之初还是很艰难的，不仅是身体的疲惫，还有精神的压力。

思元：可是这个世界就是有这么多的机缘巧合，只有在电视剧里才能发生的场景，在现实生活中真爱梦想也遇到了，真可谓是功夫不负有心人，上海真爱梦想公益基金会理事长潘江雪经历了一次非常奇妙的旅行。

吴冲：我知道你说的是什么。

思元：您猜到了那就和我们分享下吧。我想是不是正因为这样的一个机缘，所以你们才做得越来越有深度，才得到了众多企业家的认可和支持？

吴冲：我觉得对于真爱梦想那是非常非常重要的一个时刻了。这个故事确实是非常有趣的。应该是2008年，那个时候梦想中心已经建了七八间的时候，江雪正好去美国，她其实是私人旅行，去看自由女神像。然后她在船上居然遇到了她以前金融圈的一个基金公司的同事，他乡遇故知，大家很开心，就说最近在干什么，她特别热情地说我们最近做一个关于教育的事情。在从纽约到自由女神像的船上，她就不停地在讲，说在乡村做图书室，希望推动素质教育之类的。据说这个船上当时有一批中国人，其中有几个人就在他们的后面含笑不语，也没说话。

思元：结果后来潘江雪收到了一封邮件？

吴冲：没错，结果过了不久，回来以后，她突然收到一封邮件。这封邮件说，江雪小姐，你大概不知道我是谁，那天在看自由女神的船上，我们站在你的后头，我听到你在讲关于教育的事情，这件事情当时让我们觉得很好奇，说一帮以前做金融的人要来做教育，一方面很好奇，另一方面很感动。这件事情或许我能帮你一下，我的名字叫崔永漷，你可以去百度上找一下，如果你有兴趣就跟我联系。然后江雪在百度上搜了一下，之后吓了一跳，这个人原来是华东师范大学课程与教学研究所的副所长，现在已经是所长了，那是在中国课程领域里很顶尖的专家。

思元：这个机会太好了，多少人想寻关系都不容易找到。

吴冲：是啊，她很开心，就跑去见崔教授。崔教授说，当时你在临别的时候给你的同事留联系电话和地址，我什么都没记住，我就记住了“江雪”两个字，然后记得什么“梦想”，我就回来查了一下。居然就找到了你，然后按着上面网页信息留的邮箱地址给你发了这个东西。因为当时我们正好已经在香港注册了，大家就很开心，觉得是个机缘。

思元：大家见面后谈了一些什么呢？

吴冲：崔教授给了我们一个特别重要的观点。他说你们这些人想做教育，非常好，你们采取的切入到学校内部，用一个教室的方式，也非常好，但是问题在

梦想中心3.0版本
——杭州余杭实验小学

哪里？问题在于，教育实际上需要有内容，仅仅是图书的内容是不够的，它需要有老师和学生之间的交互的过程，才能够把教育的价值观带进去，所以这个的载体是什么？他说叫课程，说你们需要我，因为我的研究所是中国的课程与教学研究所，我们就是干这个的，所以如果你们能够给梦想中心注入课程，你们这个梦想中心才真正地开始有内在的活力和生命力。

思元：所以从那个时候开始，真爱梦想走上了一条全新的道路。

吴冲：我们从一个简单的图书室变成了一个多媒体的教室，从简单的硬件系统变成了有大量的软件系统注入。随后我们开发了梦想课程，然后依托梦想课程做了梦想教练计划，每年要培训上万个乡村教师和城镇的教师，那么这才开始真正地发挥对教育带来改变的一种推动力量。

## 让孩子们看到这个世界有很多变化的可能性

思元：我很喜欢真爱梦想的一句宣传语，“真爱梦想是一个学习型的行动组织，我们并不拥有正确的答案，更不是什么专家和权威，我们不过是点燃蜡烛，举起火把，想要唤醒身边的人，照亮同行的路，让我们一起努力去唤醒每一个爱和自由的生命”。

吴冲：可能我们跟传统的教育机构有一点蛮大的差别，就是我们不尝试为所谓的教育提供一套我们认为是完全正确的解决方案，我们更多地只是在提供一种新的可能性。罗素这个英国的哲学家，他讲过一句很有趣的话，他说，我是不会为我的信仰去死的，因为我不敢肯定那是对的。我觉得其实某种程度上人需要保持一些自我怀疑，如果没有这份自我怀疑的话，你很难保持真正的开放度，因为你坚信你所做的一切是绝对正确的，这很麻烦。

思元：那教育呢？

吴冲：教育这个话题更是这样。我觉得这个时代其实在迅速地发展变化，没有哪一个人可以声称自己掌握了教育的真正的权威和真理。那么这个时候，我们可能更需要给孩子的是让他们看到这个世界有很多变化的可能性，面对这些可能性，你如何去做自我的适应和创造性的突破。

思元：说起来容易，做起来难。

吴冲：没错，这就需要有规划，包括我们在建立梦想中心和做梦想课程的过程中，最强调几个基本的逻辑。第一个叫创新，就是你可以跟别人做的不一样。第二个叫多元，你可能是说我们传统的教育特别看重的是确定性，是一个标准答案，任何一个问题他首先的反应是说标准答案是什么，老师想听到什么。但是事实上我们知道，在我们的生活之中，有多少东西是有标准答案的呢？大多数东西里面都蕴含着很多可能性，而人与人的差别、事业与事业的差别、生活与生活的差别就取决于你面对不同可能性时的选择。

思元：所以你们就不尝试给出任何的标准答案？

吴冲：对，包括教育应该怎么做这件事，我们只是提供，除了传统的做法，现在还有另外一种做法，大家可以来看一看，可以尝试一下。那么这个方法的核心就是，通过创新树立一个多元世界的价值观。那么在这个基础上，我觉得不同的观念、不同的文化之间能够达成宽容的相互的理解，这是我们非常强调的东西。

所以我们虽然会去说应试教育摧残孩子的自由的生命之类的，但事实上在我的内心深处，对应试教育很多时候是抱着一种尊重的态度的。其实真正做得好的应试教育里面，是有非常多的精髓的。就比如我们老说衡水二中、黄冈中学，一会是打吊针，一会是军事化训练，但是我想说的是，你们真的了解这些学校吗？难道他们真的靠打吊针和军事化训练就能有那么多人考上北大清华？我相信不是的，可能很多东西被扭曲了。所以我觉得其实更重要的是教育应该是一个什么事业？教育是一个兼容并包的东西。

## 用商业管理的经验和逻辑做公益非常有效

思元：我觉得对于金融界的小伙伴们来说，想要去做推动素质教育的基金会，你们最擅长的还是投资和管理。你们是怎么样用一种企业的模式去运作这个公益的基金会呢？

吴冲：我刚才讲到我们这些人为什么会全职出来做这件事情，它很重要的一个背景就是我们认为我们十几年的商业管理经验有机会用到慈善领域。为什么这么说？其实我们意识到一个问题，所有的行业，不管是商业还是公益，甚至包括我们的政府，它面对的问题其实有一个同样的东西，叫作有限资源面对无限需求。就是我想做的事情很多，但是我资源很有限。在这种情况下产生出来的是什么学问呢？就是管理学，管理学解决的就是资源配置的问题。同样我们觉得公益领域里面特别重要的，有很多的点上都需要有资源配置的观念，这是我觉得我们跨界跨得还不算太离谱的一个原因。这也是我们面对的巨大的中国教育的转变的问题。

思元：能详细地谈一下吗？

吴冲：我们生活中遇到的很多人都会对教育有一些自己的想法，但是所有的东西讨论完之后，最后的结果是什么呢？可能是很失望，觉得我无能为力，我能怎么样呢，因为我改的话学校又不改，学校改的话校长又不改，校长改的话教育局局长又不改，教育局局长说我改的话高考又不改。

思元：面对这样的情况，您觉得更重要的是什么？

吴冲：回到刚才你说的那句话，叫学习型行动组织。就是第一，我要搞这个开放性，第二，我是个行动组织，我要考虑的是我如何行动能够带来真正有价值的改变，对吗？所以在这个过程中就涉及，我需要调用所有可能调用的资源，然后把它集中在很窄的一个点上做深、做广。做广是指同一个很窄的产品它最后能够达到一个比较广泛的覆盖范围。所以我们这件事大概忙活了七年，现在在全国覆盖了1600多所学校，有将近170万学生在这个系统里头。

我觉得这个就是在我们刚开始做这件事的时候，没有人会相信的一个状态，说你们怎么可能几个人，做到最后，大概中国这个年龄段人口2%的小孩都已经在有梦想中心的学校里上课。那在当时看来不可能的一件事情，其实你通过从完整的产品策划、设计，到推出市场，再到整个的销售过程就可以办到。比如募款，就是我说的一种销售。另外，你要那个学校接受你的观点，也是一个销售的过程。所以很多商业管理的经验和逻辑，在公益领域里面行动的时候是非常有效的工具。

## 上海第一个由非公募基金转成公募基金会的组织

思元：最开始真爱梦想做的是非公募的运营方式。在2014年初，你们公布要走向公募基金会的运作方式。我们很想知道，为什么从非公募走向公募？现在一年的时间过去了，公募的运营方式怎样？

吴冲：公募和非公募在中国是一个独特的公益市场管理的逻辑，在海外很多国家是没有这个区分的，但国内为了防止风险，所以所有的民间基金会在刚成立的时候可能都只能给你一个非公募的牌照，换句话说，你只能向一些特定的个人和企业或者你认识的人去做劝募，而不能对公众来做劝募。

思元：而真爱梦想的产品相对比较复杂。

吴冲：所以在历史上，我们也确实一直说，非公募挺好的，因为我们的产品复杂，所以你需要用很多的时间讲给少数人听，而不能说简单的一个概念讲给所有的大众听。比如说我觉得邓飞兄的那个项目就很适合讲给公众，说三块钱一顿午饭，很容易理解。真爱梦想的项目太复杂了，说我要先建一个教室，建完教室还不行，还要开课程，开完课程不行，还要培训老师，培训完老师还是不行，还要做奖励机制，其实我们觉得一个相对复杂的系统不太适合向公众传播。所以在2013年之前，我们并没有冲动说要去做这件事情。

思元：后来到了2013年，您觉得最重要的一个动因是互联网市场的发展？

吴冲：对，互联网市场的发展给了我们很大的一个触动，我们觉得我们在此之前可能忽略掉了一些东西。由于我们是非公募的，我们只是向特定机构和人士筹款，相对封闭。但是与此同时，我们要意识到一个问题，本质上来讲既然我们做的是价值观推动，我们既然做的是关乎每一个人，包括家长、包括孩子的价值观推动的事情，那这个筹款的过程本身就是一个传播价值的过程。所以怎么样才能够让我们真正面对公众来发声，让公众能够参与进来，其实不在乎钱多少。可能他投了十块钱，他就会注意到这个基金会，他就会看这个基金会到底在做些什么，这些观念会不会影响到他自己对教育的理解，我们觉得这个是非常重要的一点。

思元：第二个方面呢？

吴冲：第二个方面，我们知道传统的公募，比如说在街头摆一个募捐箱这样的方式，其实非常低效。现在由于互联网产业的发展，很多新的筹款工具被发明出来，我们觉得这个里面其实是我们跟公众做沟通的一个非常好的平台，所以在这个基础上，我们从2013年的年中开始探讨这样一种可能性。很幸运，我们在上海得到了民政局的大力支持。传统上来讲，一个完全民间的公益组织要想转成公募基金会是非常困难的。但是上海市民政局看到了我们这些人的努力，包括我们的项目本身、我们整个在内部治理方面的成果，就给予了非常大的支持。所以在我们拿到了第三次的《福布斯》排名榜首之后，2014年的年初，上海市民政局就批给了我们公募的牌照，我们是上海第一个由非公募基金转成公募基金会的组织。

思元：我们看到了上海真爱梦想公益基金会在2014年初第五次公开举行年报发布会的时候，年报的数据显示，从2008年至2013年年底，真爱梦想已经累计收到了1 500多家机构和个人的捐款，善款累计超过了1.63亿元人民币。那么现在从非公募转为公募之后，今年这个年报发布的数字是怎样的？

吴冲：数字还没有最后出来，但是有一个大概的数字，今年的筹款总收入应该差不多在人民币7 500万元左右，比去年的数量应该会增长将近30%。但是这个中间，公募部分的总数量还是比较少的，就是完全通过零散的捐款，比如说通过腾讯的网络捐款、微信上的公益平台的捐款，大概是160多万元吧，如果我没记错的话。这个比前几年翻了好几倍，但主要是原来基数太低了。所以从筹款本身的结构来讲，真爱梦想还依然维持着以一个面向机构和大额捐赠的富有个人为主的捐赠结构，公众筹款这块虽然刚刚开始，但是成长率非常高，所以我们也是非常看好这块内容。

这里面我特别想说的是什么呢，就是它的公众参与度大幅度提升了。比如说我们去年总共筹了5 800万元，但它总共只是由1 200多个人捐的，包括机构、个人。但是今年我这160万元，可能就有十几万的人参与。这十几万的人，我觉得就是接收到我们关于教育的这些思考和教育价值观的受众，这点对我们来讲意义是非常大的。

## 基金会面对公众是一个巨大的挑战

思元：我们看到，从非公募转为公募，虽然说对于真爱梦想来说，已经是连续四年被评选为《福布斯》中国的榜首，但面对这个转型，理事长潘江雪也说，从非公募的低调独特走到公募的公众的约束，你们也是深知背后所承载的社会压力和期待的。在过去的这一年当中，你们感受到压力了吗？公开的透明度方面，你们又是怎么样做的呢？

吴冲：今年《福布斯》排行榜刚刚发布出来，真爱梦想在捐赠信息披露的项目上有史以来第一次被扣了分，虽然我们维持了第一位的排名，但是我们在这个项目上被扣了分。那么《福布斯》提到一个问题，说你作为一个非公募基金会，以前你是通过年报、季报的方式来跟你的受众做沟通的，但是作为一个公募基金会，《福布斯》认为你们应该做到实时披露。就是说，我的捐赠人可以随时在网上查到我的钱到底到账了没有，捐款人是谁。这个系统我们确实还没有做出来，现在正在委托一个IT公司做相关的开发。

思元：这个事情其实反映出了公众对你们的期待、媒体对你们的期待。

吴冲：这个问题跟我们自己内部的节奏有一个小小的脱节，这是一个方面。第二个方面，面对公众筹款，它所面对的压力会是什么呢？就是机构捐款人会有比较多的时间耐心听你讲很多的细节，比如说我觉得你哪个地方做得不好，但是我有机会跟他解释，因为我知道他是谁。公众筹款就是，一旦你形成公共影响之后，其实你很难解释。有10万人在传这个事情，你只能讲给其中的3 000人听，还有97 000个人没听到，他们还是会保持原来的那个观点。所以对公共传媒这块，我觉得是一个巨大的挑战。因为真爱梦想以前会非常凸显个性，就是想什么说什么的那种。而现在面对公众的时候，可能在表达、传递信息的时候，就要力求准确、精致，而不是说简单地去凸显个性的东西。这个对我们来讲是蛮大的一个挑战，尤其是对我本人。

思元：现在梦想中心已经覆盖了多少个城市、多少所学校？

吴冲：真爱梦想的梦想中心截止到2014年底，差不多是有1 670所，覆盖的区域应该接近400个县市。中国总共有2 000个县一级的行政区划，现在大概有400个县市里面是有我们的项目的，占总数的五分之一左右。

## 真爱梦想未来将专注在国内推行素质教育

思元：我知道再过几天，您要到香港，要去和香港金融界的一些朋友分享一下真爱梦想基金会是怎么做的，这些内地金融界的人是怎么样投身到公益行业当中去的。这次到香港是首次分享是吗？

吴冲：对，我们在香港大范围地做这种推介活动，这是第一次。它的起因是我们的一个捐赠人，原来是他个人和他的机构捐了一些钱给真爱梦想，他很喜欢我们。他说，我们应该让香港的行业对你们有更多的了解。所以这次是这些志愿者，其实也是金融家，他们自己私人掏腰包，在香港订了一个很好的地方，请了大概两百多位香港金融圈的专业人士，来跟基金会的发起人做一些分享，希望他们香港的主流社会能够了解到，其实中国有一批以前的职业人士，在用一种蛮特别的方法做这个公益事业。

思元：不知道您这次到香港，除了和香港金融界的一些伙伴分享真爱梦想做公益的事情，有没有想过把业务拓展到香港去，甚至说拓展到国外去？因为我们看到有一些NGO组织现在已经在这样做了。

吴冲：你这个话题很有趣，我们还真的讨论过这事。真爱梦想每年会开一次战略务虚会，这个务虚会的内容就是提一些很古怪的问题，然后尝试挑战一下大家的思维极限。我记得其中有一年我们开会就是这个内容，说如果真爱梦想一年的筹款收入超过10亿元，那我们会做些什么。其中有一个问题就是说我们要去海外吗，我们要把梦想中心开到孟加拉、开到非洲去吗？但是我们讨论下来的结果是不去，我们会专注地做好中国本身的素质教育。

思元：原因是什么呢？

吴冲：原因倒不是这种简单的所谓的故土情结。我们认为，当今世界一个重大的影响因素就是中国，中国的孩子如果能够自信、从容、有尊严地成长，其实是有利于全世界的孩子自信、从容、有尊严地成长的。

当时我们还问自己另外一个问题，如果说一年有10亿元的收入，我们又不去国外的话，那么在中国国内，我们除了素质教育，还会做别的事吗？比如说我们要不要去做环保，要不要做其他的项目？我们讨论的结果是不做。

思元：为什么？

吴冲：因为如果我们把素质教育的问题解决好了，环境问题、各个方面的问题，它会得到相适应的一个推动。所以我觉得这就是教育领域的好处。教育领域是一个包容度极高的行业，对于什么样的一个世界更美好这样的价值观，其实多多少少都可以通过教育来间接地发挥它的影响。所以回到你的问题上，就是真爱梦想在可预见的将来，应该会把自己全部的精力集中在中国的素质教育这一个项目上。

思元：您怎么看内地NGO向境外发展？

吴冲：这件事情本身当然是一件好事情，我觉得这首先证明中国公益人的

真爱梦想2012年会全体工作人员合影

一个勇气，就是我至少可以去到一个更大的舞台上，哪怕无依无靠，我可以在那个舞台上同台竞技，这是一个很好的文化传播的过程。当然这里面可能有一些地方，作为有较多商业经验的人，我不得不去提醒一下我的公益同行们，就是这事其实要相对慎重一点，因为跨文化领域的项目操作本身的难度不是一个简单的定义上的差距。如果你没有充分准备的话，有可能会遇到一些问题，但如果准备好了，就勇敢地上吧。

### 记者手记

2013年我第一次参加真爱梦想的年报发布会是在电影院，吴冲站在宽大的电影银幕前向我们展示他们的梦想，与其说是讲解，不如说是带着我们进行了一次有趣的穿越旅行。当天给我的感觉就如同观看了一场小灵通漫游世界的影片，吴冲说设想再过20年，中国的小学生是这样上课的——没有呆板的教学束缚，没有中规中矩的6年制教学限制，取而代之的是多媒体教室，而老师也不再代表权威的答案，学生可以根据兴趣爱好选择课程，例如："某位同学对历史感兴趣，电脑便可以读取你的眼球，发现你在看历史故事时很专注，电脑便持续深度地带你走进更加广阔的历史世界；如果你对数学感兴趣，那么电脑便可以带你快速读完你能理解的所有数学难题，即便你是小学一年级的学生，也可以学完三年级甚至更高年级的课程。”

这个就是真爱梦想在做的事情。

做投资银行的一群人为何去做公益了？吴冲说很重要的一个背景就是他们认为他们十几年的商业管理经验有机会用到慈善领域。短短几年间，中国已经有2%的适龄儿童在有梦想中心的学校里上课了，创造了一个不大不小的奇迹。真爱梦想公益基金会的运作模式值得国内公益界借鉴与思考。

采访结束后，2014年12月16日，真爱梦想首次在香港举行了一场圆满成功的推介会，现场近200位香港财经界嘉宾和朋友欢聚一堂，倾听真爱梦想的公益历程及发展之路。吴冲表示，此次推介宣讲对于真爱梦想来说是一次巨大的飞跃，到场的香港朋友提出了许多高水准的问题，也表达了许多合作的意愿。

我期待着真爱梦想继续梦想成真。

# 免费午餐：让孩子免于饥饿

■ 嘉宾：免费午餐发起人邓飞

■ 记者：梁卫浩

听见公益

## 机构简介

2011年4月2日，由邓飞等500名记者、国内数十家主流媒体，联合中国社会福利基金会发起免费午餐基金公募计划，倡议每天捐赠3元，为贫困学童提供免费午餐。自2011年4月正式启动至2014年12月底，募款已达1亿多元，累计开餐学校达到439所，帮助近10万孩子免于饥饿，享有热腾腾的免费午餐，更直接影响国务院启动实施农村义务教育学生营养改善计划，大规模改善中国乡村儿童营养状况。数年间，免费午餐已成为我国家喻户晓、影响力最大、最为成功的民间公益项目之一。

## 免费午餐的缘起：与贵州支教老师蔡佳芹的一次偶然对话

梁卫浩：邓飞是我们的老朋友了，关注我们节目的朋友每天晚上都可以听见邓飞的声音，因为我们节目片花第一句话就是邓飞说的："大家好，我是邓飞。关注乡村儿童，关注中国未来。"

邓飞：多谢，多谢卫浩。

梁卫浩：为什么会这样说？

邓飞：乡村的小朋友跟城里的小朋友其实没有区别，他们长得也很可爱，但他们的困境让我们很揪心。大部分孩子的父母都不在身边，他们没有爱没有陪伴，小朋友的这种生活学习，包括他们上学的路途等等方面，有很多的困难。我们在想，如果他们得不到照顾，他们以后会成为怎样的人？留守在乡村里面的孩子6 100万，占到了中国所有青少年的五分之一，因为全国青少年加起来也只有3个亿。这样庞大的人群如果我们不去帮助他们，不去服务好他们，我们就可能失去这个未来。

梁卫浩：6 100万、五分之一，这样一些沉甸甸的数字让我们感受到这个责任很重，那么首先我们想到的就是让这些孩子能吃饱饭。今天我们跟邓飞一起聊的就是“免费午餐”这样一个大家可能都比较熟悉的品牌，也是目前来说我们国内最成功，影响力最大的一个民间公益项目。

我知道免费午餐是在三年前，2011年一个很偶然的情况之下，你在一个颁奖晚会上碰到了一位支教老师蔡佳芹，这个情况我想你肯定不会忘记。

邓飞：就是2011年的年初，我被天涯社区评为了他们的年度记者。我还记得这个颁奖晚会是在去南海的一个大游轮上。我旁边坐了一个女孩，她是天涯社区年度公益人物，因为她在贵州的山区支教。非常的奇妙，她以前在复旦大学学习过，她的老师经常会说起我。她的老师现在是中山大学传播学院的院长，叫张志

邓飞与孩子们

安。然后她就很好奇，跟我聊，无意中说她支教学校的孩子们没有午餐，她每天端着自己的饭盒吃饭的时候，小朋友都看着她，那种眼神让她受不了，她会把饭盒端到她的宿舍里面去，把饭吃完以后她才出来。当时我脑子里面就有一种画面感，我觉得孩子们那种眼巴巴的眼神，确实是让我于心不忍。

梁卫浩：或者说是打动了你内心非常柔软的一块地方。

邓飞：对，我虽然没有挨过饿，但是我能够理解，能够想象到那个画面。所以我说那就去你的学校，我看看能不能帮你做一个食堂。刚开始想，做一个食堂就得2万块钱吧，有了食堂，孩子们就有饭吃，因为我想孩子们再怎么样穷，家里粮食是有的。后来我去了他们学校，才发现，不只是这个学校没有食堂，孩子们没有午餐，几乎所有山区的小学都没有。

梁卫浩：一种非常普遍的现象。

邓飞：是的。当时我就特别地震惊，我就说，为什么孩子们都没有午餐呢？为什么都没有食堂呢？后来我才搞明白，很多很多地区，它的小学、它的村庄已经"空心"了，学校没有多少孩子了，可能五个学校并成一个学校，孩子们中午就回不去。他回去也没有用，回去他爸妈不在家，家里的老人呢可能还要去放牛、种地，做很多农活。学校并不会把这个事情当成他们的事情，因为传统看来，吃饭是家庭的事情，是父母的事情，不关学校的事，学校毕竟是一个教育机构。

梁卫浩：坦白说，可能学校、老师有这个心，恐怕也没这个能力。

邓飞：很多老师当然也知道孩子饿着有很多问题，他们也有很多不忍之心，但是确实是没办法解决。所以就出现了蔡佳芹老师只能端着她的饭盒到自己宿舍里面去，她忍受不了那种煎熬。我们去了以后，就想我们怎么样去改变它。

梁卫浩：第一次，你是问一位深圳的朋友赞助了你2万块钱去的？

邓飞：是的。我们去做一些改变的话，肯定需要钱。我是一名普通的调查记者，没有钱，怎么办呢？我就想到利用微博吧。我在微博上去传播、去展示，去告诉大家我们看到的孩子的困境。这个时候，深圳的一个朋友，因为微博打拐时候认识的一个朋友，他就愿意来支持这个事情，问我要多少钱。我想先动起来，就问他要了两万。因为说实话，虽然我向人家开这个口不是为了我自己的事情，但是也是很难为情的。

梁卫浩：人家也是看在你"邓飞"这两个字上。

邓飞：对。这两万块钱我也没什么依据，我就说，两万块钱应该可以把这个事情搞起来。他当时很惊讶，说两万块钱就可以把这个事情搞起来？他说你有没有想后面的问题，我说后面的问题我们可能有其他的方法。当时我也不可能问他要很多钱，先试试看吧。把这两万块钱要到之后，让他直接把钱打给了学校，学校就拿这笔钱去买锅买碗买灶，买食材，结果就把它搞起来了。

梁卫浩：我在你的微博里面看到过第一天开饭那个场景，我想你也一定不会忘记。

邓飞：那时候微博上已经很多人都知道我们要去开餐，就来了很多小伙伴，云南的，贵州的，浙江的，湖南的，四川的，也来了很多媒体。我们就开着几台车往那个学校去。

路上很不好走，我们花了很多时间，然后到了学校已经1点了，他们还在等着我们。特别地歉疚，过去后赶紧给孩子们开饭。小朋友确实也饿了，每个人领了一碗饭，就狼吞虎咽。当时看了特别感慨。饭里面有肉，有鸡蛋，有米饭，很多小朋友就把鸡蛋收起来，准备带回去给弟弟妹妹或是爷爷奶奶吃。

我记得我们简单地做了一个仪式。我做了个表态，只要这个学校不关，还有孩子，那我们免费午餐就不会停。当时我们还升了国旗。我看到这些小朋友，听着国歌，望着国旗，那么小的孩子都能那么庄严，让我们真的很感动。他们这么小，也会有这种爱国之心，我们就更加感受到自己责任重大，我们要去服务好他们。

搞完仪式后呢，我们开始开会，签了一个合作协议。我们负责出钱，学校负责去做执行。我们不能让老师来做午餐，所以聘请了两个厨师，我们来发工资。老师跟校长应该在学校一起吃饭。我们是这么理解的，只要老师在这里一起吃饭，饭菜就不会难吃，而且老师们也很辛苦，一份午餐是他们应该得到的一个尊重。

梁卫浩：而且其实也没多少人。

邓飞：我们就把学校联合起来，每两个月向它拨款。但是如果我们接到投诉，我们就会询问。如果发现了问题，我们会公开报道，并且还要去通报当地的教育部门和当地政府。我们也把村里的干部、退伍军人这样的乡村“精英群体”请进来，让他们参与行动。一方面帮助学校，另一方面我们赋予他们职权，他们有权力到学校看这个账务，监督学校。我们跟校长都沟通好，因为我们既有自己的权利，我们也要有自己的义务和责任，它们是对等的。

## 公开、透明、协作，免费午餐插上移动互联的翅膀一飞冲天

梁卫浩：这个模型建立起来后，加上很多记者的宣传、微博的传播，可

以说一石激起千层浪。免费午餐的这个传播速度，恐怕你当时去第一所学校做的时候，也没想到会发展这么快。

邓飞：那个之后呢，有一个河南的记者看到了，他以前挨过饿，所以马上跑到自己的小学母校去，就把那个做起来了。他是大河报的，《大河报》就把它报道出来了。报道出来之后，湖南的媒体一看这个事情很不错，就夸它，结果被一个县长看到了。县长觉得这是一个很好的事情，他们就把我们请过去。我们跟他一谈，问县里面能不能也出一点钱。县里面一想，觉得可以，因为他们刚好有笔费用。县里面就出1块钱，我们出2块钱。这个县叫新晃县，是怀化市下面的。政府和我们合作，这个事情就更加具有了合法性。所以老百姓、媒体都会觉得这个事情靠谱，它不再是民间一个组织单纯的行动，变成了政府和社会合作的一个行动。这样的话，雪球越滚越大。

梁卫浩：其实孩子们缺少饭吃的问题一直在这里，我相信很多人看到孩子们的这种需求之后都会有想要去帮助的冲动。非常幸运的是有伟大的互联网，有伟大的微博，让社会能够看到这样一种巨大的需求，也激发起社会上非常巨大的爱心的力量。其实在这个过程当中，包括把这个行动公开、透明，每一分钱都放在大家的眼皮底下，然后呼吁更多的人来参与，微博确实起到了非常巨大的作用，而你善用微博这一点确实是让免费午餐插上了一双会飞的翅膀。

邓飞：是的。后来新浪微博的朋友们跟我们开玩笑，说我们是新浪微博最大的受益者。我非常赞同他们的观点。在新浪微博往上走的时间，刚好我们发起了免费午餐，把中国的这种善良的资源、这种注意力基本上都投入到免费午餐的行动里面去。那段时间真的是没有人不知道免费午餐，因为到处都在刷屏。

然后，也可能是我们的网友第一次来推动一个公益项目，我们可以在一起传播正能量，我们可以去展示孩子们的这种困境，我们可以联合起来一起去帮助，可以一起动手去做建设，这种体验以前是没有的，所以大家都想参与进来。到昨天（2014年12月3日），我们免费午餐筹款也超过了1.2个亿。

梁卫浩：3年多的时间。

邓飞：对。最主要的是有100多万人给我们捐款。因为我们在微博上面告诉大家，公益并不是有钱人或是有权人才能做，我们每一个普通的老百姓都能参与。

梁卫浩：从三块钱开始做起。

邓飞：对。三块钱，你就帮助孩子们一顿午餐。如果三块钱都没有，你也可以评论、转发，这也是一种力量。

梁卫浩：也可以来当我们的志愿者。

邓飞：是的。它实际上就变成了有钱出钱，有人出人，有力出力，有时间出时间。这样的话就可以把全国的人财物全部联合起来，这样我们就得到一个新的力量，我们以前想象不到的、一个不可思议的力量。

梁卫浩：这种不可思议的力量迸发出来恐怕让所有人都非常吃惊。刚才邓飞也谈到了，免费午餐目前总共捐款超1.2亿元，受惠的人数已经达到了10万人左右。其实这样一个数字说出来确实让我们非常惊讶，当然我们还非常高兴地看到这个数字每天都在不断地攀升。邓飞也提到，大家可以通过各种各样的渠道，来给孩子们捐三块钱一份的午餐。也得力于伟大的互联网，现在免费午餐有非常多种、非常便捷的方式，让广大的网民可以去捐款。这方面的情况请邓飞介绍一下。

邓飞：拜移动互联网所赐，现在我们有天猫店、新浪的微公益、腾讯的微信支付，还有阿里巴巴的支付宝钱包，等等。我们有很多很多这样的筹款组织和工具方法，这一点我们真的是几乎利用了互联网所有的工具。没有移动互联网，免费午餐真的是不可能有这么一个迅猛的发展。

梁卫浩：也可以说是相辅相成的。如果没有免费午餐这样一个公开、透明、让大家看得清楚的模式的话，也不会有那么多的人和力量涌进来。说到这里，互联网的公开透明也是一把双刃剑，你做得好，很多人会来帮你，但是如果过程当中有一点瑕疵，有一个学校出问题的话，恐怕大家的口水也会把你淹没掉。三年多来其实我们很惊讶地看到，在免费午餐这个事情上，我们基本上看不出来有什么负面的报道。就是说整个免费午餐运转过程当中，大家看到的是一种非常公开透明，而且没有出任何纰漏的情况。这么多所学校、这么长的时间，怎么能够做到这一点呢？

邓飞：到昨天（2014年12月3日）应该有三年多的时间，免费午餐的项目现在是有500多个学校，没有发现一起食品安全事故。我看到这个情况以后，当然首先是开心的，因为我们毕竟没有辜负我们的捐款人，我们没有贪污，没有滥用他们的钱，保护了他们的捐款安全。我们也没有让孩子们住医院，或者是让他们的身体受到伤害，那是我最开心的事情。但是呢，对现在这个成绩，我们要清醒，并且要警醒。第一，没有发现并不代表就没有出现，有可能出现了，只是我们没有发现而已。所以说我们要鼓励我们的志愿者、我们的每一个网友，帮助我们去把这个工作做得更加的坚实。帮助我们去了解更多的人、更多的孩子，以及他们对免费午餐的一个评价，或者说一个立场。第二呢，只要是人做的事情，就一定会出现问题，这是必然的。我们在任何场合都会说，免费午餐和其他任何事情是一样的，会在某个时候、某个阶段、某个学校，出现某种情形的问题，这是不可避免的。但是我们不要去害怕它，如果出现了问题，我们迅速地去发现，去了解原因，迅速地去纠错，然后去解决它就好了。

我们再回过头来看，之所以到现在没有出什么大的问题，首先是利用了互联网。我们要求每个学校做到公开透明，每个学校每一天都要晒出他们的账目来证明、展示自己，这样是合乎我们的规范、遵循我们的协议。我前面说了，师生同食，老师、学生、校长必须在一口锅里吃饭，这样的话能够确保食品的安全。我们还要求学校的食材一定要就地取材，不能给我来牛奶和面包，因为那是外来的食品。外来的食品，就可能失控，因为不是我们本地的东西，它的链条特别的漫长，运输、储存、保管这些方面，都可能会脱离老师和学校的控制，我们不要去做一些冒险的事情。当地的食品、当地的食材，足可以维持当地的生活，一方水土养一方人。

梁卫浩：对，而且一顿午餐也相对简单，用不着那么复杂。

邓飞：然后呢，对孩子们来讲，一顿有肉有油有饭的正餐当然更好，至少可以填饱肚子。我们现在不一定说它做得多完美，至少有能量、有热量，能保证他一天基本的营养，让他能够有气力去上学。

梁卫浩：免费午餐的很多工作其实是由大量的志愿者来完成的，包括监督的工作、筹款的工作。我在广州这边也跟广州免费午餐的志愿者有过多次的交往，确实对他们这种全身心的投入和无私的奉献留下了很深刻的印象。现在邓飞你有没有个数字，咱们免费午餐全国总共有多少名志愿者？

邓飞：志愿者在免费午餐的事业里面是起着不可替代、不可或缺的一个作用，我特别感恩全国各地的这些伙伴。他们可能不会太多地被大家知道，但是他们非常的坚定，并且一直以来在参与着我们的事业。

志愿者主要做的工作是传播和展示，我们有一个文件包给他们，去做一些基本的训练，然后他们就可以到任何的社区和学校里面去做讲述。然后还有一些小朋友，他们在很小的时候就能参与，我们鼓励他们去帮助乡村的小朋友，让他们能够在比较小的时候就有一颗公益的种子、一颗悲悯的心。我们去改善他，或者去提升他的这种能力，这样很多家长和学校也会特别地开心。在这里要感谢我们广州的伙伴，比如说民生银行动员它的储户向我们捐款。还有我们的团组织，为免费午餐提供志愿者的培训。

## 与其抱怨，不如行动，行动就有改变

梁卫浩：其实免费午餐的很多故事在一本书里面有非常充分的展示，就是邓飞写的《免费午餐，柔软改变中国》，这本书非常详细地介绍了这三年多发展的一个过程。其实我更看重的是在这本书的出版和发行过程当中，邓飞去很多的高校做的一些巡回演讲。你有数过去过多少高校来介绍这本书吗？

邓飞：我现在记不住去了多少所，应该跑了大多数的高校了吧。我特别喜欢到高校去做演讲，是因为首先年轻人他们有热情，他们也是免费午餐基本的力量。因为免费午餐来源于新媒体，而这些年轻人正好就是新媒体的基本的用户。其次，我很想去跟他们分享一个理念，或者是我的生命的感悟。在我们年轻的时候，我们都非常地有激情，我们特别希望这个国家能够非常非常的好，但当我们发现问题的时候，我们很容易抱怨、愤怒。其实我想告诉他们，我们当然是要有这种鉴别力，我们需要有这种不满，或者是抱怨，要有这个表达的机会。但更重要的是，抱怨不能够自动地去解决问题。

梁卫浩：还是要行动。

邓飞：对。我们除了享受权利，我们也应该要担负责任。行动，就能够去改变。

让孩子们免于饥饿

梁卫浩：对，我特别欣赏你说的一句话——行动，改变中国。

邓飞：是的。我们面临这么多社会问题，或者危机，但是我们要非常清晰地了解，不是所有问题都是政府造成的，政府也不能够解决所有的问题。其实我们每一个人在享受着经济发展的福利的时候，我们有没有想到，我们就是这些社会问题的制造者之一？如果我们是社会问题制造者之一的话，我们有没有变成一个解决者、一个行动者、一个建设者？我特别想跟年轻人分享这一点，我们不能够只是一个愤怒的抱怨者。

梁卫浩：我一直留意着你在高校里面的演讲，以及学生们的反应和后来微博上的评论等等，我觉得这种正能量对大学生是非常重要的，因为他们不仅能够很好地接受这种思想，而且还能够很好地把这种思想化为行动，这对我们的未来确实有非常重要的影响。

## 民间公益项目影响国家政策

梁卫浩：免费午餐到现在差不多四年的时间，是非常成功的一个公益项目。在我们看来，它的成功还有一个非常重要的指标性的意义，就是免费午餐影响到了国家的政策。在2011年10月的时候，国家就宣布有财政的投入。国家的投入非常大，应该说一个小小的民间项目影响到国家的政策，这在国家的历史上还没有过。当时听到这样的消息的时候，你会不会很惊讶或者很惊喜？

邓飞：免费午餐发起半年以后，有一天我在长沙的出租车里面听到了温家宝总理在主持国务院常务会议的时候提出来，每年要拿160个亿，去改善乡村儿童的营养状况。我听了以后当然很开心，我们在做免费午餐的时候就想到怎么去影响国家的这么一个政策，因为我们想到的是我们不可能做得非常非常的大，因为我们的人民已经交了税，解决孩子的饥饿问题当然是政府该做的事情。

但是在政府没有做或是没有来得及大规模做的时候，我们先做。我们先做的价值是要做出模型，去交给政府参考，告诉他们这个事情这么去解决就可以了。我们觉得免费午餐最大的价值就是把看上去像个无底洞一样的工作给量化了，一个孩子一天3块钱，一年220天学习日，660块钱，加上其他一些配套，可能是1000块钱左右。那全国有多少孩子，我们数人头，乘上1000，看国家能不能承受。我们看到国家的营养改善标准也是3块钱一个孩子一天。我们应该是做模型，也可能去影响国家的决策，我唯一惊讶的是国家会这么快。后来我们也了解了，真正说免费午餐影响和撬动政策的改变，这也是不公允的。

梁卫浩：国家其实早就在摸这个事情。

邓飞：对。国家在之前确确实实做了很多调研的工作，只是它涉及到大规模政策的调整，没有我们这么轻快、机动灵活，他没有我们跑得这么快。

梁卫浩：政府是正规军，我们是轻骑兵。

邓飞：对，我们是轻骑兵。最后政府看到我们这么一个行动出来，老百姓很支持，又能够解决孩子们的问题，并且表明咱们这个项目是可以量化的，并不是一个没有数据的无底洞。所以说，客观上我们对国家政策的改变有一些推动，但是要说完全是被我们影响的，这是贪天之功。

## 免费午餐运作启示：分权制衡　民主公开　志愿者自治

梁卫浩：免费午餐现在应该说进入了一个平稳发展的阶段。我也注意到在今年（2014年）免费午餐有一些变化，比如说你退出了日常的管理，免费午餐整个日常的管理交由一个五人的团队，这个团队里面有一些人就是志愿者，他们可能还有其他的公职、其他的身份。你退出免费午餐日常管理，这意味着什么呢?

邓飞：我在想，如果一个组织到了4年了，还需要我来做这个火车头来拉动它，是这个组织的失败。我们做免费午餐，一方面是服务孩子，另一方面也是为中国的社会组织做一些摸索和尝试。我退出免费午餐的日常管理，是希望让它变成志愿者自治的一个组织，变成一个社会能够广泛参与、能实现自我良好运转的一个社会组织。在这三年多我想了很多办法，也联合很多人一起建立制度，尝试一个分权制衡、民主公开的体系。最后我们在全国志愿者中挑出45个，由这45个人来选举，形成管理委员会、监督委员会，还有一个执行委员会，让他们实现分权和制衡，让他们能够自我地运转，自我地发现里面出现的问题，然后自我解决。最后形成这么一个机制，然后我就慢慢从日常管理撤出来，让它自己能够独立成长。我做的好几个公益项目，我都希望它最后能够形成一个志愿者自治、自我管理和发展的项目，因为我还有更重要的事情要去做。

梁卫浩：在我们国家，目前民间公益机构像雨后春笋般蓬勃发展的时候，免费午餐这种社会组织自治的探索，确实也提供了很好的经验和借鉴，我想这对于我们所有民间公益组织来说都是有很大的作用的。

## 免费午餐的未来：从小学到中学　从国内到国际

梁卫浩：最后，未来免费午餐的发展方向应该是怎么样的，在你的设想当中，最终的愿景是什么样的？

邓飞：虽然说我离开了免费午餐的日常管理，但是我还以免费午餐创始人和免费午餐品牌持有人的身份做一些工作，工作主要就是有关免费午餐的未来、免费午餐的战略。

在我和我的伙伴看来，第一，免费午餐继续为我们国家的营养改善做好参考和补充。因为在一些贫困的地区，国家的钱是不够给他们开餐的，所以我们会提供一些支持和帮助。在我们看来，为了每一个中国乡村学校的孩子们免于饥饿，最好是每一个乡村学校的孩子，从幼儿园、学前班，到小学初中高中，都应该有这顿午餐。这是第一。

第二呢，当我们在国内能够逐步稳定推动我们的行动的时候，我们应该把眼光放到周边的国家，比如说缅甸、柬埔寨。但是我先做了一个安排，我们国内的钱就放在国内。如果说免费午餐要走出中国，要去其他的国家，我会在国际上去筹款。我现在和一些朋友做了一个新的筹款平台，叫“彼此爱”，我们希望我们爱自己国家的孩子，也要爱全世界的孩子，因为他们都是人类的未来。

为什么我说要分开，国内的钱给国内的孩子，国际的钱就到海外去？我觉得中国还有很多很多的孩子需要我们帮助，我们先把国内的问题解决好，那么我们就开辟另外一个公益团队，开辟另外一个公益阵地。所以说，免费午餐继续支持国家的贫困地区、免费午餐要走出国门，这是我们的两个战略方向。

第三个战略方向呢，是免费午餐要走进高中，我们希望给高中的同学们一些支持。其实高中的时候是最需要营养支持的，因为我们的体力脑力都消耗非常大。所以说本月（2014年12月）的18、19号，我们和民生银行广州分行要去湖南安化一个乡村的高中，给他们做一个计划叫“免午进高中——一碗红烧肉计划”，我们每个星期杀一头猪，给孩子们做一顿红烧肉。我们暂时还没这个财力，给孩子们天天吃肉，但是我们能不能每个星期给孩子们吃顿肉，给他们补充一点油水？

梁卫浩：今天非常高兴听到邓飞给我们讲免费午餐，尤其是听到免费午餐还有两个更高更远的战略，一个是走出国门、走向世界，因为全世界孩子们的未来就是我们的未来，另外一个是免费午餐以后不仅仅针对小学生，还针对我们高中生的营养问题。《公益华夏》会一直关注邓飞和他的免费午餐的项目，尤其是走出国门走向世界，以及走进高中这两个战略，这是今天之前我还不知道的。

邓飞：对，这是首次发布。

梁卫浩：今天非常感谢邓飞跟我们聊了那么多免费午餐的过去、现在和将来，我们节目以后会一直关注免费午餐的消息，跟大家随时分享，谢谢邓飞。

## 采访手记

过去几年，邓飞是中国民间公益事业发展中最受瞩目的公益人，免费午餐是最为成功的民间公益项目之一。与邓飞聊免费午餐，聊公益，总是脑洞大开，因为每次他都会给我惊喜，每次都会有新的绝妙点子出来，并很快付诸实践。这次专访，邓飞谈到了免费午餐走出国门以及“一碗红烧肉”的计划，让我眼前一亮。我非常期待免费午餐能成功走向世界，再创我国民间公益发展的新奇迹。

我个人多次参加免费午餐的活动，每次都有新的感受、新的启发。免费午餐在商业与公益结合方面的探索，在互联网时代公益推广与捐赠方式的创新，社会各界力量参与项目的发动、协作与治理，机构内部的民主自治、监督与发展，志愿者的组织、参与和治理等等，我认为都是我国民间公益机构发展过程中可资借鉴的宝贵财富。

# “美丽中国”：
# 用教育帮农村孩子实现梦想

■ 嘉宾：“美丽中国”创始人潘勋卓

■ 记者：陈菲

听见公益

## 机构简介

“美丽中国”（Teach For China）成立于2008年，目前是北京立德未来助学公益基金会下设的教育非营利项目。“美丽中国”是支教项目，但不只是支教项目：项目每年招募中国优秀青年人才，输送到我国教育资源匮乏地区从事两年一线教育教学工作。通过两年的长期支教，帮助当地学生和社区实现在教育上的突破性发展，同时也激发这批年轻人对教育事业的信念，培养他们成为有能力且长期致力于推动中国教育均衡化发展的未来人才。

教育问题盘根错节，“美丽中国”致力于投入和培养有创造力的人才逐步解决教育相关的各个“关节”问题，实现“让所有中国孩子都能获得同等的优质教育”的愿景。7年来，“美丽中国”已累计为教育资源匮乏地区输送了750多位项目老师，他们分布在云南和广东126所中小学的课堂上，影响着超过110 000名学生。

## 从普林斯顿大学肄学　以“愚公移山”精神投身中国教育

陈菲：潘先生您好！您是在2008年来到中国，创立了“美丽中国”这样一个公益项目。为什么您对中国的教育这么感兴趣呢？

**潘勋卓**：我跟中国教育结缘其实是挺偶然的。我是在普林斯顿读完大三之后来到中国的。当时，我在学中文的过程中，通过一个普林斯顿的校友了解到云南那边有一个学校，他捐助了一个校舍。我来中国一年，如果说对中国的了解仅仅局限于北京、上海、香港这几个地方，我觉得远远不够，所以我想有机会的话，就看看中国农村是什么样的情况。通过普林斯顿的校友，我们联系到了云南双江县的一个边远的学校。

我记得是2008年2月中旬，我从北京坐飞机到昆明，从昆明坐飞机到临沧，去看了学校的情况。早晨七点半我到了学校，坐在六年级上数学课班级的最后一排，听老师讲课。下课后，孩子们看到我特别好奇，可能因为没见过跟他们长得那么不一样的人吧，鼻子这么大，胳膊上的毛那么长，大家跑过来把我围得水泄不通，摸我的胳膊，特别好奇。在和他们聊一会儿之后，我就意识到，这些小孩虽然出生在农村，但是跟我是一样的，跟我小时候的能力是一模一样的，跟我一样聪明，只不过因为他们出生在一个很偏远的地方，能够接触的教育机会比较少。对我来说这是一个很大的触动。我一直以为所有学习上的成就全都是因为我的努力而赢来的。我能够上到好的学校，能够考入普林斯顿大学，我以为全都跟我的努力和一些先天的优势有关系。但那天跟孩子们接触下来，我就意识到，其实可能比我的能力、比我的努力还重要的是：我出生在一个经济条件比较好的地方，我父母一直给我提供特别好的机会。如果这些小孩能够接触到我所接触的机会的话，他们也有可能拥有和我一样精彩的学习生涯。

那次去学校的时间是2月中旬，也是学生辍学的一个高发期。孩子们刚刚回到学校，有一些孩子可能没回来报名，留在了家里。这个学校的俸春华校长就到山里面，去孩子家里跟他们的父母交流，跟孩子们交流，劝他们回到学校，跟他们讲道理，说学习对孩子们以后的发展是一件特别重要的事情。一讲就几个小时，讲得满头大汗。这些给我印象非常深。我们在回学校的路上，俸春华校长教我学会了第一个中国成语，就是“愚公移山”。我记得校长费了特别大的劲儿，用普通话给我解释“愚公移山”的含义。他说，他有一点像愚公，他要移开的大山不是石头做的，而是大家对于“出生决定论”的相信，对于“农村的孩子也能行”的怀疑。

我回到北京之后一直在想“愚公移山”的精神。到底是什么信念在推动俸春华校长？他一把年纪了，还那么认真，那么努力，费那么大的劲儿跟家长、跟孩子们去交流，说服孩子们回学校。“愚公移山”的精神一直伴随了我七八年了。大概是从云南回来几个星期之后，我做了一个决定。我打了两个电话，一个是给我父母的，一个是给普林斯顿大学的。我说，明年不准备回去了，就留在中国，具体做什么我还不知道，我只是知道，我想支持像俸校长这种特别在乎学生的校长和学校。过了几个星期，我取出了原来存起来作为我大四学费的钱，创办了“美丽中国”，做了这个项目。

## 中国的年轻人有回馈社会的意识和意向

陈菲：7年来，“美丽中国”一直致力于教育资源匮乏地区的教育问题，至今累计为教育资源匮乏地区输送了750多位项目老师，他们在每人两年的项目中为学生累计教授超过1 000 000节课。为什么“美丽中国”对大学生会有这么大的吸引力呢？两年的支教，对于他们来讲会得到什么，收获有哪些呢？

潘勋卓：其实“美丽中国”无非是给大学生提供了一个比较扎实的平台，我觉得这个兴趣他们已经有了。当年我们创办“美丽中国”，好多人都认为这个事情不可能，无异于痴人说梦。但是我当时年轻，初生牛犊不怕虎，坚持做这些事情，不怕有人泼冷水，还是办下去了。很多人都说中国的年轻人以及大学毕业生都是很现实的，他们想大学毕业后就买房、买车，把钱送回家，赶快生孩子，没有人愿意跑到农村用两年的时间教书。不过，当我们真正去招募，跟大学生交流，建立起这个平台之后，发现中国的年轻人还是很有理想的，而且很有回馈社会的意识和意向。与其说“美丽中国”吸引了他们，不如说是“美丽中国”给了已经有这方面意向的人一个可靠的、扎实的、比较专业的平台去实现他们回馈社会的理想和想法。

陈菲：目前跟“美丽中国”合作的项目老师大概有750多名，请问您的团队怎么对他们做好管理和服务的工作呢？

潘勋卓：“美丽中国”的工作涉及到很多不同的方面，第一是招募，我们在各个高校招募优秀的应届毕业生。招募是非常重要的，招募让即将要毕业的年轻人了解到“美丽中国”是什么样的愿景、什么样的运营模式以及他们服务的学校是什么样的情况，这与企业或者用人单位所做的招募性质是比较相似的。我们跟学校合作，进行宣讲活动，跟有兴趣的年轻人进行一对一的沟通，然后面试。面试是特别重要的一个环节，因为每年申请者数量是相当大的，但是我们录取的可

潘勋卓

能不到10%，我们选拔也是非常严格的。

第二是培训和支持项目老师。这些年轻人都很优秀，学习成绩特别好，在学校里面表现也很棒，只是很年轻，没有太多教学经验。尽管有一些人可能做过暑期或寒假的支教项目，却没有做过长期的、系统的教学，所以这方面的培训非常重要。如何在良好的基础上，给他们提供比较系统的关于教学的培训来支持他们，让他们迅速地承担起老师的工作和责任，这是“美丽中国”第二个重要的方面。

第三是对项目老师两年支教期结束找工作的支持。“美丽中国”提供很多方面的支持，跟不同的学校和单位有正式的合作。“美丽中国”的大多数项目老师，来到“美丽中国”之前已经有其他的Offer（入职邀请），因为老师们本身就很优秀了。只是两年的时间毕竟比较长，我们也会提供一些相应的专业性支持。说到这里，我觉得“美丽中国”整个理念是一个吸引优秀人才的理念。不管是项目老师还是“美丽中国”的工作人员，我们都认为公益应该是以专业化的管理为导向来执行的，因为任何一个领域，任何一个工作如果没有优秀的人才来做的话，很难真正地做好，更何况是解决很难、很复杂的问题。我们一直很提倡这一点。

## “美丽中国”是一个人才孵化器

陈菲：您曾经说过“美丽中国”不单是公益项目，还是一个孵化器。能介绍一下您这方面的想法吗？

潘勋卓：为什么说“美丽中国”是一个孵化器呢？因为它是在培养人才。我们的一个理念就是“新型支教”，这不是传统意义上的支教，我们不做短期的或者局限于寒暑假的支教。“美丽中国”全部的项目老师都要求在学校待两年，用两年时间去支教，原因如下：

第一，学校对“美丽中国”提出了要求，就是希望项目老师过去，待的时间能够尽量长一些，因为孩子们也需要一个可持续的教学环境。

第二，是教学相长的理念。我们认为这是很准确的，老师在教书的过程当中，不仅仅在传授知识，也是在成长和学习，从孩子们身上获得的知识和成长远远超越了他能够给孩子们带去的支持和帮助。我认为任何一个老师只要是敬业的，就会一直不断地要求自己提升工作水平。所以我觉得“美丽中国”算是一个人才的孵化器。也就是说“美丽中国”的项目老师离开“美丽中国”的时候，和他们来到“美丽中国”的时候比，真的是发生了很大的变化。他们对于教育均衡化发展的信念，他们对于孩子们的投入，他们对于教育良好发展的认可是非常深的。所以这个过程对他们的影响也是非常大的。

陈菲：我们看到一个数据，大概六成的项目老师离开“美丽中国”之后，一直都是在那些教育机构或者是一些非营利的公益组织去继续他们的工作，看来孵化器这个概念是十分成功的。我们之前采访过“点亮眼睛”的杨潇，这个公益项目其实是在“美丽中国”的基础上建立起来的，您怎样看这个事情？

潘勋卓：当然支持了。我觉得老师，不管是“美丽中国”的项目老师，还是其他老师，感受最深的，就是教育上的问题是盘根错节的，没有任何一个人能够确切地说清楚，教育不均衡这个现状的原因是什么。不管是在中国，还是在任何一个国家，即使这个现状是比较相似的，但是原因有很多，可能是家庭教育，可能是经济发展的一些问题或者说城乡经济的差异，可能是老师培训的水平不够，可能是孩子们学习上是有障碍的，这个教育方面的问题是非常多元化的，不仅仅局限于课堂上，所以老师包括“美丽中国”的项目老师全面地去考量孩子们的需求，我觉得是非常有必要的，而且是解决教育关键性问题的很核心的一个办法。

目前，“美丽中国”的团队包括了项目、募资、市场和招募、运营等部分，员工七十余人，主要分布在北京、临沧、大理、保山、昆明、楚雄、汕头、潮州、上海、广州。我们有一个很有特色的团队叫“长期影响力团队”，这个团队主要目的是推动在“美丽中国”结束项目的老师在更长久的时间范围内为解决教育资源不均衡的问题做出努力。团队设定往届项目老师领导力的愿景，发展合作伙伴战略来最大化往届项目老师的影响力，并通过不同方面建立往届项目老师的精英团体，确保往届项目老师保持对“美丽中国”使命的追求并获得能最大发挥他们领导力潜质的高影响力机会。在2014—2015年，部门支持近400名项目老师和242名往届项目老师，来促进他们的领导力和对教育长久的影响力。“点亮眼睛”这个公益项目，就是在团队的帮助下，由“美丽中国”项目老师成功策划的。

潘勋卓和孩子们在一起

“点亮眼睛”这个项目听起来很简单，但是实际上效果是非常显著的。有一个“美丽中国”往届的项目老师在教书过程中发现，他班上三成的孩子成绩一直落后于其他同学，他观察一段时间后意识到，这些孩子学习上的认真程度、先天的能力都是一样的，都是很认真、很刻苦的学生，只不过成绩一直上不来。那么他有一天意外地发现，孩子们记的笔记很多都是错的，晚自习的时候他们回去做作业或者自己复习当天学的一些内容，学的内容也是错的。那他就去了解，跟孩子们交流，发现是因为他们近视，看不到黑板，结果他就想了一个特别简单的办法，如果能够免费给这些孩子做眼睛的检查，如果他们近视的话恰当地给他们配眼镜，包括提升学校设施，比如说安装有助于眼睛健康的灯，就是这方面的一些投入，能够非常低成本、高效地让孩子们在整个学习生涯中得益。所以他就办了“点亮眼睛”这么一个项目，最早只是在他那个学校范围内普及，现在“美丽中国”很多学校都是普及了“点亮眼睛”这个项目的，而且它是一个投入很低的，对学校的要求很低的一个项目，但是孩子们收获是特别大的。

## “美丽中国”的项目老师将在两三年内扩展到1000位

陈菲：“美丽中国”的愿景就是希望能够撬动中国教育资源匮乏地区数以万计的孩子的未来，让他们能够获得同等的优质教育。那么你们的团队怎么样去实现这样一个宏大的目标？路径在哪里？对于你们团队未来的一个规划是怎么样的？

潘勋卓：“美丽中国”的愿景是双层的。“美丽中国”大的发展规划是希望能够在两到三年里，从目前在任的400位左右的项目老师，扩展到1000位项目老师。目前我们服务的学校有126所，直接服务的学生超过50 000个。

陈菲：是正在服务的学生有50 000名吗？

潘勋卓：是的。所以我们希望能够在这几年扩招。原因有几个：

第一，学校的需求是相当大的。每年总是出现严重地供不应求的情况，随着“美丽中国”变得越来越成熟，我们希望有“美丽中国”项目老师的学校越来越多。只要学校有意愿一直跟“美丽中国”的项目老师合作，孩子们只要愿意跟“美丽中国”的项目老师一起上课，我们就会尽最大的努力保障他们能一直和这样的老师上课。所以一旦有新的学校申请“美丽中国”的项目老师，我们的扩招压力就很大，因此我们设立了这个目标。

第二，有这方面兴趣的年轻人很多。我们发现每年申请者的数量在不断增加，所以我们给更多的有这方面意向的年轻人提供一个扎实的平台来实现他们回馈社会的愿景，这也是“美丽中国”想满足的一个需求。

我想强调，不管“美丽中国”的规模有多大，都不会影响项目的质量。其实“美丽中国”现在说大不大，说小不小。这几年其实可以扩展得比我们目前的速度快，但是我们有意地决定不要扩展得太快，因为我们想保障招募的项目老师的质量，给他们提供系统的培训。服务前还有在职的培训等等，包括对员工各方面专业素质的要求都是最高的，所以我们扩展的速度一直放得相对慢一些。

## 树立德业，给优秀人才一个参与教育、参与公益的渠道

陈菲：我之前听说了您的一个关于樱桃林的故事，是某一年“美丽中国”的资金出现了一些问题，您就把您外祖父留给您的在意大利的樱桃林给卖掉了，让“美丽中国”的项目能够顺利地运行下去。当时为什么有这样的决定？现在回想起来，您觉得这样做值得吗？

潘勋卓：我当然觉得值得，这可能是我有生之年做的最值得的决定。我外祖父前几年就去世了，我做这个决定是在他去世之后，但是我相信如果他知道的话肯定会很支持的，所以这肯定是值得的。关于资金，“美丽中国”现在都是在资金准备充足的情况下去扩展的，所以我们服务新的学校都是在募款的工作做到位

之后，再做这么一个决定的。我觉得做公益、做非营利的机构，这种创业跟传统意义上的创业其实有很多相似之处，在初期总是会碰上一些坎坷，然后只要团队是有毅力的，对自己在做的事情信念是很足的，总是可以过得去。所以这些都可以说是初期阶段创业出现的一些状况吧。但是我也非常感激我外祖父在我那么小的时候，那么有远见地播下了那些种子，然后最终也帮到了“美丽中国”。

陈菲：可以说是您的外祖父成全了您今天的事业。

潘勋卓：对，没错。

陈菲：我们关注到“美丽中国”的一个新动向。2014年北京立德未来助学公益基金会成立，“美丽中国”也成为其下设的一个非营利教育项目。想问一下为什么会有这样的想法呢？你们当时为什么起名立德？这个基金在将来有怎么样的发展计划？

潘勋卓：基金会取名“立德”，取意树立德业。“立德”这个词来源于“太上有立德，其次有立功，其次有立言，虽久不废，此之谓不朽”。“美丽中国”“落户”北京立德未来助学公益基金会，从云南的民办非企业到北京的基金会，我们希望她服务涵盖的范围和展开的工作能够从地方慢慢扩展到全国，包括我们招募的活动、我们服务的学校。目前我们只在云南和广东两个地方，但是有合作意向的省份和学校越来越多，所以我们在为接下来几年做事先的准备。这是一方面。

另一方面是“美丽中国”现在是由立德未来基金在做兼顾资助型和运行型的一些工作，资助我们项目老师的工作，然后再运营“美丽中国”这个项目，可以说是给“美丽中国”设立了一个更大的、更扎实的、范围更广的一个平台。

陈菲：2014年中旬，由香港青年企业家和银行家组成，致力于为项目发展壮大提供支持和出谋献策的“美丽中国青年专业人士委员会”在香港正式成立。这对“美丽中国”的发展有哪些帮助？体现了您什么样的考虑？

潘勋卓：“美丽中国”的理念是非常温和的。我们发现公益行业的优秀人才比较稀缺，因为这是一个相对比较新的行业。一个比较新的领域，家长也好，年轻人也好，不是特别理解这个机会在职业生涯最早的阶段对他们长期的发展意味着什么，因此人才市场是比较有限的。我们这个委员会提供了一个平台，让各行各业的人才能够参与到“美丽中国”这个项目中来。如果说他们没有条件去支教或者全程地加入“美丽中国”，也可以给这些优秀的人才一个参与教育、参与公益的渠道。我们专门在北京、上海逐步设立类似的青年专业人士的委员会，就是希望有更多可能，让大学刚刚毕业、走向不同职业方向的年轻人，能够以他们各自的方式参与“美丽中国”。

我们跟清华大学签订了一个涉及多方面合作的协议。我在这个过程当中，知道了清华有一个愿景，就是为国家培养健康工作五十年的社会栋梁，希望有一批很优秀的人才能够在不同的领域为同一个愿景、同一个理想去奋斗、去做贡献。“美丽中国”跟清华这方面是一样的，专门为教育这个领域、这个愿景、这个使命培养人才，就像一个孵化器，就是在培养一批有智慧、有理想、有一线工作经验、对孩子们有感情的未来的领袖。

陈菲：刚才您提到跟清华大学的合作，能透露一下有哪些合作内容吗？

**潘勋卓**：清华应该算是我的母校之一吧，所以跟清华一直来往很多。其实我们跟清华一直在合作，只不过是最近我们把这个事情正式定下了。

一方面是清华有很多支教项目，我们会协助他们对自己支教项目的项目老师进行培训，因为“美丽中国”在这方面的体系比较完善。另一方面是在招募上也会有具体的合作，还会一起举办跟公益和支教相关的一些活动。

## 中国下一个奇迹将诞生在方寸讲台间

陈菲：现在“美丽中国”的发展有没有遇到一些困难，或者是急需解决的问题？

**潘勋卓**：困难确实很多。公益本身是一个比较年轻的行业，“美丽中国”也很年轻。我自己28岁，“美丽中国”的团队大多数员工都是80后，现在大多数的项目老师都是90后。因为年轻，需要学的地方还是蛮多的。我们目前的困难之一，就是怎么保证我们自己能够跟上“美丽中国”的发展和成熟，我们自己的管理能力，这种促成事情的能力，如何能够跟“美丽中国”相匹配。

陈菲：您创立的“美丽中国”已经进入第七个年头了。根据您这些年的观察，您觉得中国教育不均衡的现象，这几年有没有发生一些变化？您是怎么看待现在中国农村教育相对比较落后这样一个情况，症结在哪儿呢？

**潘勋卓**：我一直很佩服中国在教育方面的投入，不仅仅是这几年，就是过去二三十年中国教育的进步也是非常大的，甚至可以说是全球或者文明历史以来前所未有的。中国能够在这么短的时间内真正地消除文盲，这是一个很大的奇迹。中国在过去二十年里全面普及了九年义务教育，在这么大的国家，有这么多的地方，能够做得到也是前所未有的。最早我们开始做“美丽中国”，不管是走到哪里，我发现在边远的地方，最好的建筑往往是学校的大楼。尤其是现在，很多人去我们的学校考察的时候，总是惊讶于学校的条件这么好。一些边远的学校还有很多拥有多媒体教室，孩子们吃饭也不成问题。

我说这些，是因为我观察到，这几年各个方面都取得良好的进展。我觉得其实全世界很多国家也可以借鉴中国这方面的经验，因为中国非常大，要帮扶的孩子也特别多，但是在中国，孩子们真的可以在一个健康安全的环境里免费上学，这在其他国家是罕见的。中国在教育方面的进步确实是非常快的，也是非常好的。

城乡教育还是有一些差距的。中国现在就在提倡教育的均衡化发展，孩子们不管出生在哪里，都能获得同等优质的教育，“美丽中国”的愿景跟国家大的愿景是一致的，也很温和。我们的切入点是人才，是软件，而不是硬件。不管在哪里，边远的学校吸引优秀的人才很难，哪怕是吸引来了留住他们也是挺困难的。这也是可以理解的，老师在自己职业生涯当中希望走到经济条件好的学校。所以问题在于怎么把最优秀的人才，吸引到最需要他们的地方和最需要他们的课堂上，这也是“美丽中国”工作和运营的一个重点。

现在情况一直在变好，各个地方对于教育的投入也是非常大的。“美丽中国”能够在各个区域扎根发芽，跟当地对于教育的重视也有很大的关系。所以我还是相信中国下一个奇迹会在教育领域。

陈菲：也希望“美丽中国”以后能够为更多的教育资源匮乏地区的孩子带来优质的教育资源，我们也会继续关注“美丽中国”的最新动向，谢谢您。

## 记者手记

走进“美丽中国”在北京的办公室，随处可见一面面的照片墙，那是孩子们和项目老师们的一张张笑脸。在潘勋卓的办公室里，他一边指着墙上的照片，一边和记者回忆起许多快乐的瞬间。他说，以前所有的项目老师他都认识，所有的学校全都跑过，现在规模有点大了，没有办法亲自跑到每一所学校了，觉得挺遗憾的。我问他，为什么要把这些照片挂在自己的办公室里。他说，因为自己在北京，不能每天跟孩子们在一块了，把他们的照片挂在自己背后的墙壁上，感觉自己也在课堂上一样。

三年来，我采访和接触过许多“美丽中国人”，除了潘勋卓，还有市场与招募副总裁裴钰，市场与传播团队的王妘，广东地区执行总监廖杞南，

“点亮眼睛”项目老师杨潇、黄宋彬、汤乐思、郭杏珍等等，他们有着很多共同的特点：首先就是“话痨”，只要聊到教育，聊到孩子们，就不会有冷场的时候；再就是“眼神”，他们的眼睛就像星星，清澈而明亮，充满着希望的光芒。在他们身上，我看到了当代中国青年人肩上的社会责任和积极持久的精神信仰。这是否就是公益的力量呢？

“美丽中国”的核心目标是通过培养有社会影响力的领导者，来解决教育资源失衡的问题。潘勋卓说，教育的问题往往不止源于课堂，项目老师不仅仅是课堂里面的领头羊，还是教育问题的观察者、提出创新型解决方案的思考者和折腾成事儿的行动者。且看项目老师郭杏珍为茂兰中学的孩子解决饮用水的问题，杨潇、黄宋彬、汤乐思参与组建“点亮眼睛”公益项目，为孩子们解决近视配镜问题等等。

希望有更多人关注农村孩子、农村教育，让所有中国孩子都能获得同等的优质教育，期待“美丽中国”能集合最优秀人才的力量去解决最紧迫的教育问题，用创新精神推进教育资源均衡化发展，真正撬动中国教育资源匮乏地区数以万计孩子的未来。

# “麦田计划”：在麦田中传递希望

■ 嘉宾：“麦田计划”发起人莫凡

■ 记者：邓泽宇

听见公益

## 机构简介

四十出头的莫凡是广东人，因为被大山里那些渴望读书的孩子所感动，2005年6月，他以一名普通志愿者的身份发起“麦田计划”。一个民间助学组织，致力于改善中国贫困山区孩子的教育环境，包括为贫困山区中小学生提供读书资助、兴建校舍、成立图书室、资助代课老师、救助山区患病学童等项目。10年的走访，路途艰辛而又曲折，但对于莫凡来说，他收获了很多人的鼓励和支持，收获了不一样的公益人生。

## 金色的“麦服”和阳光的“麦田”

泽宇：今天请来的嘉宾是“麦田计划”的发起人莫凡，今天莫凡会跟我们一起分享他的公益人生。莫凡是一名自由设计师，从事艺术领域的工作，但现在我们很多时候都会听到莫凡称自己是一个“麦客”，这是因为什么呢？

**莫凡：**首先解释一下麦客。麦客其实是在西北的一些农民，他们专门帮助其他农户收割麦子。他在帮别人收割的时候，自己也获得报酬，还可以免费吃饭。我就把它引申到麦田的志愿者身上，我们每个志愿者都叫麦客，为什么呢？这是因为我们这些志愿者，也就是麦客在帮助小朋友的时候，也收获了快乐和成就，所以我觉得他们和麦客很像。在付出劳动的时候，也有收获，这就是对现代麦客的一个理解。

泽宇：去麦田收割，其实收获的就是一份希望和对明天的期待。今天是12月5号，是一个特别的日子——国际志愿者日，也可以说是咱们麦客的日子，因为今天是咱们麦田所有志愿者的“麦服日”。

莫凡：今天我来到录音室，还特别穿了麦服，从上海过来的时候就穿上了。因为麦田一年有两个麦服日，一个是6月16号，那是麦田的生日，一个是12月5号，也是麦田的麦服日。在麦服日这一天，我们所有的志愿者，不管你处在什么环境，只要是在不影响工作、不影响学习的情况下，我们都倡导我们的志愿者穿上麦服来作为一个展示，也是对我们“麦田”的一个支持。

泽宇：我觉得麦田给我的感觉是非常向上的，很积极，很开朗，很阳光，就像我今天看到的莫凡一样。今天是“麦服日”，我们一定会说到麦田，一定会想到金黄色，而今天莫凡穿着的这件麦服就是金黄色的服装。

莫凡：很多人问为什么叫麦田，麦田给我的几个印象：一个是丰收，一个是喜悦，一个是金黄色一片。这个就是我印象中的麦田。其实在发起“麦田计划”之前我是没见过麦田的，因为麦田一般在北方，但我是南方人，见得更多的是水稻，所以在我脑海中是有一个想象的。当我发起“麦田计划”的时候，我想我要给这个机构赋予一个色彩，而这个色彩要跟我们金黄色的麦田是一致的，所以我们的衣服也是金黄色。

泽宇：所以您的衣服首先就给我带来很大的冲击感，很多人一说到做公益，就认为是很苦、很悲的，但其实不一定，公益也可以很快乐、很阳光、很喜悦。

莫凡：对，这就是麦田。

泽宇：这也就是麦田要带给我们的一种理念。

莫凡：没错。

## 一次支教经历让莫凡发起“麦田计划”

泽宇：让我们把时间往回倒，10年前，是什么原因让您产生了这个想法，要做一些事情去帮助有需要的人？

莫凡：我是在2004年12月的时候，第一次去云南大理看到我资助的一些小孩子。2005年6月16日我第二次去云南，去的是云龙县，在那边给古村落的一个小学“诺邓完小”的那些小朋友上了一堂美术课。在上美术课的时候，我收了很多小朋友的画。我觉得这些小孩子虽然没有上过美术课，虽然他们可能还缺乏彩色铅笔等，但是他们画出来的画确实让我很震撼。而且我发现那里的小孩子很缺乏图书，我就觉得我可能可以做一点事情来帮帮他们，所以产生了一些触动。

泽宇：我觉得这就是一个艺术人的视觉。

莫凡：对，而且我当时是有一个比较强烈的想法，虽然说我们山区的小朋友能读书就很满足了，但是对于我来说，我觉得他们也有权利享受一些美术教育、音乐教育或者是其他的艺术类教育。所以我当时其实有一个想法，就是我希望以后能有机会带给他们的不仅仅是我来给他们上一堂美术课，而是能够给他们带来一些艺术的课程，并且是长期的，而不是短期的教学方式。

泽宇：那个时候您曾经资助和支教过的孩子中，有没有一些孩子到现在仍然保持联系的？

莫凡：有一个很感人的事。大概是2012年，我在微博上突然收到一条微博的私信，是一个小姑娘发给我的。大致的内容是，“莫叔叔，你可能已经忘记我是谁了。”她说，“我就是你9年前来到我们山村，给我们上美术课的其中一个小孩子。虽然我忘记你当时具体教的是什么内容，但是当时你给我们的启发，给我们的帮助，我至今还能记住。而且你还教会了我，让我以后在有能力的时候，也像你这样去帮助其他人。”我非常非常感动，当年我拍过她的照片，后来我们还特别去找这个小姑娘，还找到她的照片对比了一下，变化好大。

泽宇：对比一下会发现自己也发生了很大的变化。

莫凡：我觉得她给我很大的感动就是她记住你做的这件事情了，她记得你曾经去帮助过她，所以她也希望以后在她有能力的时候去帮助别人。

泽宇：这种帮助是延续的，从我这里带到她那里，然后从她那里再传递出去。

莫凡：对，这就是感染，这就是公益的魅力所在。

泽宇：所以您在2005年的6月16号，发起了“麦田计划”对吗？

莫凡：当时只是有一个想法，我觉得我可以做一点事情来帮助这些孩子。“麦田”刚开始做的是图书，因为那里的小孩子们竟然没有看过课外书。我记得那里有个老师说，他们这里从一年级到六年级的小孩子都没有看过课外书，不知道白雪公主，也不知道安徒生是谁。对于我来说，这个冲击太大了，因为我觉得

2005年6月16日，莫凡在诺邓完小（“麦田计划”发源地）

这些事情好像每一个小孩子都应该知道，他们却不知道，所以我觉得我可以给他们募捐图书。在当时这只是一个很简单的想法，我也不会想到，“麦田”能做到今天这样的成绩，当时只是想做一个活动而已。

泽宇：就只是想带一些书过去。

莫凡：很简单，就想帮他们建一个图书室而已。

泽宇：当时建起图书室了吗？

莫凡：很快。我回家后就在网上发了一个我走访的帖子，当时那个学校说要几百本课外书就行了，结果第一个资助人就已经捐助了几百本书，后面再加上其他的书，我们很快就把第一个图书室建起来了。

泽宇：可以说“麦田计划”的雏形开始出现了。

莫凡：就是这样，往建图书室的方向发展的。

泽宇：我们来了解一下“麦田计划”。经过10年的发展，到目前为止，这个志愿团队已经有将近8 000名的志愿者了对吗？

莫凡：说实话，8 000名是相对笼统的统计，因为“麦田”的团队很多，团队也不稳定，当然也有稳定的志愿者，所以这个是相对保守的一个估计。

泽宇：意味着实际的数据也许会更多？

莫凡：对对对，会更多一些。

泽宇：可以说在全国各地都遍布着咱们的麦客。

莫凡：对，我们现在有七十几个团队。

泽宇：这么多人都愿意一起加入“麦田计划”，其实就是源于当初您的那一份初心、那一份想法，希望帮助更多的人。我知道其实它最初就是您自己在网站上面发起的一个个人网站。

莫凡：现在“麦田”的网站原来是我个人设计的网站，现在的论坛就是当初我放一些设计、美术作品的一个平台。当然现在论坛升级了好多回，但是圈子其实很小，我就在那里发一些走访的帖子，号召朋友来支持一下。后来这些故事被引到了社会中，比如说在网易发布等，收到很大的反响，结果影响了很多很多的朋友想加入进来，希望一起来做一点事情。

泽宇：最初您发上去的时候，有没有想过这么快就能获得这么多的回应？

莫凡：没有，包括后面走访的几年，其实有这么大的影响我也感到很意外。这说明一件事情：其实在这个社会中，想奉献一点爱心，想表达爱的人其实很多很多，只是他们可能还没有找到一个让他们信任的平台，正好“麦田计划”带给他们一些信任感，所以他们就参加了。我想，麦田发展那么迅速也是这个原因。

泽宇：我觉得这个纯民间的志愿团队带给大家最大的感动，就是这一种简单做公益的快乐感受，不要把它想得特别困难。

莫凡：也不要把它想得特别高尚，就是大家做一点开心的事情而已。

泽宇：大家志趣相投，聚在一起。

莫凡：就是一群有共同爱好的朋友，聚在一起来做一点快乐的事情，这就是“麦田”。说实话，某种意义上这就是“麦田”最基本的价值。

泽宇：到目前为止都没有变过吗？

莫凡：它肯定会变，但是最起码它还延续了下来。变的是因为“麦田计划”的人多了，规模大了，拥有了一个合法的身份，因此机构的管理制度多了，相对的制约也多了。所以“麦田”还是会有变化，快乐程度可能跟当初的简单快乐还是有一些区别的，但这会一直是“麦田”最核心的点。

泽宇：我相信正是这一份一直延续的快乐，让您坚持了这么长的时间，一直在做这公益。“麦田计划”一开始是给学生们建图书室，后来做的事情也越来越多了是吧？

莫凡：后来开始资助小孩、建学校，还开展一些第二课堂。现在“麦田计划”已经不只是简单地提供一些资助，还会提供一些其他艺术类的服务，这就是我当年的那些想法——艺术类的第二课堂。同时，还包括一些对其他NGO的支持工作。其实它已经发生了很大的改变。

## 首个从民间助学团队成功转型的基金会

泽宇：我知道有一个很重要的节点，在2010年的10月，“麦田计划”在广东省民政厅的支持下，注册成立了麦田教育基金会，成为了第一个成功转型为基金会的民间公益助学团队。

莫凡：我觉得首先要感谢的是广东这边开放的政策，在民间注册这个方面，广东是走在全国前列的，我们很幸运，也走在了这个领域的前列。因为“麦田”坚持了这么多年，社会对它也是认可的，我们的注册很顺利，所以要感谢地方政府，包括在政策上对我们这些民间公益机构的支持。

泽宇：从一开始的纯民间志愿团队到现在这个正式注册的机构，“麦田”的身份完全不一样了，背负的责任和担子也更大了。因为现在整个社会的信任体系的构建还不是特别完善，所以在筹款的方面会不会也有一些压力？

莫凡：对于市民、公众公信力这一块，我倒是没有什么担心，也没有什么压力。但是筹款肯定比之前有压力了，因为原来这些项目都能满足我们的志愿者，但是现在“麦田”的项目已经比原来多了很多，项目多了就自然涉及项目的筹款、专职人员的筹款，这方面最起码比之前有压力多了。不过“麦田”从开始到现在，这一部分的工作都是一定要做好的，公开透明倒不是成为压力的问题，而是整个基金会、整个“麦田”能不能很好地发展，包括人员、项目等，到底能不能够比过去实现更大的进步，这方面反而会是一种压力。

泽宇：到现在，“麦田计划”已经不只是一个单纯的民间志愿团体，它已经注册成为了合法的基金会麦田教育基金会。同时有很多的项目，包括麦浪行动，小图书室，麦苗行动，我要上学，麦想行动，麦田学校，麦香行动——大山脊梁，麦言行动——关爱生命，麦青行动——感动之旅，麦爱行动——爱的礼物，以及麦风行动——第二课堂，可以说是涵盖了整个山区教育的方方面面。您是从事艺术行业的工作者，所以在做事情的时候，肯定和其他公益领域里面的从业者有不一样的地方，这些地方体现在哪里？

莫凡：“麦田”从第一天开始就很注重它的品牌，包括很快就开始建立“麦田”的文化、很多的形象识别等，这些可能就是稍稍不太一样的地方。其实现在年轻的公益团队都很懂这个，但是10年前很多公益团队不屑于做这个，他们觉得只要老老实实、本本分分地把帮助别人的事情做好就行了，不要做什么品牌包装。但是“麦田”一直都在做，也是因为这样，所以“麦田”发展得比较快。这跟文化有非常大的关系，因为人们很早就发现一个很完整的、很有形象的、相对感觉很专业的民间机构诞生了，所以这给我们的发展带来了很多的优势。

泽宇：我知道莫凡您是来自于文化领域的，文化领域跟公益领域是完全不同的两个界别，所以在这一个跨界的过程当中，一定会产生出很多奇妙的火花，对吗？

莫凡：对。我其实非常倡导这种跨界的组合，往往是你在一个领域或者说一个行业，给另外一个行业做一些推动是很有意思的。我知道现在已经有很多IT界的人也参与到公益中，用他们的专长来推动公益，其实这就比我们传统的方式强多了，但他们是IT人。我这个角色也一样，我是一名设计师，也是一个从事艺术类工作的人，我会把很多想法和思维都带到公益中，那完全会给这个行业带来很多以前想象不到的效果，所以我是非常支持这种跨界的组合的。

泽宇：所以我们看到了“麦服日”。

莫凡：我们有很多这样的文化活动。

泽宇：还有哪一些特别的文化活动？

莫凡：比如说我们前几天就特别去了我当年教书的那个山村，建了小小的“麦田博物馆”。

泽宇：里面全部都是“麦田计划”工作的一些记录吗？

莫凡：说是博物馆，其实是一个很小的窗口，我们把它定义为“麦田文化窗”，因为那个地方本身是一个很有旅游特色、很有文化的地方，我们在那里展示了一下“麦田”的文化。另外，2015年是“麦田计划”10周年，我们还举行了一个10周年旗帜的传递活动，从诺邓村出发，也就是我当年教书的那个地方，把10周年的旗帜传递出来，然后带着它绕着全国的麦田分社转一圈，到明年（2015年）的6月，它就会到达我们10周年的举办地，也就是传递到东莞。

泽宇：就跟传递火炬一样。

莫凡：对，就是走遍全国，我们会把整个过程记录下来，通过这种方式把全国“麦田”的志愿者都凝结在一起，麦田有很多类似的活动。

泽宇：您介绍的这个传递麦旗的活动很有特色，因为在传递的过程当中，沿路的民众都可以了解到“麦田计划”。

莫凡：而且最重要的是，我们还把“新麦”，就是新的麦友，和我们这些老的麦友都凝聚起来，这个是很关键的。因为在一个公益机构中，志愿者其实是最核心的，所以我觉得用这样一个很有凝聚力的活动把这些成员凝聚在一起，就是这个传递最核心的意义，让每个人都能感受到自己所在的这个公益团队已经发展了10年。

## 特色文化增强了志愿者对团队的认同

泽宇：因为机构不断成长，这些志愿者也会不断增加，要把他们管好真的是很不容易的，对吗？

莫凡：我们不用“管”这个词，因为志愿者不应该用“管理”这个方式。在“麦田”，我们提到更多的是文化，所以我们希望让他们自然产生对“麦田”的认同。“麦田”也有一些管理制度，但是我们的管理制度不是特别主要的管理方式，我们就是被认同。

泽宇：大家是认同这个文化的，是志同道合的朋友。

莫凡：对，认同这个团队，认同我们做的那份事业。

泽宇：我知道“麦田”一些标志性的物品都会用“麦”字，比如说麦服、麦旗等。

莫凡：我们的“麦服”还有一种说法叫“麦皮”，我们的志愿者叫“麦客”，我们还有自己的吉祥物叫“麦麦”“田田”，包括我们建的学校叫“麦小”，所以“麦田”的全部都会跟我们每个志愿者息息相关。

泽宇：我知道像这样子的文化活动很多，这些志愿者是否也正是因为这样一些很特别的文化活动，给予了“麦田”更多的认同感和归属感？

莫凡：因为这些活动是非常软性的，他会觉得这个机构有人情味、很人性。而且不单这样，很多人是在“麦田”里面认识结婚的。到目前为止，大概有四五十对在“麦田”认识结婚的新人，所以他们很多人会在结婚的时候办一场麦田的婚礼，比如说他们可能会对着麦旗来宣誓双方的爱情等，色彩也是麦田色，所以这都是非常有意思的地方。也就是说这些成员来到这里不单单是助学的，还有很多可以做的事情，还有很多可以参与的事情。

泽宇：我觉得这一点就很特别，当我们把眼界放得更开阔一点的时候，就会发现我们可以做的事情远不止于此。

莫凡：我们可能会更加深入地看待这个问题，考虑对于一个公益机构来说，到底什么才是最重要的。人才是最重要的，我们志愿者才是最重要的。我们要服务好他们，我们要让他们感受到机构，包括这个团队给他们带来的成长和快乐。

有了归属感，他们很乐意在这个团队里面留下来，那“麦田计划”才能发展、成长。所以我觉得这个问题可能会更深入一点，主要是考虑到我们这些志愿者的需求，要为他们提供服务，让他们获得更多的感受。

泽宇：有没有哪个志愿者曾经给您留下过非常深刻的印象？或者哪位志愿者做的事情，让您觉得特别感动？

莫凡：我经常会被人问起，“发起‘麦田’，到底哪些事情最让你感动？”其实我最感动的还真的不是山区里面的故事，虽然我拍了很多很感动的山区故事，但是最让我感动的还是我们的志愿者，有很多。我印象很深刻的有一个故事，这不是个人的事情。我去年（2013年）去新疆，坐了五六个小时的飞机去到以后，还要坐一个晚上的火车，在边陲的关口再过去就是塔吉克斯坦，几乎都快要出国了。结果我一下火车竟然看到一群穿着麦服的志愿者在那里等着我，我特别感动。那里很荒芜，就是一片戈壁，在一个很偏远的地方，“麦田”在这么边远的地方还有一群我们的麦友，那种感受是非常非常震撼的。

## 深度助学　快乐公益

泽宇：我觉得“麦田计划”最大的特色就在于志愿者们很努力地做公益，同时也让自己感受快乐，两者是相辅相成、缺一不可的，而且在这个过程中，也实实在在地做了许多工作。据了解，到2011年的时候，“麦田计划”开始做一些探索深度助学项目的内容，这就意味着机构需要更多的人力和物力了。那这个深度助学的项目到底是个怎样的概念呢？

莫凡：因为“麦田”过去几年只是建一些图书室，后来建了一些学校，包括资助小孩子，我们把这些都定义为“扶贫式助学”。这是什么意思呢？就是指对方没有什么我们就给他什么，从物质上、金钱上去支持他。但是作为一个公益机构，我们觉得这种做法还是太简单了，因为只是给予，对他的帮助可能还只是很表面的，我们希望能够真正在孩子的学习上、在成长上给他们一些支持。所以我们觉得不能只是单单在物质上给予，我们希望还能够在课堂上、辅助的教学上做一些尝试，让这些小孩子更有尊严，或者说更有意义地学习、成长。所以我们把这一部分工作定义为深度助学，我们也是从几年前开始尝试的。说实话，这个绝对不是人力和物力这么简单的问题，而是技术的问题。因为我毕竟不是专业的人士，我们在尝试工作的时候，要吸引更多专业的人才进来，这部分可能才是最难的。要把它做好不是说想做就能够做成的，所以我们的志愿者也需要成长，如果还是用以前那种"扶贫式助学"的方式来做现在这些工作的话，可能就跟不上了。所以我们会通过一些培训让我们的志愿者成长，先去学习，通过做一些深度的尝试让小孩子获得更多的帮助。

比如说我们一个刚刚开始的项目"如愿易偿"，我们会给这些山区的小孩子做一些调查，问他们有什么愿望或者想法，有什么想要的礼物。他们可能会告诉你，想要这个想要那个，有各种各样的梦想。那么我们就会告诉他们可以满足这些愿望，但是需要孩子们付出劳动。我们会引导他们，比如说帮学校、帮同学、帮老师、帮他们的父母亲来做一些力所能及的事情，包括自我学习的进步也行。只要你努力，就能够获取我们的礼物。我们用了交易的"易"，就是用孩子们的劳动来换取自己的成果，这其实也是我们的一种探索。这个项目开始了一年左右，还在发展当中。另外包括我们现在基金会正在推动的"麦田少年社"，其实也是深度助学这方面的尝试。

我们希望它不单单是简单的物质给予，在物质给予的背后，能够帮助这些小孩子成长。因为以前你只是给了他缺少的这个物资而已，但是你不一定能够给他思想上或者是精神上的帮助，我们希望在这一部分也做些努力。

泽宇：您曾经表示过，"麦田计划"不会把资助孩子和建设学校作为唯一的目标，那您未来更大的目标是什么？

**莫凡**：其实很多人都认为"麦田计划"是一个助学机构，但是在我心目中，它不只是一个助学机构，还有一个更重要的功能，它是一个志愿者平台，因为事实就是这样。现在，"麦田"让很多人参与到公益行列中，"麦田"在全国有这么多的团队，它更像是一个聚集志愿者的地方，所以"麦田"未来肯定还会在深度助学上做不断的探索。另外，我们会更细致地服务好志愿者，让"麦田"真正成为一个公益平台，让志愿者来到这里既能够奉献自己，也能够收获快乐，这是"麦田"未来很重要的方向。

泽宇：一方面要把助学的工作做好，另一方面，要让这个平台上的每一个志愿者都可以获得自我成长。

**莫凡**：对，让他成为真正的公益人。以前，我觉得我也只是作为爱好来做公益，但是我希望有更多的志愿者都能成为公益人。

泽宇：更加的专业。

**莫凡**：这是非常有必要的，包括我自己也要进步。把我最大的优点释放出来，做我最擅长的事情。

泽宇：今天是12月5号，国际志愿者日，面对“麦田计划”这么多的志愿者，您作为他们的带头人，有没有一些话想跟大家说的呢？

莫凡：我发起“麦田计划”快10年了，什么最感动我呢？我一直认为就是我们的志愿者。因为“麦田计划”在公益圈应该是有一定知名度的，这也顺带传播了莫凡的名字，让很多人认识了莫凡。但是“麦田”走到今天，其实是靠我们所有的志愿者来成就的，所以我更应该感谢的是这些志愿者。可能很多的灯光会聚焦在我的脸上，但其实是因为这些志愿者在10年中，在背后默默地付出、默默地支持，才成就了今天的“麦田”和莫凡，所以我要深深地对他们说一声：谢谢你们。

泽宇：也谢谢您，谢谢您这么多年对公益事业一如既往的坚持。

莫凡：谢谢，因为有志愿者的支持，所以我能坚持下去。

泽宇：好，坚持让每一个孩子都感受到爱和温暖，让志愿者获得更完善的成长，也祝愿每一个有缘来到“麦田”的人都可以收获满满的希望和浓浓的暖意。

2015年6月“麦田计划”十周年合影

**记者手记**

每次见到莫凡，他必定会穿着鲜艳的“麦服”，头戴标志性的鸭舌帽，脚上踏着便捷的登山鞋，讲话精准，绝不拖泥带水，配合着爽朗的笑声跟我讲述他对志愿服务的理解。这是一个简单、快乐的男人。

在采访前沟通的时候，我就“请讲述在大山里走访的见闻”这个问题询问莫凡的意见。他说，要讲悲惨的故事，那太多太多了。但这并不是他想要传递的价值观，这也不是人们所需要的，他更希望志愿服务是轻松的、快乐的，这样才能吸引更多人的参与。

过去十年，莫凡陪伴着“麦田计划”渐渐成长。十年间，“麦田计划”就像麦田一样在各个角落延伸。这股“麦浪”正以爱的名义慢慢涌来，让受助者获得帮助，让施助者丰富人生的价值，更让快乐公益传遍四面八方。

# 满天星：
# 给孩子一本属于自己的书

■ 嘉宾：满天星青少年公益发展中心执行官梁海光

■ 记者：李智峰

听见公益

## 机构简介

满天星青少年公益发展中心（以下简称“满天星公益”）是一家专注儿童阅读推广的民间教育公益机构，于2012年1月在广州市海珠区民政局注册登记。满天星公益的使命是传播文化知识，提升乡村少年儿童阅读品质；搭建成长平台，提高城市青少年责任意识。

满天星公益的工作主要是在中国欠发达地区选择图书资源匮乏的乡村小学建立满天星公益图书馆，通过三年的发展，在当地逐步形成满天星公益图书馆网络，并以此为基础，组织青少年志愿者前往开展丰富多彩的阅读推广活动，从而培养乡村孩子的阅读兴趣和阅读习惯，同时提高城市青少年的社会责任意识。

## 支教发现乡村儿童阅读量不足　希望为他们做点实事

李智峰：今天我们节目中邀请到的是满天星青少年公益发展中心的法人代表兼执行官CEO梁海光，海光您好。

梁海光：李智峰你好。

李智峰：我知道您一直都在全职做公益，也知道您是满天星青少年公益发展中心的负责人。请问满天星青少年公益发展中心是什么时候建立的呢？

梁海光：我们是2012年1月16日正式在民政局旗下注册成立的。

李智峰：主要提供怎么样的服务呢？

梁海光：我们是一家专注于做儿童阅读推广的公益机构，主要是为乡村6—12岁的小学生提供阅读服务，培养他们的阅读兴趣以及阅读习惯。

李智峰：我知道您刚刚成为了爸爸，肯定对自己的孩子在这方面会加强培育吧？

梁海光：其实我从孩子在妈妈肚子里面六个月的时候就已经给他讲故事了，现在基本上天天都给他讲故事，哭闹的时候，一给他讲故事，就不哭了。

李智峰：真的有效果吗？

梁海光：真的有，这个不开玩笑。

李智峰：先说一下您的公益组织吧，一开始怎么会有这个想法呢？

梁海光：首先因为我在大学的时候，大一到大四一直都在乡村小学做支教和助学的服务，走过很多乡村学校。当时想做的事情很多，但是自己资源能力各方面都非常少，精力也很有限。后来，我们觉得阅读对一个人的影响也许是一辈子的，所以我们觉得干脆就集中精力把一件事情做好，因此就选择了做儿童阅读这一块。

李智峰：说到满天星青少年公益发展中心，“满天星”这个名字有什么意义呢？

梁海光：关于这个名字，当初有两个想法，跟我们机构的使命是相关的。第一个，我们希望让乡村的每一个孩子都有机会成为一颗闪亮的星星。我们觉得他们其实也可以像城里面的孩子一样，只要给他们关爱和机会，他们也一样可以为这个社会带来一些改变和贡献。那另外一个寓意就是，我们希望让更多的青年人通过去服务，能够更好地发现自己，同时也能够有一定的受益，简而言之，就是希望公益青年满天下。

李智峰：当初为什么不做成人阅读或者其他年龄层的，偏偏要选择儿童呢？

梁海光：有一句话是这么说的：十二岁决定孩子一生的阅读力。阅读习惯当然是越早培养越好，而很多成年人到了一定的年龄层之后，他的很多习惯已经养成了，很难去改变，所以我们愿意选择从小做起，希望可以从小就培养孩子的阅读兴趣以及阅读习惯，帮助他们成为一个终身的阅读者。

李智峰：说到阅读的情况，我们也有一些数据和大家分享。2014年我国发布的一份全国国民阅读报告显示，在中国9—18岁的未成年人当中，课外书的阅读率和阅读量是有所下降的。另外值得大家注意的是，乡村儿童的阅读出现了问题，在欠发达和农村地区留守儿童比较多的地方，因为他们的父母要进城务工，所以陪伴子女的时间比较少，另外可能他们经济条件不太好，有些图书馆也没有开放，可能没有及时地去更新一些图书，因此他们很难拥有一本自己的书，是吧？

梁海光：是的。在过去，我们去过两三百所乡村小学，看到很多学校的情况。他们可能有书，但是书并没有真正地被利用，还有大部分的学校，他们有的书其实是不合适孩子阅读的。这类情况非常普遍。

李智峰：所以您见到这个问题，就想要从事这方面的公益项目？

梁海光：对，我希望能通过我们的努力，一方面为一部分的孩子提供阅读的机会，另外我们也希望将我们所看到、所做的事情的经验跟那些也认同阅读重要性的人去分享，希望全社会一起来关注和支持乡村的儿童阅读。

李智峰：我们从刚刚提到的调查数据中看到，目前我国的乡村少年儿童的阅读量和阅读品质是不容乐观的。您平时经常走在最前线，做一线的服务，掌握第一手的信息，您了解到乡村小学在培养孩子阅读兴趣这方面的具体情况是如何的呢？

梁海光：正如刚刚所说，很多乡村学校他们的阅读资源非常匮乏，很多乡村学校的做法还比较功利，比如说他们学校所谓的成效，是取决于学生的成绩，所以现在很多学校并没有非常注重孩子的阅读能力这方面的培养。我们非常希望能够通过我们了解到的事情，去告诉这些学校的老师和校长，一个孩子的成长不仅仅跟成绩有关，同时阅读其实跟成绩是相辅相成的。虽然不一定说，你阅读得越多，成绩就一定一下子会有非常大的提升，但是肯定是不会起副作用的。我们希望通过阅读提升孩子的知识面，同时也能够让他们学会自主地去学习和成长。

李智峰：起码阅读量多了，整个人对于世界的认识也会了解得更多。

梁海光：对对，这个肯定的。

## 满天星在全国一共建立了48所公益图书馆

李智峰：所以你们其中的一个计划，就是“公益图书馆”。和大家介绍一下“公益图书馆”，你们用怎么样的形式去帮当地的学校建立呢？

满天星公益图书馆内，孩子们在借书

梁海光：这个是一个很复杂的过程，因为它不是简单地建一个馆。一般在建馆之前，我们要先去学校考察。考察完了以后，我们会有专门的项目人员出一份考察报告，提交给我们的项目点评审委员会，由项目点评审委员会评审决定能不能立项。如果能立项，我们才开始制定计划书和预算，然后提交给理事会审批通过。接下来再开始筹集资金，资金到位了以后，就会开始建馆准备，像采购图书、书架、书桌、电脑、借阅系统这一系列的物资、设备，然后就会跟学校的老师、学生一起去共同建立这个图书馆，往后再开始长达三年的后续跟进、维护、升级、评估等等工作。

李智峰：整个过程要历时多久呢？

梁海光：这个要看实际的情况，因为正常来说，我们需要半年时间，然后从资金到位到建馆，其实30天到40天就足够了。

李智峰：所有的东西都是由你们自己的员工一手包办的，是吧？

梁海光：简单来说，大部分是由我们自己做的，然后像图书采购，我们会出书单，然后由我们的合作供应商去帮我们配置。

李智峰：你们也会先去了解学校需要什么书，通过系统地查看和调研才会决定为学校配置什么书吧？

梁海光：对，像广东的学校跟青海的学校肯定不一样。比如说，青海他们有藏族的孩子，那藏族的孩子他们一般汉语水平比较低，同时他们是藏文和汉语一起教学的，所以我们一般也会配一些藏文的图书，中文版的汉语读物会比广东这边偏简单一些。

李智峰：我和大家分享一组数据：五个省，一个自治区，119次的大型阅读推广活动，48所的公益图书馆，50 269册的图书新书，还有5 692个星囊。看到这些数据，您心里面肯定很有感触，当然也很有成就感，和大家也分享一下这些图书馆的数据。

梁海光：这些数据是满天星公益所有的员工、理事、监事、支持者们，还有志愿者们大家一起努力的结果，想起这三年确实还蛮多感触的。因为每一个图书馆从开始到现在一直还在运营中，我们满天星人都赋予了很多的心血和努力，才有了今天，所以还蛮感动的。

李智峰：还记得第一所图书馆在什么地方吗？

梁海光：满天星的图书馆我们当然记得，第一所就是在云浮的郁南县大湾镇中心小学。

李智峰：现在那个图书馆还在正常运营当中吗？

梁海光：对，肯定。

李智峰：每所图书馆具体需要哪些新书，需要通过研究为他们配吗？还是说哪些热卖就给他们哪些呢？

梁海光：肯定不会说哪个热卖就给他们哪些，我们自己有书目小组，书目小组里有书目顾问，是由我们的志愿者以及我们的工作人员一起组成的。我们会根据学生的需要，去配置相应的图书，当然一部分是跟图书的热卖有关。另外主要是根据这些读物是否适合当地的孩子，因为我们通常不会把城里面的城市文化直接传递给乡村，我们还是希望选择的图书是适合乡村孩子的，而且我们也非常希望这些图书除带给他们知识面和眼界之外，也能够让他们学会自己思考。

李智峰：乡村的小朋友应该是很向往城市的，所以他们很想知道城市的生活是怎么样的。

梁海光：现在我们都知道，留守儿童的数量非常庞大，中国大部分的乡村可能都空了，我们有一句话叫“三八、六一、九九”，就是乡村里面剩下的都是妇女、儿童、老人。我们觉得现在这个趋势对于我们而言，很难逆转，但我们希望通过阅读，除了能够带给孩子知识，也能够让他们认识到自己和自己所在的这个乡村，我们希望他们能够发现和热爱自己的家乡。他们未来肯定会有机会离开自己的家乡，到城市去看看外面的世界，但我们希望他们也能够热爱生他、养他的这块故乡的土地。

## 孩子利用互联网的手段管理自己的图书馆

李智峰：说到这些小朋友，他们平常除了看书之外，还需要管理图书馆是吧？他们是不是很乐意去当一名图书馆管理员呢？

梁海光：我们目前接触到的情况，是大部分的孩子都乐意的。回看我们自己小的时候，我们都还蛮乐意去当一些班干部，去做一些小的管理工作，因为这个是一种荣誉感和责任感的事情。

李智峰：喜欢当班长、小组长、小队长之类的。

梁海光：对对，孩子需要你赋予他一些权力。

李智峰：他们需要怎么样去管理这个图书馆呢？

梁海光：虽然我们讲管理，听起来很复杂、很抽象，但是对于图书管理员来说，我们把它分解成一些很简单的工作，比如说把图书按编号上架，或者按色块上架。

李智峰：您刚刚提到还有图书的借阅系统，你们为他们也配备了一些多媒体的系统？

梁海光：就是通过一台电脑和扫描枪可以自动借还，那未来我们在统计数据方面就会变得更加便捷。

李智峰：这个就和城市的图书馆管理接上轨了。

梁海光：对，就是说我们的工作人员即使没有时刻在一线，我们也能够通过云端及时地查阅到这个图书馆的运行的情况。

李智峰：也就是说你们在自己办公室中，就可以监测到你们建立的每一个图书馆的图书借阅情况？

梁海光：嗯，是的。方便我们去管理图书馆。

李智峰：这是一个与时俱进的做法，互联网时代需要这样的手段。

梁海光：作为一家公益机构，我们觉得专业和效率还是非常重要的。

李智峰：您一直在一线工作，肯定也遇到过很多困难或有趣的事，能和大家分享一些感动的事情或者有趣的事情吗？

梁海光：我还记得在2012年的时候，当时我跟几个工作人员去我们的其中一个项目点，去给学生做阅读推广。当时这个图书馆刚建完没多久，我们就跟这些孩子说，要不我们明天早上七点钟给你们开馆，你们有谁想要过来看书的吗？当时心里面想，可能有一两个孩子听得进去就不错了。第二天我还是履行了承诺，六点五十五分从宿舍走出来，经过学校的教学楼，就看到有几个孩子探出头来了。心里面已经乐滋滋的，竟然还真的有人听进去了，挺开心的。结果当我走过之后，才发现其实已经有一串的孩子跟在那两个孩子后面，蹑手蹑脚地跟着我去图书馆。到图书馆门前，当时真的惊呆了，因为已经有好几十个孩子在那边等着我们。我觉得对于一些乡村的孩子来说，很多时候他们需要的东西跟城里面的孩子需要的东西不一样，而我们做这件事情谈不上改变他们的人生，但是我觉得我们应该给他们一些关爱和机会，让他们有机会看到不一样的东西，这样他们的好奇心能够充分地调动出来，我觉得这是我们作为乡村以外的力量可以去做的事情。

## 满天星的资金来源

李智峰：说到建立图书馆，你们平时从什么地方筹集资金呢？

梁海光：我们现在的资金主要是来自于跟基金会的合作，2014年有十家基金会跟我们合作，提供了资金支持。基金会之后第二大就是一些企业，目前我们有12家企业支持。还有公众，我们2014年据不完全统计，应该有将近三千个捐赠人捐赠了从十元到几千元不等，当然也有一些捐上万元的大额捐款人。

李智峰：那您能说一下一年你们能筹集到多少资金吗？

梁海光：2014年是169万，今年估计会稍微乐观一点，大概200万的样子吧。

李智峰：这样的数目听起来还不少，够用吗？

梁海光：这个要看机构一年要做的事情，基本上能够满足机构发展的需求，但同时对于我们来说，我们也希望能够有更多的支持者能够支持机构的运营，而不是仅仅支持机构的项目。因为一个机构的发展，最终离不开的是人才的发展，公益行业的发展也需要有人才的加入。而除了我们自己的人才要实现他们的社会责任以外，他们还有家庭的责任。我们不是要给公益人才发非常高的薪酬或者要给他们多少分红，这个是不可能的，但是我们希望能够有体面的收入，能够让他们的家人也可以放心他们在这边工作。

李智峰：是的，但是说到资金的运作和管理，透明度非常重要，我知道你们是把资金的使用情况放在自己的一本叫《星灯》的杂志上，是吧？

梁海光：《星灯》只是我们的一个渠道，我们在官网、20度自律吧以及广州民政局旗下的一些平台都做开放，我们每年还会请第三方的会计师事务所做独立的审计。在透明度上，满天星一直都在努力，但是透明不仅仅是资金上的透明，还包括机构的治理信息、项目的进展等等，这些信息我们都是及时地公布的。

李智峰：就是说能做到尽可能地透明，让公众去查阅？

梁海光：对，其实对于满天星来说，我们觉得没有什么东西不能让公众知道的，只是说我们也希望每一个公众都能够明白，做公益透明其实是有成本的。什么叫有成本呢？就是我们越要做透明的事情，就需要有越多的人来做。虽然做报表是个很简单的事，但报表不一定每个公众都能看得懂，因此在做每一份明细时，我们背后就需要有大量的人力去完成。所以我们也希望公众能够理解，并且支持我们，当我们不能够那么及时地去做公布的时候，也能够跟我们有更多的互动和交流，而不仅仅是质疑。

李智峰：是的。因为你们所做的每一件事情都值得鼓励，如果每次都质疑的话，就使得你们的工作很难开展下去了。

梁海光：我觉得质疑是可以的，但是需要沟通和互动。

## "阅读推广" "星囊计划"培养小朋友的阅读习惯

李智峰：我知道你们除了"公益图书馆"之外，还有"阅读夏令营""阅读推广周"以及您刚刚说到的"星囊计划"，请您为大家也介绍一下其他的项目，比如"阅读推广"及"星囊计划"。

梁海光："阅读推广"活动是满天星一项很重要的活动，因为我们每年做完"公益图书馆"之后，必须要通过阅读推广活动来培养孩子的阅读兴趣以及阅读习惯。我们不希望一个图书馆建完之后就不管了，孩子也非常希望有我们的志愿者去跟他们进行互动，我们希望这些志愿者通过活动能够成为孩子的阅读榜样。我们常说一个有协助能力的大人能够成为孩子在成长过程中一个很好的榜样和协助者，所以我们希望通过阅读活动，来培养他们的阅读兴趣，能够成为他们很好的引导者。

"星囊计划"简单来说就是一个阅读的包裹，我们每年会给乡村的孩子一个装有图书、文具等东西的包裹。这些包裹能够帮助孩子首先拥有属于他们自己的图书，因为我记得我小的时候，最希望的就是能够拥有属于自己的图书，我们想如果孩子一年能够有两本，当他读完小学之后，就有好几本书了，他还可以跟不同的小伙伴交换，因为每个人的书是不一样的，所以这是件很美的事情。另外，我们在做阅读活动的时候，很多孩子仅仅只有一支烂笔头，当然现在可能经济条件稍好一些，父母出来打工，可能并不是每一个孩子都缺少铅笔、本子等等。但我们希望不一定所有的项目都要针对那些穷到什么都买不起的孩子，而是希望在我们做活动的时候，能够更好地去帮助我们的志愿者和孩子，更好地去围绕着我们的阅读课程和阅读活动，提供足够的文具等等，让他们可以使用得上。

李智峰：比如一所学校有你们的公益图书馆，那你们配的星囊包裹是全校每一个同学都会有吗？

梁海光：目前是这样的，不过在2015年可能会有一些小的调整。我们过去也有一些志愿者会发现，并不是每一个孩子都非常珍惜这个星囊或者说喜欢阅读，可能有一些孩子会有浪费的情况。所以未来我们通过刚刚说到的借阅系统，还有我们的星囊里面有一本叫《阅读宝藏》的东西，可以记录下哪些孩子喜欢看书，未来我们就可以设定一个指标，比如说去年一年下来借阅能够满5本或者更多的孩子，我们再给他们配星囊单。这个具体的指标数据我们会根据实际的情况再做衡量。

李智峰：就是如果你喜欢阅读的话，就会借得越多，看的书越多，就越有机会得到这个星囊？

梁海光：对，但是我们不鼓励那种功利性的阅读，规定他们每个人读多少本书。这都是自愿的行为，让你学会珍惜，知道需要通过自己的努力才能得到一样东西。我们不希望我们的这些项目点的孩子能够不劳而获，这是我们不希望的。因为现在很多公益项目可能在做的过程当中，仅仅是想当然地觉得他们需要，就给他们配过去了。但是我们在这么多年的经历中发现，很多孩子通过努力得到的东西，他们会更加珍惜。

李智峰：对，会更加珍惜通过自己努力所拥有的东西。您刚刚提到有公益推广课程，在乡村小学中帮他们上阅读推广课，你们会用其他不一样的方式去和他们上课呢？

梁海光：肯定是不一样的。因为传统的课堂可能更像填鸭式的教学，就是一个老师在讲，一帮孩子在听。我们的课程更多的是互动式的，比如说儿童故事会，我们通常是用一种引导式的方式跟他们一起讲故事，在讲故事过程当中，通过不断地提问，让他们更好地去了解这个故事本身的意义，培养他们对故事的理解以及思考能力等等。

李智峰：能具体说一下，有怎么样的课程和他们互动吗？

梁海光：我举个例子，像我们有一个叫“立体阅读”的课程，有一门课叫

满天星阅读夏令营的星囊派发现场

“我爱我的家乡”，希望他们能够将自己的家乡更好地介绍给我们的志愿者。他们可以分成小组，这些小组可以画自己家乡的地图、写导游词，还可以去介绍他们家乡的景点、民族风俗习惯等等。在这个过程中，就要融入绘画，要画地图，要融入写作，写演讲词，做介绍的小导游。这个过程要融入很多元素，如演讲、文化、绘画等等。

## 与电商合作将公益产品放在互联网上销售

李智峰：在你们平常的运作当中，也会想到用很多创新的手段去进行推广，比如说你们的“星囊计划”最近是和电商阿里巴巴合作，把它放到淘宝网上去销售，是吧？

梁海光：对，我们“星囊计划”一直都是通过阿里巴巴旗下的淘宝网去进行认购的。因为之前有一个机会跟阿里巴巴他们的相关部门合作，跟责任网商形成了一个小组，这个小组的责任网商就帮我们利用他们的资源去推广，去募集星囊。

李智峰：我的理解是，每个星囊都是由公众买下来，然后你们再把这个星囊带到学校送给小朋友。

梁海光：对的。

李智峰：目前的销售情况如何呢？

梁海光：一年下来，像2014年我们大概就30万元左右吧。

李智峰：我们在淘宝上怎么样才能购买到星囊呢？和大家介绍下。

梁海光：这个跟我们上淘宝网去买任何一件自己喜欢的东西是一样的，它是一个虚拟产品，拍下来之后付款，留下你们的地址，我们到时候在派发完星囊后，就会有当地孩子的回音卡寄给你们。

李智峰：回音卡就是小朋友收到之后，他会亲手填写一张回馈的文字卡，然后再回赠给那个捐赠人是吧？

梁海光：对的。

李智峰：在淘宝上面直接搜“星囊计划”就可以了吗？

梁海光：对，搜“满天星公益星囊计划”或者“星囊计划爱心卡”就可以了。

李智峰：是的，如果大家有兴趣，想要支持满天星公益的话，可以在淘宝上认购一个星囊，让更多的小朋友可以获得一本属于自己的图书。帮志愿者们提个问题：志愿者要怎么样才可以加入你们，和你们一起去参与其中的活动呢？

梁海光：我们基本上全年都有各种各样的志愿者招募活动，因为我们现在除了有小学馆，还有青旅馆，以及我们广州本地的新人馆，就是社区图书馆。只要关注我们的官网www.starscn.org，或者搜索“满天星公益”就可以了，或者也可以@满天星公益的微博或者微信，就可以查看到我们的相关信息，欢迎大家报名成为满天星公益的志愿者。

李智峰：成为你们志愿者后，参与实践活动能为他们带来怎么样的收获呢？

梁海光：我觉得最大的收获就是可以让他们更好地去了解自己，以及认识更多的朋友。我觉得公益其实可以很快乐，不仅仅是一味地去付出。另外在这个过程中，我们也可以了解到如何真正地去做可以帮助到别人的公益，而不仅仅是捐衣、捐物，我们觉得公益还是可以有多种方式，去做不一样的事情。

李智峰：对的，除了物资上的帮助之外，精神上的陪伴也是很需要大家去参与的吧？

梁海光：对。

李智峰：2015年计划要新建多少所公益图书馆呢？

梁海光：今年我们打算建的新馆不多，还是希望能够将原有的每一所图书馆都做好。今年大概是新建三到四所图书馆，就一个片区吧。另外会组织比较多的阅读推广活动，让更多的人可以参与其中，去关注和支持乡村儿童阅读。

**记者手记**

通过采访，我了解到我国乡村儿童阅读存在突出问题，经济欠发达地区的农村留守儿童和随父母进城务工的打工子弟对读书非常渴望，但由于经济条件差、图书室关闭及难以读到适合的图书等原因，他们很难拥有一本属于自己的图书。

国内很多的公益组织都在关注粮食、衣服、金钱等相对物质化的事，但是他们往往并不是最缺乏这类东西，反而是精神层面上的缺乏，而书本恰恰能填补他们心灵上的空缺。从小喜爱阅读的梁海光认识到这个问题，于是便萌生了要为孩子们建图书馆的念头。一做就是3年，目前满天星已经在5个省、1个自治区建立了48所公益图书馆，拥有50 269册新书。

梁海光是一个做事很踏实的人，我曾经在一个公益活动上听见一个人对他的评价："海光是一个神人，家庭和事业兼顾得很好，大家都觉得他很了不起，他的满天星运作得很不错，值得大家去学习。"

读书能让人心情平静，开阔视野，掌握知识或者前人的经验。对于长期居住在农村当中的孩子们来说，读书除了能让他们掌握书本当中的知识，更能让他们了解这个世界，认识外面的事物，在他们的内心中埋下一颗渴望成长的种子，终有一天能成长为参天的大树，开出美丽的花朵。

# 大爱清尘：
# “我们要救现在的命　更要救将来的命”

■ 嘉宾：“大爱清尘”发起人王克勤

■ 记者：庞晓露

听见公益

## 机构简介

尘肺病是由于在劳动中长期吸入生产性粉尘，导致末梢支气管下的肺泡积存灰尘，从而引起的以肺组织弥漫性纤维化为主的全身性疾病。尘肺病一旦患上，终生无法治愈。

在我国，尘肺病人的数目巨大。

卫生部官方数据称，2005年到2013年间，中国尘肺病新增诊断病例年均增幅达到了35%，2009年以来新增病例突然大幅蹿升，每年都在2万以上，截至2013年已累计报告超过75万病例。更严峻的数字是，根据众多一线职业病防治专家学者的保守估计，在中国，尘肺病人至少有600万。

2011年6月15日，著名调查记者王克勤发起“大爱清尘”公益项目，专项救治在死亡线上苦苦挣扎、缺失救助与关心的尘肺病农民。经数年努力，这一项目已成为我国最为著名的民间公益项目之一，截至2015年1月31日，大爱清尘累计筹款突破2 000万元，累计救治尘肺农民1307人，累计助学1 203人次，累计为尘肺病农民提供制氧机619台。大爱清尘在全国已建立41个工作区站点，志愿者达4 000多人。

尤为重要的贡献是，经多年呼吁终于引起国家重视。2013年中央财政支持社会组织服务示范项目将大爱清尘列为“尘肺病农民救助试点项目”，2015年的两会上，尘肺病及尘肺病农民问题得到众多媒体及全国两会代表委员的关注。另外，"1元钱挽救生命5小时"网络募捐、"回家乡　话尘肺"让尘肺宣传直达乡村、"世界呼吸日"宣传等多种宣传与筹款方式让"尘肺病"这三个字渐渐为更多人熟知。

## 关注尘肺病与我的一个朋友的死有关

庞晓露：您是怎么关注到尘肺病这个群体的？

王克勤：我关注尘肺病群体和我的新闻报道工作有关。我原本是一个调查记者，长期关注中国社会中一系列的问题。早在20世纪的90年代，我在甘肃一家媒体工作，当时曾到一个煤矿去采访。接待我的那个煤矿副矿长姓黄，他当时经常咳嗽，有时候咳得上气接不着下气。我说老黄怎么了？老黄告诉我，他得了尘肺病。当时因为他仅仅咳嗽，所以我对尘肺病三个字也就是听了一下，很快也就没在乎。

那一次的采访结束之后，不到四年，他们煤矿的一个人给我打来电话，说老黄没了，被尘肺病活活憋死了。我被强烈地震撼了。因为在煤矿采访期间，老黄对我的态度特别好，也特别照顾我，总是笑呵呵地帮助我做很多事情。他突然离开以后，我眼前就不断地出现他微笑着看我的情景。这一刻，他去世的消息和尘肺病就紧紧地联系起来了。尘肺病，与我的一个朋友的死有关。

尘肺病再一次进入我的视野是2009年6月，河南的农民张海超开胸验肺。这个事件成为一个重大的公共事件，很多人开始知悉尘肺病。这时我发现，尘肺病是个非常严重的问题，不仅是老黄会被尘肺病憋死，更多的农民工可能也面临着尘肺的困境。

2009年底的时候，甘肃媒体的一个记者给我打来电话，他说甘肃省的古浪县有大量的尘肺病患者，不断地有人在被憋死。我当时在中国经济时报，是调查新闻部的主任，我一听，这还了得？

经济发展包括各种指标的增长，我觉得都是些枝节问题，人的生死才是根本的问题。这么多的人面临着生死的危机，还有什么比这更大的事呢？我当即做出决定，派了一个记者赶往甘肃古浪开始对甘肃最大的尘肺村庄的调查。

2010年的1月20日，调查报道正式刊登出来，甘肃的尘肺村、甘肃古浪的尘肺问题第一次进入公众视野，但是当时的报道非常有限，仅仅一家媒体报道。虽然对当地政府产生了一定的触动，有一部分尘肺农民家庭因此获得了低保，然而这一年又有几个尘肺病农民死了，这个问题得不到很好的解决。

就在这样的形势下，2010年的12月20日，甘肃古浪黑松驿镇的3个尘肺病村民做了一面大旗，来到我当时所供职的中国经济时报。貌似他们是来感谢媒体的，后来我明白了，他们更重要的是来求助媒体。

庞晓露：请愿的。

王克勤：请愿的，希望媒体能进一步帮助他们。他们知道媒体报道会给他们带来好处，带来改变，至少他们的声音能发出去。于是我就想，仅靠一家媒体是不行的，要动员更多的媒体来关注他们。当时我就给中央电视台的《焦点访谈》、中央人民广播电台、光明日报、中青报的很多记者打电话、发邮件，以各种方式进行联系，让大家来共同动员起来。

## 一个山村里的农民，从来没有拿过红的邀请函被请去吃饭

王克勤：这时候我突然发现，有一个更大的动员平台，那就是微博。

12月20日的下午5点11分，我连续发了三条微博："古浪有124名尘肺病人，有人可能就过不了这个年关，过去的一年里已经有几个人死于尘肺病，请更多的爱心人士和媒介来共同关注古浪尘肺病农民的生与死。"

当时微博比较热，这个微博发出去以后很快转发了大概两千多，评论也跟了很多。于是一个微博动员的模式和效益出现了，北京有一所中学的老师就给来自古浪的尘肺病农民送手机，有人直接请他们到北京接受采访。

更多的网友来跟我询问具体情形。有一位叫"北京厨子"的网友给我发私信，说王老师这个事靠谱不靠谱。我说靠谱，我派的记者小组出去足足搞了将近一个月的采访，整个采访的原文你可以看一看。看完以后他给我发微信，他说要组织人到古浪去组织救援。

12月下旬，一大批的网友赶往甘肃古浪，开始对古浪的尘肺病农民进行公民个体的救援行动。救援已经起步了。"北京厨子"是一个很有创意的人，为了引起媒体对这个问题的关注，引来更多的人、财、物等各种社会资源帮助这些尘肺病农民，他设计了一个叫作"冬天里的童话"的宴会，通过网友筹集的资金，在元旦的这一天，摆了十桌宴席，发邀请函把当地周围的100多名尘肺病农民和很多媒体请到中学来。

一个山村里的农民，从来没有拿着红的邀请函被请去吃过饭，都感到很新奇。古浪尘肺病问题一下子就变成了媒体热点，更多的人关注古浪的尘肺病农民，于是就有了古浪尘肺病农民的第一阶段的救援。古浪的尘肺病农民中的带头人把自己的账户公布出来，很快就筹集了大概有20来万块钱，然后组织一些尘肺病农民到医院去进行规范的救治。

就在这样的状态下，《焦点访谈》深度介入，到省里各个部门去采访，倒逼甘肃省地方政府出台了甘肃省古浪尘肺救援的方案，拿1 200万元解决古浪尘肺病农民的救治问题。

这就是民间行动、公益推动、媒体发力，倒逼地方政府解决重大的社会问题和接盘社会问题的一个典型案例。这个过程中，我一直在远程组织动员大量的网友介入。

## 整个募捐过程中出现的第一个难题：监管

**王克勤：**当时前往甘肃古浪救援的志愿者中有一些四川的志愿者，他们发现四川当地的尘肺病人也很多，向他们求助，他们跟我沟通该怎么办。我说立即启动四川的救援，因为甘肃的救援实际上已阶段性地宣告结束。

四川的救援依然沿用的是甘肃的模式。与此同时，要开始筹集资金，因为救治问题是真金白银，没钱人家医院肯定不给你动手术。

**庞晓露：**筹集的钱寄给谁呢？

**王克勤：**最初的想法是集资给四川乐山当地的一个尘肺病农民。当大家给他的账户上打到8 000到9 000多块钱的时候，这个尘肺病农民拿着自己的存折不让别人取钱，他说这是社会捐给我的，不是捐给乐山所有的尘肺病人的。

这就是整个募捐过程中出现的第一个难题：监管。最后我们就把账户开在了四川最大的医院四川大学华西医院，累计当时大概也救了20来个人。但是新的问题出现了。第一，资金的监管；第二，一线志愿者和后方整个的对接。我当时写了将近1万字的财务管理办法，在一线救治的一些志愿者干脆不理你的茬儿。

包括民间的集资，如果操作不当就变成了非法集资，甚至被称之为诈骗，法律风险、政治风险、资金风险、管理风险，一系列的问题在当时就出现了。这已经是2011年的春节后了。

就在我非常头疼的时候，搜狐网新闻频道的总监来到我办公室拜访。他指出，这种民间个体的救援行动是不可持续的，你们必须要搞项目化、基金化、专业化、规范化的救援，应该成立基金会搞尘肺病专业的救助项目。他牵线搭桥，介绍了中华社会救助基金会的一个项目主管给我。在3月2日，我们俩就有了第一次会晤，一拍即合，形成了共识。2011年的6月15日，大爱清尘公益项目和公益基金正式起航。

## 每一个小时有一个半人被活活憋死

庞晓露：您之前调研记者的身份和您的这个角度真的可以看到很多问题。没有接触到这个群体之前，尘肺病就是三个字，或者说就是一堆数字。但是在您看来，他是老黄、他是张海超、他是古浪的124名农民工兄弟。所以可能也是因为这样的经历能够让您坚持着，而不是仅仅止于老黄、止于张海超、止于古浪、止于乐山，反而是在几年之后发酵成为中华社会救助基金会底下的一个大爱清尘的专项基金。那么您有没有统计过数据，在中国，有多少需要咱们去救助的尘肺病农民工？

王克勤：随着我们深入的程度越来越深，接触的尘肺病人越来越多，就会发现尘肺病是一种非常严峻的、非常可怕的职业病。根据我们现阶段掌握的大量资料，以及国家卫计委公布的数据显示，在中国的职业病总人数中，尘肺病占了接近九成。

庞晓露：绝大部分了。

王克勤：四川省最大职业病防治医院华西医院职业病科的科主任朱启上教授临床30年，他的一个基本判定是官方公布的职业病总人数跟实际的数字是1∶10。

庞晓露：10倍。

王克勤：10倍以上，这是朱启上教授的原话。另外一个数据，尘肺病的重灾省——湖南省公布的数据接近6万，湖南省职业病防治医院的职业病科的科主任肖教授说，湖南省的尘肺病人应该是60万以上，也是10倍。广东省卫生厅的副厅长廖新波曾经跟我有一次交流，说中国的尘肺病人数字是1 000万到1 500万的规模。

还有一个数据又可以做证。2014年6、7月期间，广东省安监局官方公布的数据，全广东省境内涉尘企业30万家以上。根据我们这些年观察，一个粉尘环境生产的企业里，至少会出现3例尘肺病人，也即意味着广东省可能就有100万的尘肺病患者。广东省是我们在过去四年多的救援过程中，发现尘肺病案例较少的一个省。

这样，第一个框架性的概念已经出现了。尘肺病患者数量极其巨大，具体多少，没有任何一个职能部门、任何一个专业机构去统计，我们也是仅靠大量的数据进行推测。所以最保守的数字是600万，相当于香港的总人口，相当于一个欧洲中型国家的总人口，并且是按照22.04%的死亡率在死亡，死者大部分为30岁到40岁的中青年人。每一个小时有一个半人被活活憋死。

最可怕的问题在哪？每年中国这块土地上，根据官方数据显示，新增24 000个尘肺病。2013年新增24 000，2012年新增23 000，2011年新增24 000，这些年都是新增的病例，也即每年有2万多尘肺农民被尘肺病判死刑。

## 100个农民得了尘肺病，其中5个人才有资格去做职业病的鉴定申请

庞晓露：相关部门每年都有职业病的统计数据出来，为什么尘肺病一直就是一个模糊的数据，统计不出来？

王克勤：这里面有一个非常重要的概念。在国有企业时代以及计划经济时代，也有很多的尘肺病患者，得了病以后，国家提供六个方面的政策：第一，从发病一直到死亡前的医疗费用由国家承担；第二，从发病一直到死亡前的工资福利全保障；第三，安置子女就业；第四，有抚恤；第五，有赔偿；最好的一条是第六条，每年享受三个月甚至半年的疗养，在疗养院养着。所以我在朝阳医院和华西医院看到过30岁得了尘肺病的国企职工活到70岁的，但农民不行。

为什么农民享受不了上述政策？因为尘肺病防治法规定，做工伤鉴定的前提是必须要有职业病的鉴定。职业病鉴定有三个刚性条件，第一个条件叫作劳动合同。农民跟用工方打工的时候，能够签劳动合同并手里持有劳动合同者有几人？俗话说，四条腿的毛驴在街上很难找到，两条腿的人到处是。你要跟老板签合同，老板让你滚。这是常态。

2008年中国社科院做过一个研究，报告显示农民工跟用工方签署劳动合同并手里持有劳动合同者占不到总人数的5%。有的企业也签了劳动合同，在企业的人事档案部门手里，农民工没有。这是一个非常要命的问题。

庞晓露：对，您说的这个我特别有感触，因为我之前在广州接触到一些尘肺病农民工，他们的劳动合同甚至是空白的。就是只要他们签一个名字，

然后里面的所有条款全部都没有写上。

王克勤：对，这就是现状。所以这是个残酷的问题。你要签合同，你给我滚蛋，我不要你这样的人，门口排队有的是。劳动力严重过剩的国家，这是现状。

100个农民得了尘肺病，其中5个人才有资格去做职业病的鉴定申请。

第二个条件，要有粉尘接触的证明。你在高粉尘、高污染的环境里打工，一般由用工企业出具或三个以上工友做证。这一条对于大部分民工来讲还不难，找几个工友证明一下。最可怕的是第三个条件，职业病的鉴定由用工企业申请。自证其罪，哪个人会傻到这份儿上？迄今为止，我没有见到过哪个用工企业主动为劳工申请职业病的鉴定，证明自己有罪。

为什么过去有这样的制度安排？这与过去的历史有关，国家的企业、国家的人、国家的钱都国家管。

庞晓露：所以企业去申请也花不到企业的钱。

王克勤：是，国家的，现在不是这样了。

庞晓露：市场经济。

王克勤：多元化的时代。我们大爱清尘在过去几年救援的过程中发现一个非常有意思的现象，有的地方就干脆说没有一个尘肺病人，回头我们的志愿者到达村庄，却发现大片大片的尘肺病人出现。

## 我不上矿山，一家人吃啥？

庞晓露：为什么在村庄里面是大片大片的？要说前几年他们还不知道尘肺病可以致命，觉得看到别人家去这些煤矿来钱快，自己也可以去。但是这几年慢慢地知道了这个病是致命的，为什么还会大片地出现呢？

王克勤：第一，目前尘肺病三个字虽然在城市精英人群里有了较大范围的知晓度，尤其互联网人群中，但普通中国农民知道尘肺病者的还是为数甚少。我们2014年的一个研究调研发现，尘肺病群体的整体文化程度是小学、小学以下文化及文盲者占到了总数的88%。他们读报纸、看书、看杂志的能力极低，而电视和广播关于尘肺病的报道和介绍寥寥无几，十分稀少。所以即使发了这么大的严重的事情，农民知晓尘肺病的也很少。

第二，向农民科普“尘肺病是致命的”这种常识的宣传活动很少。

第三，好多尘肺病农民，我们称之为最底层的、处境最危难的家庭，一般都是贫病交加。我们给他帮助，希望他能够远离粉尘环境，回到家里，接受救治。

庞晓露：我觉得种田都比那个好。

王克勤：他回到家里以后，我就打电话去了。他说我又上矿山了，我说为啥。他说我不上矿山，一家人吃啥。

2011年的8月份，电影明星陈坤和我联合救过四川宜宾的一个尘肺家庭。这个家庭夫妻俩都是尘肺病，家里有一个孩子，当时在上大一的一个小女孩，叫薛燕，薛燕的父亲尘肺3期，母亲尘肺2期，奶奶瘫在床上。家里的主力只有薛燕和上中学的弟弟。薛燕为了不让这个家垮下去，一个小女孩个头儿不高，利用课余时间兼职七份工。

兼七份工，一个大学女孩。我们志愿者把这个情况说了以后，我都觉得不可思议。后来我专门打电话向薛燕求证，一个一个问，全部问清楚以后，我说还有这样的事情真实地发生在我们的这个土地上。

于是我就把薛燕的这个故事写出来，因为太感动人了，一个女孩承担和扛起了整个家庭的责任。电影明星陈坤是一个很有悲悯心的人，他就立即在微博里大声呼号说我出1万，动员大家帮助薛燕。

很快薛燕家里筹了四五万块钱，薛燕就带着爸爸和妈妈到四川华西医院进行专业治疗。治疗之后回到家里，我跟她家里一直保持着长期的密切联系。有一次我打电话过去，我说薛燕你爸你妈好了吗？她说好着，但是我爸又到附近的工地去干活了。我就问，薛燕你为什么不挡住你爸你妈？她说我们是农民，我们不干活吃啥。她话说到这份儿上，我就无言以对了。

## 没有一就没有二，不努力永远不会改变

庞晓露：我之前接触过几个湖南籍的尘肺病农民工，记得当时见他们的时候应该是在4、5月份，已经回暖了，但是他们还是穿好多保暖的衣服，袜子是直接套在裤腿上包紧的那种。他们就说很怕生病。

王克勤：最怕感冒，感冒了命就要没了。

庞晓露：对啊，然后我就说，你们现在会这么去保护自己，那么之前工作的时候为什么不知道保护自己呢，不知道那些粉尘有危害吗？他们很多人跟我说，都以为没关系。

王克勤：还是认识上的问题。所以这是一个持续的漫长的过程。

王克勤了解尘肺患者家庭情况

庞晓露：如果像刚刚您说的，八成以上是小学以下的文化水平，他们平时也不看报纸、不看杂志、不看电视、不上网。那么很多的方式，我觉得对他们来说，可能传播的力度还是不够。

王克勤：没有一就没有二，没有开始就没过程没结果。努力了不一定能改变，不努力永远不会改变。这么庞大的上千万的群体，这样一个重大的中国命题，21世纪最严峻的问题之一，如果一直放这儿沉积着，永远不会被人重视。因为他们发出的声音仅限于小山沟，没有人会去关注。这就需要出现一大批的精英知识分子变成他们的代言人，把千千万万个村庄里普通的一声声呐喊汇集在一起，在北京、在上海、在广州，在更重要的平台上替他们传播出去，就会形成一个庞大的民众的呐喊。

## 让更多的中国尘肺农民知道尘肺病三个字就是在救命

王克勤：大爱清尘为什么把传播放在龙头位置，以传播为龙头，以传播为抓手？是因为三个非常重要的规则。第一个规则叫作公益动员规则。你要行动必须心要动，心动的前提是知晓，知晓的前置要件是传播，无传播则无公益。一个在上海的老太太即使有着菩萨转世的大悲悯心，汶川大地震上百万人在痛苦中挣扎，任何的声音、图片、文字跟她没有交集，她就不知道。当她看到图片、看到文字、听到声音的时候，也许这个大悲悯心的菩萨转世的老太太就把家里的房子都给卖了，直奔汶川。因此任何公益行动的前置要件是传播，即公益信息的传导是第一个先决条件。

第二个规则叫作常识传播规则。大爱清尘救援到现在四五年了，在救的过程中，我们发现很多农民得了尘肺病还不知道，这成为一个普遍现象，他们连尘肺病会被活活憋死这种常识都没有。

我们发现我们救命的速度远跟不上死亡的速度，每年都在新增尘肺病人。因此让更多的中国尘肺农民知道尘肺病三个字就是在救命，既要救当下的命，更要救未来的命，让健康的农民未来不被尘肺所夺命和伤害。因此，预防宣传依然是大爱清尘的头等大事，让健康的生命依然健康，而不被尘肺所伤害。

第三个规则叫议程设置规则。我们到现在累计才救了1 300个尘肺病人，我们非常清晰地认识到，穷尽大爱清尘的力量仅此而已。这个数字相当于在我们这里申请总人数的十分之一，相当于中国尘肺病农民的万分之一，杯水车薪、九牛一毛。

就按600万人算，每个人提供最低的双肺大容量灌血手术的治疗，一次最低是需要1万元人民币，600万人就是600个亿，一个人提供10万就是6 000个亿。在当今中国没有任何社会组织和NGO有筹集600亿到6 000亿元的能力。

## 让尘肺病农民这个命题进入到中国各级政府的议程里

王克勤：日本的最后一例尘肺病在1970年消灭，美国的尘肺病在1930年消灭，欧洲的尘肺病在19世纪末就消灭了，为什么中国的尘肺病就不可以解决呢？

日本、美国包括欧洲尘肺病解决最重要的路径是什么？国家认为尘肺病本质上是企业责任，企业出现这项问题的核心原因是因为政府的监管严重缺失，政府的立法存在问题，所以究其实质是政府的责任。这是一份血债，每一分钱里都涵盖着这些人付出的生命与健康的债，那么国家偿债。法国、德国就有国家公共政策整体接盘每一个尘肺病人的医疗和生活保障问题，并出台刚性立法遏止尘肺病的再生。

最强大的立法到什么程度？就是诉讼标的无上限。我办个5亿英镑的工厂，有两个尘肺病者，两个打官司，标的可以是5亿英镑，法院必须判你们赢，这是国家法律。没有一个老板会再干这种傻事，我办了老半天企业，最后因为你们俩的尘肺病，这个企业变成你们的了。

这个立法非常强大，它告知所有的人，追求利润可以最大化，但必须坚守底线，不可以以剥夺和伤害他人生命为代价，即不允许谋财害命在文明的社会里出现。

这是人道底线和人权底线，也是人性底线。怎样让尘肺病农民这样一个巨大的历史命题进入到中国各级政府的议程里？那就得至少让尘肺病农民这五个字为更多的人所知晓，成为共同关注的焦点。

庞晓露：其实我可不可以理解为您现在做的就是为尘肺病人发声？

王克勤：理解很到位。第一，尘肺病群体都是来自最贫困村庄的农民，受教育程度都很低，自己没办法发声，说不清楚。第二，手里没有发声的平台。第三，很少有人为他们说话，给他们说话得不到好处。

庞晓露：在您接触的这些案例里面，有哪些就是因为发声的渠道被打通了，发声的能力被赋予了，然后得到了很好的救助？

王克勤：这个案例多了，张海超就是一例。张海超不开胸验肺，不变成一个新闻人物，他可能早就在另一个世界了。他当时尘肺病3期，因为他变成新闻人物，于是倒逼河南当地政府，政府责成企业和下级政府联合给他一次赔了大概是50万元。

庞晓露：我接触过的一例尘肺病人案例，在他跟他所在的企业打官司的时候，确实是很多媒体去跟进报道了，一直报道到了从打官司到判决的过程，大概历时两三个月，最后工人赢了。但是判决完之后，到现在一年多时间，我得到的消息就是，那个企业其实没有按照判决书去执行。所以我觉得咱们一方面是能够去替他们发声，但是另一方面好像也仅仅只能为他们发声而已。

王克勤：这接着一个新的问题就出现了：维权。我们为什么呕心沥血、竭尽所能地在为中国的尘肺病农民的救助奔走？不仅仅是我，是整个大爱清尘的志愿团队、全国的团队都在竭尽全力地努力。说白了，我们多争取一点资金，多争取一个行动者，多争取一个机会，就可能救一个生命于旦夕之间，这个孩子就有了爹，这个妻子就有了丈夫，这个父母就有了健全的儿子。

## 救援、传播、推动：三驾马车带来三个改变

王克勤：大爱清尘到现在是第五个年头，现在还处于发展的第一阶段，艰难创业，艰苦推进。虽然如此，我们依然满怀信心，因为我们发现我们的努力已经给整个社会带来了改变。我们一直称之为三驾马车，救援、传播、推动，带来三个改变。

第一是救援，指的是最初的单一的救命发展到今天救命、助学、助困、救心、康复、创业、制氧机等立体化、全方位的一个救援体系，为全国20多个省的尘肺病农民提供力所能及的综合救援服务。全国41个工作区镇在全国各地开展着以上七个方面或部分的服务项目。

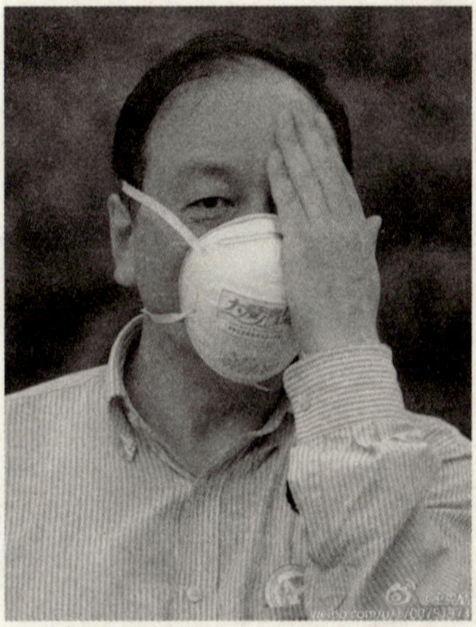

“5·18”呼吸日，王克勤参加为爱自拍

第二是传播，传播是利用传统媒体、线下活动、互联网媒介把尘肺病三个字、把尘肺病的预防科普知识普及到中国的千家万户，尤其是普及给广大农民。

第三是推动，推动国家公共政策的改变。尘肺病从大爱清尘创立前一个比较敏感、比较陌生的词，经过这些年的努力变成了相对熟悉和更多人所关注的词。并且各级政府经历了从最初的敏感到重视，再到开始陆续出台政策的这样一个过程。

2013年的11月12日，中央政府出台文件，明确提出要加大对尘肺病的救治与预防力度。这是一个根本性的变化，中央政府有了非常明确的态度。

2014年初两会期间，国家副主席李源潮专门听取了尘肺病的建言，中央电视台在两会的热点问题报道中，用了整整一个小时的时间介绍尘肺病热点话题。

2014年的7月5日，大爱清尘三周年的庆典上，我们推出了中国尘肺病历史上第一份中国尘肺病农民现状调查。由于有一大批专家学者的加盟，整个调查报告非常权威、专业，受到了国务院副总理刘延东、全国人大常委会副委员长李建国的批示。7月23日，国家卫计委和民政部召集我们去介绍和汇报关于中国尘肺病农民问题，他们听取了尘肺病农民问题的治疗和解决问题的建议。

再后来，国务院法制办找我们了解关于尘肺病问题解决的相关意见和建议。

除中央政府层面的态度有了变化以外，地方政府在我们的持续推动下也发生了一系列的变化。

四川省政府在2014年11月到12月份的时候，在全省征集尘肺病立法的建议；陕西省政府从2014年初开始在全省展开尘肺病农民问题的摸底调查；四川的乐山、云南的水富、贵州的仁怀，这些地方政府在2013年到2014年陆续出台了关于尘肺病救治与预防的地方性政策和治理办法。这也就意味着在整个政策方面已经发生了翻天覆地的变化。

我们有一个非常重要的战略目标，就是让尘肺病在中国“家喻户晓”，我相信这个目标在未来的10年到20年是一定能够实现的。

## 对解决尘肺病农民问题我满怀信心

王克勤：得了尘肺病的农民普遍被企业、村庄、社会抛弃，连家人都抛弃他们。在我们救援前后，我们就发现由于尘肺家庭的丈夫失去劳动能力，没有任何经济收入，妻子迫于生活压力就跑掉了。这样的案例不少，很多村庄都有，在陕西、山西，包括在湖南、贵州、四川。

随着大爱清尘的穿绿马甲的志愿者不断地在各个村庄活动，在各个村庄救助，好多尘肺病农民获得了救治。这些消息也不胫而走，被传到这样一些离开家庭很久的妻子的耳朵里，她们会发现，压根儿不认识的陌生人向她的家庭、向她的孩子伸出了援手，她有什么理由不回去呢。于是很多村庄里的农民通过微博、私信、手机短信向我们大爱清尘的人员讲，谁谁谁的老婆回来了。

这样的信息不断被传导到我们大爱清尘的救援系统，很多工作区的志愿者都会接到类似的信息。我觉得这就是改变，实实在在的改变，让原本已经冷落、寂寥、悲惨的家庭重新有了笑声，孩子有了母亲。家庭有了温暖，心不死，生命不止，这样的家庭在积极走上一个新的良性状态。

也就是今天，还有人握着我的手说，王老师你们是大菩萨心，你们一定要坚持下去，只要坚持下去，中国尘肺病农民问题必将会得到解决。这样的鼓励我经常会听到，我觉得这就是众多的人在给我力量，给我们整个团队力量。

所以我相信20年内中央政府能整体接盘尘肺病农民问题并出台刚性立法，100年内在中国消灭尘肺病，这样的目标必将会实现，还可能会提早。所以对大爱清尘，对尘肺病农民的解决问题，我满怀信心。

### 记者手记

在对话的这两个半小时里，王克勤老师抽掉了8根烟。在烟雾中，他时而眉飞色舞，时而久久凝重不语。

我采访的嘉宾里，像王老师这样将自己和自己做的事情结合得这么深入且细致的人真的不多。他对尘肺有关的数据和时间点十分熟稔，脱口而出，应该是对着不同的人说了很多次的缘故。他对每一个名字如数家珍，信手拈来，因为在他眼中，那不仅仅是一个个名字，而且是一个个鲜活的生命，一段段难忘的记忆。他反复跟我说，如果没有高考制度，我可能也是他们中的一员。我不知道自己的感觉对不对，但整个过程中我的深切感受就是，他帮助他们，就像帮助自己的家人，帮助那个阴差阳错没有成为他的“他自己”。

王老师说，大爱清尘的首要任务是传播，让尘肺病三个字在中国实现家喻户晓。确实，GDP增长实现了很多人的“中国梦”，却留给尘肺病农民工满肺的“中国尘”，享受着这一切的我们，有义务为千万农民工兄弟发声。

大爱清尘的身体力行，已经带来很多的改变。

2012年我第一次采访王老师，事先上网查资料做功课，几乎所有有关尘肺的新闻报道、视频、网页，都和大爱清尘有关。那时候的大爱清尘，就像是西北荒漠里为数不多的骆驼刺，一丛丛零星分布着，勉强让人相信沙漠中也有食物和水源。

而时隔三年后的现在，关于尘肺病的报道在增多，政策法规在增多，关注和呼喊的人在增多。现在的大爱清尘，更像是梭梭树，积聚成林，努力筑起防线，让尘肺病的沙漠，远离苦难的农民工兄弟。

愿所有的劳动者，都得到应有的尊重和保护。

# 瓷娃娃：
# 我们的爱不脆弱

- 嘉宾：北京瓷娃娃罕见病关爱中心发起人王奕鸥
- 主持：庞晓露

听见公益

## 机构简介

2008年5月，成骨不全症患者王奕鸥和另外一名软骨发育不全症患者黄如方共同发起成立了瓷娃娃罕见病关爱中心，希望为脆骨病等罕见病群体建立平等、受尊重的社会环境，消除社会对他们的歧视，维护该群体在医疗、教育、就业、关怀等方面的平等权益，推动有利于脆骨病等罕见病脆弱群体的社会保障等相关政策出台。

瓷娃娃罕见病关爱中心从最初只有2名员工，年预算不到5万元，发展至现在拥有了17人的稳定团队，志愿者700余名，年预算规模超过400万元，服务了包括成骨不全症病友在内的2 000名罕见病病友。

2014年8月17日，冰桶挑战进入中国，雷军等人被点名。当天晚上，新浪微公益联络到瓷娃娃罕见病关爱中心，在新浪品牌捐平台上线了“助力罕见病、一起冻起来”的冰桶挑战中国项目，号召大家通过冰桶挑战的方式关注、支持ALS患者在内的罕见病群体。通过这次活动，瓷娃娃成功募得814万元善款，更为难得的是，瓷娃娃将其中的557万元资金通过公开招标方式，与其他关注渐冻人的NGO共享。

如今，“瓷娃娃”已经成为一个公益品牌，在罕见病群体、公益行业中，发挥着重要的作用。

## 95%以上罕见病没有有效治疗药物

庞晓露：奕鸥您好，请首先给我们介绍一下这个瓷娃娃罕见病关爱中心的概况。

王奕鸥：瓷娃娃罕见病关爱中心成立于2008年的5月，主要关注的是成骨不全症，也叫脆骨病，还有各类的一些罕见病群体。

脆骨病是因为基因缺陷导致的一种先天性的遗传疾病，骨头会比较脆，很容易骨折，我们主要是针对这样的群体开展一些医疗上的援助，然后是生活、教育、就业方面的支持，以及心理和能力上的提升，另外还有针对社会公众做一些宣传倡导的活动，也会对政策提出一些立法上的建议。

庞晓露：怎么定义罕见病？

王奕鸥：罕见病在中国现在是没有定义的，但是世界卫生组织有一个定义，就是千分之零点六五到千分之一的发病率，叫作罕见病。现在已经列入罕见病的在世界上将近7 000种，其中95%以上都没有有效的治疗药物，不到5%的罕见病可能有有效的药物，但是都非常昂贵。

庞晓露：2015年是瓷娃娃中心成立的第七年，现在全职人员有多少？

王奕鸥：15个，大概服务了2 000多个病友。

如果说具体项目的话，有“钢铁侠计划”，这是医疗救助方面的，每个患者可以有1.5万元的医疗救助；生活支持方面主要是教育，如果没有办法顺利进到学校里面，我们可以做一些协调；就业方面，提供一些就业的岗位、机会，比如跟淘宝云客服合作，提供淘宝云客服的一些岗位，让大家可以自食其力；也有一些是关于心理能力提升的项目，比如自立生活，让大家能够成为一个独立自主、自己决定自己生活的人，这包括另外一方面，就是I CAN罕见病青年协力营，培养社群当中一些很优秀的年轻人，让他们能够为自己的病友、这个群体多做一些事情；公众宣传、社会融入，像冰桶挑战或者其他的一些宣传类的活动，也会一直做。

我们这五个层面的工作是按照一个人的成长过程中不同的阶段需求来做的。第一个医疗康复层面的工作，其实就是针对最基本的身体上的改善，因为很多瓷娃娃是因为频繁的骨折导致骨头畸形、骨头很脆，有的病友成长过程中要经历几十次，甚至上百次的骨折，很多病友的家庭很难支付得了这样的医疗费用，所以在医疗康复层面我们会有一个项目，叫“钢铁侠计划”。

“钢铁侠计划”会帮助18岁以下的成骨不全症的患者，通过手术、药物和康复三种治疗方式，综合性地干预，每一个家庭会有三万元的支持。

庞晓露：这个计划会改善他们身体的现状吗？

王奕鸥：这个病没有办法治愈，没有办法从基因上去改变，所以说“钢铁侠计划”只是能够支持患者最大程度地改善身体的状况，接近正常人的生活水平。比如说，以前会一年骨折50次，通过治疗之后可能一年骨折10次。又比如有的患者之前只能躺在床上，骨头是畸形的，通过一些手术和康复，他的腿可以慢慢地变直，慢慢地恢复行走的功能。像这样的一些治疗上的干预，对患者的身体改善会比较有效。

庞晓露：那为什么选择是18岁以下的呢？

王奕鸥：因为成骨不全症最佳的治疗时间年龄段是18岁之前，就是成年之前。

庞晓露：最佳的治疗时机？

王奕鸥：对。

## 相同经历的人之间互助的力量可能比我们想象中要更强大

庞晓露：“梦想支点”是怎样的项目？

王奕鸥：罕见病的病友在日常生活过程中遇到的一些困难，比如说有一些贫困家庭的生活有问题，我们会通过一对一、小额资助项目，每个月给予生活上100—200元的小额补贴；如果有的病友在教育上入学有困难的话，我们会通过一些法律途径和媒体的帮助，协助病友们能够顺利地入学；如果病友有自己的想法，想要创业，我们会通过梦想支点这样的项目给他一些创业的启动资金；如果他要组建自己的家庭，我们也会有“爱巢援建”这样的计划，结婚的话会帮助他们配置家电等等。

庞晓露：非常人性化的一些关怀。我看到关于关怀服务里面的推荐项目，还有一个全国病人大会。

王奕鸥：是。瓷娃娃全国病人大会是针对我们全国各地的这些病友，每两年一届的一个固定项目。

因为很多瓷娃娃平常都是很难走出家门的，我们希望通过这样的聚会，让大家意识到在这个社会当中，有很多是跟我们有着共同命运的病友。因为这个病发病概率很低，一万个人里面有一个，所以很多病友在他们村子里可能就只有他一个人，会觉得为什么我们家是这样的，为什么我的孩子是这样的，家长也会觉得很孤单、很无助。村子里的人有的时候也会说，你这孩子怎么这样的，就会有一些负面的情绪。我们通过这样的聚会就发现，当病友聚在一起的时候，大家相互给予的那种支持和力量是很有帮助的。身体条件差一些的病友，他看到那些状况好一些、可以走路的病友，他就想我不能放弃，我继续治疗，就可以像他一样，可以走路，可以正常地生活。

庞晓露：您刚刚说可以给他们一个交流的平台，他们平时在自己的日常生活当中，很缺乏这种交流吗？

王奕鸥：因为很多病友的发病概率都非常低，他在当地可能就只有他自己，周围也没有跟自己类似的这种病友和家庭，很难寻求到一些同类的支持，尤其是家长在刚刚有这样的孩子的时候，他会说如果我能跟其他的家长交流一下就好了，怎么样照顾他，他的未来是什么样的，在他成长过程中需要注意什么，但是发现没有可以交流的对象。

为什么说病友大会是一个交流的平台？就是大家来了之后发现大家都是一样的，有一些年龄大的，可能他就经历过了那个过程，然后一些年龄小的病友的家长，就可以问他很小的时候怎么样走过这样的一条路。包括一些医疗、康复、护理方面，很具体实用的信息的分享，大家就知道，当我在面对这样的一个家庭成员的时候，我该做些什么。

那些身体状况好一些的，他看到那些只能坐在轮椅上，或者只能由父母抱着的病友都还没有放弃的时候，他会觉得那我为什么要放弃，我要更好地去面对自己的未来。病友相互支持的力量是很大的。

并且病友大会的聚会让大家有更多的机会学习到新的东西。比如说我们去年（2013年）的病人大会邀请意大利的医学专家、康复专家，来告诉大家平常到底应该怎样护理我们的病友们，他们怎么样锻炼、康复；也会邀请就业方面的专家，告诉大家我们在现有的身体状况下可以做哪些事情；同时也会通过一些像病友之间的故事分享，让大家有一些相互间的沟通和影响。

去年我们也举办了一场婚礼，两对瓷娃娃在现场结婚，这对其他的病友也是一个鼓励。

庞晓露：明白，就是有相同经历的人，他们之间互助的力量可能比我们想象中要更强大？

王奕鸥：是。

庞晓露：刚刚说到瓷娃娃全国病人大会能够让病友们学到一些新的东西，其实我们关爱中心一直很关注让病友学习，四个层面的工作里面有一项比较重要的，就是一个赋能的培养。

王奕鸥：赋能培养是从2012年开始启动的，因为全国的病友太多了，如果我们一个一个去服务的话，也不是能力范围内能够服务到的，相对病友数量，帮100个、1 000个、10 000个都是有限的。

我们在2008年到2011年这几年工作里，发现其实病友本身也是很有能量的，不是一个单纯等待被救助、被帮助的病友，他们自己也可以发挥很大的作用，去帮助其他病友。所以我们第三个层面就是赋能培养这个部分，对于那些比较积极对待生活，然后自己又有想法去帮助其他病友的病友，对他们进行一些培养。

## I CAN罕见病青年协力营之后会有长达半年的陪伴式成长

王奕鸥：我们选了全国各地十几种罕见病中18—30岁的青年人，对他们进行一些集中的参与式培训，还有长达半年的陪伴式成长。通过一些共融艺术的方式，去引发他们对于自己生命和身体的接纳和认识，同时通过一些社会行动，来锻炼大家做事情的能力。基本上会在这样的一个过程中，培养这些罕见病人当中的优秀的青年人。

7月底的时候有一个星期的集中、封闭式参与培训，我们请到了香港的音乐老师，带着大家通过音乐表达自己，创作了一首原创歌曲。大家在那个过程中通过音乐来表达自己想要说的话，然后也通过音乐接纳自己原本跟很多人不同的生命状态。

很多病友刚来的第一天，比较羞涩，相互打招呼都是很含蓄的，有的病友也不好意思讲话。通过一个星期的培训之后，大家每个人都变得更开放、更积极，然后开始去关注别人的需求。

在最后一天，他们面对500多公众大声地演唱自己创作的歌曲，每一句歌词都是他们自己集体创作出来的。他们在那个台上大声地唱着说，我要告诉世界、我要什么、我要怎样怎样的时候，每一个人都说着不同的梦想，那个场面给我的震撼是很大的。我觉得每一个人心里面都有很多的梦想，这些罕见病的病友也同样有着自己的梦想，他们一直在努力，也希望整个社会是可以听到他们的声音的。

但是我们不希望他们回到各自生活的地方之后还是像原来一样，还是有一

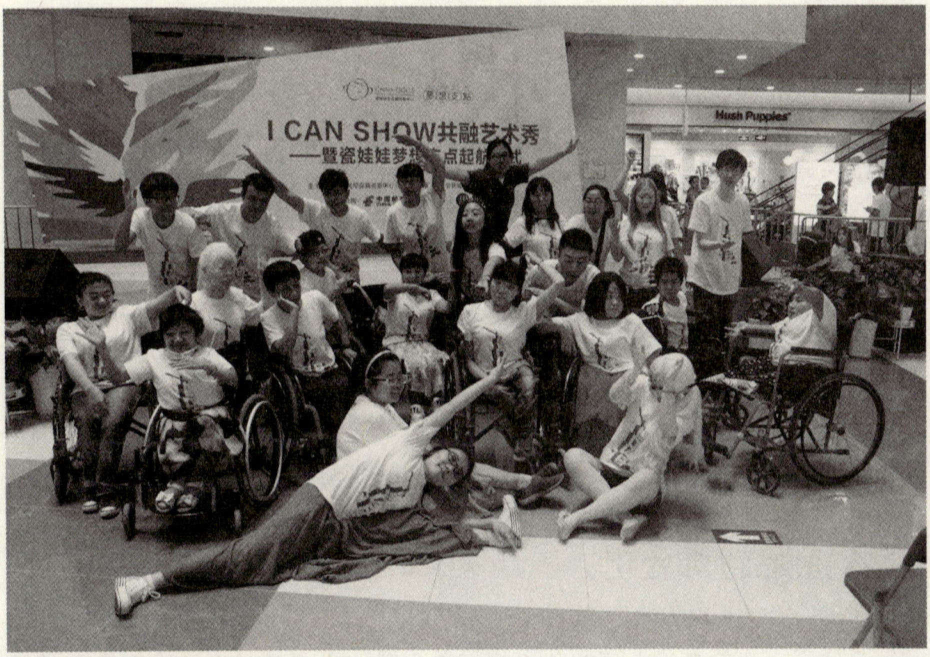


协力营融生舞蹈秀·梦想支点启动

种无力感、孤单感，所以我们分了三个小组，也有提前安排一些课程，告诉大家现在很多青年人都在做一些什么样的事情，然后我们分了小组之后，大家就按各自不同的小组开始行动。每个小组会有小组长，在这个过程中，跟残障群体、跟疾病群体打交道比较有经验的一些朋友，每天都会打电话，他们相互之间会有沟通，比如我这一个星期的生活状况，我有什么样的新的感受，我从协力营的这一个星期回去之后，我有了一些什么样的变化，但是我还会遇到什么样的问题，这些问题这半年都会有人去协助他。

庞晓露：就是会有一个很长时间的跟进？

王奕鸥：对，会有很长的时间，我们叫作陪伴式的成长。这一个小组的成员也会在这半年时间内设计一个项目，比如有一个小组他们是圆梦行动，帮助其他的罕见病病友去圆一些梦想，他们小组有一个完善的方案，怎么传播、怎么样吸引公众、怎么样收集梦想、怎么样去完成梦想，他们会有不同的项目书。还有的小组是设计其他的项目，比如上一届还有设计真人图书馆，到现在已经一年多了，他们还在做真人图书馆，这个对于大家的影响还是蛮深的。

庞晓露：对，想法还非常多。您刚刚提到一点，协力营一开始会有一个集中的培训，但是您会很担心那些病友回到自己各自生活的环境之后，还是会回到原来的状态，所以其实我们公众对于一些罕见病的病友，可能理解认识还是不够，是吗？

王奕鸥：对，其实平常会遇到蛮多问题，比如在找工作、在上学，然后在组建家庭方面，都会有一些误解，比如说白化病的小朋友他进到幼儿园会不会传染给其他小朋友？其实是对这个疾病的无知，不知道这个是因为基因缺陷导致的，他只是外貌有一些不同，其他的智力各方面都不受影响，也不会传染。还有比如说瓷娃娃去找工作，企业会觉得瓷娃娃那么容易骨折，会担心你来我这儿工作要是骨折了怎么办？每天会有很多的风险，就会有一些担心。他不知道成年之后的瓷娃娃其实病情是稳定的。

## 冰桶挑战的本土化

庞晓露：冰桶挑战从美国传入中国的时候，是瓷娃娃第一次把它变成了中国模式。怎么会想到这样做？

王奕鸥：当时也是新浪微博跟我联系，说有一个活动在国外还比较火，看愿不愿一起在中国去推动这样的活动。因为跟罕见病有关系，所以也正好可以借这个机会改善罕见病在中国的公众认知。

我之前也有听说这个冰桶挑战，在美国就已经很火了，所以当时就觉得没有问题，然后就决定一起在中国推动这个冰桶挑战的中国模式。根据中国的条件、环境做了一些调整，因为在美国是你不浇水就要捐款，比较强制。我们在中国主要是强调说，可以浇冰桶，也可以捐款，然后也可以只是一次转发，即降低这个活动在中国的门槛，也没有特别强调募款的那个部分。

因为我们觉得这样的活动在中国最重要的意义，其实是对罕见病这个群体的一种传播，大家可以很低门槛地参与进来，哪怕你只是浇一桶水我们也欢迎，哪怕只是针对那个微博点个赞，我们觉得也是一种关注，这个关注本身就很有力量。这个活动最后做下来，47亿的阅读量，已经超过了当时对鲁甸地震的关注度。

几百万人参与这个活动，直接浇冰桶或者捐款，也有很多人开始深度地关注到罕见病这个社群，媒体也有深度的介入，当时那一两个月各大媒体基本上都参与进来了。

庞晓露：是，那两个月我基本上看到所有的网页头条上面肯定会有关于冰桶挑战的一些新闻，但是同时也有人会质疑。在美国，冰桶挑战是关注渐冻人的，所以它就是以冰水浇进来，以身体慢慢地冻僵的这种模式去模拟渐冻人的一个状况，那进到中国大陆之后变成了关注瓷娃娃，他们就会质疑说，怎么会跟瓷娃娃有关系。

王奕鸥：我觉得是这样，冰桶挑战本身就是很开放的一个活动，因为它一开始的起源是在新西兰用于癌症病人的募款活动，大家浇个冰桶，你如果不浇，你就给那个癌症协会捐钱，这是一开始的起源。到了美国对象就变成了渐冻人，包括在台湾地区也是。

在中国大陆我们觉得它可以跟整个罕见病社群有连接，就是包括ALS在内的各类罕见病社群，其实都是可以在这个活动当中受到关注的，不一定是一种疾病，当然可以以这种疾病为主。每一次这种活动大家都可以参与，都可以做。

庞晓露：您觉得这一次瓷娃娃成功了，它的关键因素是什么？

王奕鸥：关键因素，我觉得一方面就是这六年多的积累。

这六年多，在整个的罕见病社群，瓷娃娃一直在很扎实地做工作，不管是医疗救助、生活，还是心理能力，都有一个很好的社群基础。另外，瓷娃娃罕见病关爱中心在中国可能是唯一一个关注整体罕见病群体的，从脆骨病出发，2009年就整个罕见病的社群都有关注到，工作范围比较广。

还有一方面，瓷娃娃在这个事件过程当中的反应比较快。因为这样的活动，尤其是在现在这种互联网时代，如果一开始没有参与进来，可能后续就比较难。当时新浪微博找到我说，如果明天咱们这个活动不推出来，不接住这个事情，可能在中国的发展趋势就是浇冰桶，浇完冰桶捐款到美国，因为中国没有机构可以接这件事儿。所以当时瓷娃娃也比较快地处理了，在很迅速的互联网时代，可能需要公益组织迅速做出反应。

还有一个关键因素就是瓷娃娃的团队，在整个过程中我觉得表现得特别专业。从早到晚，大半夜才下班，每一个电话、每一条微博都很用心地在处理。在这个过程中有任何的疑问，包括你刚才提到的那种疑问，瓷娃娃都很坦诚地做出及时回应，并且主动召开公开的新闻发布会去回答每一个问题。我觉得这些细节都很重要。

瓷娃娃在这个过程当中比较倡导联合。像这样的项目，不是一家机构就可以完全从头做到尾，我们就邀请各类的罕见病组织，包括渐冻人的组织都参与进来，包括其他的虽然不是疾病类的组织，但也有关注到疾病服务的，也都通过招标参与进来，大家一起做事情。我觉得像现在这样的公益环境，其实联合、协作共同来做事情是很重要的。

庞晓露：就是收到这笔700多万元的捐款之后，联合其他的一些公益组织去商量怎么使用这笔善款吗？

王奕鸥：对，就通过招标。

庞晓露：现在这个善款的使用计划是怎么样的？

王奕鸥：现在550多万元是公开招标使用到渐冻人身上，大部分的钱是用到渐冻人这个部分，还有200多万元会用到各类罕见病上。

现在中标的组织是有10家，5家是渐冻人自组织，5家是其他的一些服务性的组织。像这样的一些组织，有的是申请呼吸机、氧控仪的发放，有的是为造瘘手术提供支持，还有一些是居家护理、上门服务的社工类的组织。正是各种各样的组织，大家可以共同参与到帮助渐冻人的这个过程当中。

现在这个招标已经结束，在签订协议和后续的执行。2014年11月27日刚刚开了首届全国渐冻人病友大会，这个也是对瓷娃娃之前工作的一个复制，瓷娃娃那个病友大会你说很好、很受益，那我们就把所有的经验分享给渐冻人的组织。我们把当时所有的报名表、资料，全部给他们，让他们也能够开一次病友大会。

## 去医院确诊的渐冻人越来越多

庞晓露：在全国大概有多少渐冻人，有数据吗？

王奕鸥：这个没有确切的数据，现在在一个医生随访中心的软件上有1 000多个病友，在瓷娃娃这边登记的有400多个渐冻人，因为它的发病概率其实比瓷娃娃还要低，有的说在中国有20万，有的说有七八万，在中国到底有多少渐冻人，现在还没有一个官方的统计。但是在冰桶挑战这个期间，很多医院的医生向我们反映说，去医院里面确诊的渐冻人越来越多，可能大家之前没意识到自己是这种病。

庞晓露：没有意识到是这种病？

王奕鸥：对，有的人他会混淆成肌萎缩、重症肌无力还有很多类似的疾病。ALS这个疾病，它其实是最严重的，相对于其他的渐进性的肌肉萎缩、脊髓侧索硬化症来讲，这个疾病会在3—5年内面临生命的终结，就是说从得病到病情最严重的过程很快，所以这个疾病的危害各方面比较大。

庞晓露：您刚刚列举好几种罕见病的时候，我就有一种感觉，罕见病全名都特别长，也特别难记，然后有一部分罕见病也是发病之后，很快就会失去生命，让人感觉很绝望，那会不会因此在筹款方面有难度？

王奕鸥：我觉得这是一个伦理问题。总有一部分人的疾病是无法被治愈的，但是我们认为，每一个患病的人，不能因为这个疾病无法被治愈，或者是生存的时间比较短，就意味着他需要被放弃。

我觉得这是一个需要去很深入探讨的问题。我们认为每一个生命，不管是什么样的一种状态，不管他还会有几年的生命期，他都有在他生存的这个时间内享受到有尊严生活的权利，每个人都有这个权利。

## 传播是基于做好社群服务

庞晓露：除了做好服务，我觉得瓷娃娃也是一个比较会做传播、推广的公益组织，像这一次的冰桶挑战，像之前陈坤的行走的力量等等，都和很多大咖合作。也在很多活动中，包括毅行者百公里，都有看到瓷娃娃的身影。瓷娃娃在做宣传方面还是很有经验的，有没有可以给其他罕见病的公益组织借鉴呢？

王奕鸥：我觉得，怎么样把精力更好地投入到服务社群，去解决社群的需求，这个可能是一个核心，传播其实是基于这些的。

庞晓露：但是很多的组织也都是挺能做实事的，可是他们就是没有人知道，没有人关注到。

王奕鸥：我觉得这个要有一个过程，但这个过程里面最重要的是要有这个意识。我确实踏踏实实做这件事情，那我是只满足于做这个事情吗？瓷娃娃如果只是说服务好这个社群，我能影响这2 000个病友就够了，如果我的使命就是这样的，那没有问题，不用传播，我就去解决这2 000人的问题。

但是瓷娃娃的使命是为罕见病群体建立平等、受尊重的社会环境，如果放在这样的一个大框架下面，就不只是影响社群，你还要影响公众。

怎么样去影响公众、企业、政府、不同行业的人？瓷娃娃的定位就是我们在影响社群的基础上，一定要影响到那些人。影响到其他更多方面的人，才能够促使我们真正地实现我们的使命，就是建立平等、受尊重的社会环境。我们在这样的一个框架下，梳理出来我们到底想影响谁，可能是政府，我们要影响它的政

王奕鸥在第三届瓷娃娃全国病人大会上

策；可能是企业，我们要让它更好地接收罕见病的患者，有这样的意识承担相应的企业社会责任；可能是学校，我们要影响它，让它能够接收这样的病友；我们要影响媒体，从传播的角度，怎么样能够去做一些平等的传播，做一些深度的、反映这个社会问题的传播。那可能就是分工不同。

庞晓露：最后一个问题，2015年您有什么愿望？

王奕鸥：2015年主要就是想建立病痛挑战中心，可以让很多罕见病的组织一起联合办公，大家有一个开放的环境，然后这个中心又是一个公众可以参与的地方。大家想了解罕见病的都可以来到这儿，来体验，来学习，来分享，还有一些求助的罕见病患者，他也可以在这里得到他想要的信息。基本上是建立这样一个开放的空间，明年我希望能实现。

庞晓露：其实我问的时候就已经猜到，您的愿望一定是跟罕见病有关系、跟这个机构有关系的，但是还想多问一句，撇开这个机构来说，您个人还有什么愿望吗？

王奕鸥：个人？就是跟我妈去更多的地方旅行。

## 记者手记

奕鸥的漂亮出乎我的意料。

在认识她之前我没有接触过瓷娃娃，所以当我见到她时，就被惊艳到了，无论在什么标准看来，她都绝对是美女一枚。我忐忑地跟她说话，不知道怎样采访特殊人士才能避免揭人伤疤。那样的忐忑本身，在某种程度上来说就是“区别对待”——而这多么没必要。脆骨病对她来说是一个特征，而不是一种缺陷。

似乎任何一个公益活动，传入中国本土之后，都可能面临被广大有才网友“玩坏”的风险。冰桶挑战也不例外。它让罕见病得到了大众层面前所未有的关注，也给瓷娃娃带来了很多不同的声音。从一开始的反应迅速，抓住冰桶挑战本地化的机遇，到最后面对质疑决定公开招标来使用善款，瓷娃娃罕见病关爱中心打了一场漂亮的仗。在我看来，若没有建立在对自己疾病接纳基础上的自信与包容，奕鸥和她的小伙伴绝对不会做出这样的选择。

我问过奕鸥一个很傻的问题，我说，瓷娃娃是无法治愈的，所以会不会影响到瓷娃娃的募捐？这个问题的潜意识是，这个病体的现状无法改变。在通过她了解了瓷娃娃这个群体之后，当“瓷娃娃”不再是毫无感情色彩的三个字之后，我对自己问出这样的问题感到深深的汗颜。这是一种赤裸裸的冒犯，冒犯每一个生命都应该享受的自由和价值。

奕鸥说过这样一句话：“当我们作为少数的时候，考验的是我们的勇气；当我们是多数的时候，考验的是我们的包容。”

从我做起，对与自己不同的存在多些包容吧。与诸公共勉。

# 汉达：
# 20年如一日服务麻风病康复者

■ 嘉宾：广东省汉达康福协会副秘书长张燕
■ 记者：庞晓露

听见公益

## 机构简介

20世纪80年代，随着医疗技术的发展，麻风病人已不再需要隔离。但直到现在，“麻风歧视”依然在很多人心里根深蒂固。在广东、广西、云南包括其他的一些省份，“麻风村”这个名词，代表着孤独、隔绝、闭塞。广东省汉达康福协会（简称汉达）成立于1996年，是目前国内唯一一家专门服务麻风康复者和患者的具有麻风防治专业背景的本土民间组织。汉达成立之后，一直致力通过动员社会资源，全面开展社会、心理、生理和经济康复工作，提高康复者的生命质量和生活质量，消除麻风歧视，共创和谐社会。目前，汉达的服务已经覆盖广东、广西全部麻风村和云南大部分麻风村，并在三个省份设立项目办公室，为康复者们提供生理健康服务，如义肢制作和安装，提供经济发展和社区管理经验，同时促进周边原住民与麻风村村民的交流沟通，消除歧视。

目前，汉达康福协会在全国超过200个麻风康复村开展工作，近万名康复者直接接受到项目服务。另外，由于汉达的坚持资助，康复村中走出40多名大学生，更多的志愿者也进入康复村，与康复者交流。

## 身体上的疾病治好了，社会和康复者的心理疾病没有治好

庞晓露：要聊汉达康福协会，首先要从创始人杨理合教授说起。燕子给我们介绍一下杨教授，也分享下自己为什么要加入到汉达的故事好吗？

张燕：杨理合教授他应该是中国麻风病防治第一人，20世纪50年代就开始追随马海德教授在中国参与防治麻风病。1960年，为推动全国的麻风防治工作，杨教授被派往广东潮安县开展麻风病的调查工作，并将发现的1 700多名麻风病患者集中进行治疗。此后，他受命奔赴全国各地，了解麻风防治进展，指导麻风防治工作，培训麻风防治医师。

他献身中国麻风康复事业五十多年，在最早的时候，他跟麻风病患者一起奋斗，治疗这个疾病。他到退休的时候已经差不多有70岁了，那时候，经他医治的这些麻风病患者都已经基本痊愈。但是在退休的时候，他发现，身体上的疾病治好了，社会的疾病和康复者他自己心里的疾病却是没有得到治愈的。所以，他提出要创立康复者自己的组织。

1994年，从在巴西召开的国际理想协会成立大会返回后，杨教授深入到广东各地的麻风康复村，将自己的想法及巴西的会议精神与康复者进行了分享，包括他的想法：我们可不可以成立我们自己的组织？当时跟他一起走访的还有三位康复者，各个康复村的康复者听到了这个会议精神和这个消息之后都非常积极踊跃，有大家积极踊跃的拥护，杨理合教授就开始为成立这个协会而奔走。

庞晓露：我感觉是一群可能在20世纪五六十年代被隔离的人，他们可能是更加想重新获得社会的一个……

张燕：认可和尊重。

庞晓露：对，认可，所以他们会抱团。那么他们当时的主要诉求是怎么样的？

张燕：对于麻风康复者来说，他们最大的一个诉求，就是渴望被接纳。我在汉达十年，我不知道在1996年成立的时候，他们当时的状况是怎么样的，但是我是2004年到康复村的，2004年和1996年之间已经差了8年，8年之后我进到康复村的时候，当我想要伸手去跟康复者握手的时候，他都会很犹豫要不要跟我握手。

庞晓露：他自己会很犹豫？

张燕：我要在他家里坐他的椅子，他会用他的袖子或他的任何东西，先把他的桌椅抹一遍再让我去坐。其实从这里看出，他不自信，这种不自信是因为他们

张燕跟康复者合影

得了麻风病，常年被家人、社会遗弃，觉得这个病是不洁的，是不能被接近的。再就是他们觉得自己因病残疾的手很丑陋，所以他对跟外人接触是很恐惧的。

想象一下，他们可能很多是在几岁、十几岁，很年轻、风华正茂的时候被隔离到一个村子里面，或者到一个完全没有生活条件的偏远地方去居住，全都是得了麻风病的这样一个相同的群体，在里面生活了四五十年，也没有跟外界有任何的接触。所以第二个诉求，就是他们长期被隔离，希望能够通过这样的一个自己的组织，抱成团，互相给彼此支持，同时他们也希望团结的力量能够让更多人去接纳他们，他们不再是与世隔绝的、很孤单、很角落的一个群体，不再被隔离在一个小小的地方。

## 他们待在康复村，不是因为他们愿意待在康复村

庞晓露：会不会是因为他们自己本身有这样的心理，所以即使到了80年代，当时已经有特效药了，他们已经治愈，隔离其实也没有意义了，可他们还是愿意待在康复村里？

张燕：他们待在康复村，并不是他们愿意待在康复村。

其实80年代有了特效药之后，一大批人是离开了康复村的。他们有的可以回到家里，有的是身体残疾没有那么严重，他可以回到社会上去就业，但是相当一部分人还是要留在康复村。不是因为他们不想回，是他们不能够回，很重要的一个原因

是他的家人和周围的邻居还不能接纳这件事情。那时候没有人相信麻风病是能够治愈的，因为他身体上的残疾已经存在了，那些后遗症已经存在了，各种面部的损毁和身体的残疾已经在了，没有办法去改变，那回到村里面已经不被接纳。回去家里面，家里人就直接说你走吧、你不用回来，闭门不开，或者躲开，或者把他撵走，都是很常见的事情。他们没有地方可以去，只能回到唯一接纳他们的麻风康复村。

庞晓露：那汉达进驻这些康复村去做救助的话，会针对哪些方面或者是什么项目？一来他们心理肯定是需要辅导的，二来他们也应该需要一个谋生技能吧？

张燕：其实我们在整个汉达成立之初，杨理合教授就提出了四大康复：生理康复、社会康复、心理康复和经济康复。从四大康复方面去着手，真正意义上去改善麻风康复者的生活质量乃至生命质量。

我们最开始在帮扶一些有需要的群体的时候，首要都是从经济康复这个角度去入手。麻风康复者不被社会接纳，是一个被歧视被不尊重的群体，最开始我们的想法就是如果能改善他们的经济地位，他们也许能被社会更多的人尊重和接纳。但事实上，我们那时候在广东的花都、清远、东莞很多的康复村都开展了一些经济康复项目，主要是种养殖为主，鱼塘、养鸡、种经济果树，经过头两年的尝试就会发现，没有改善社会大环境，光去发展经济是行不通的。因为康复村种出去的农产品，社会上没有人敢去买。

庞晓露：这个我在博罗康复村的时候也是有体会的。当时我跟一个康复者聊过，叫林伯，他就跟我说，他们在汉达没有开始蜂蜜养殖的项目之前，他们自己也养蜂，但他们的蜂蜜是远远低于市场价的，低价还卖不出去。

张燕：对，其实在康复村里，除了我们这样做，他们自己也想做一些事情去改善他们的经济状况，比如说在村里种一点菜、养一点鸡之类的。所以早几年的时候，他们有这个心，也有这个力，虽然他们残疾，但是他们还是可以做一些简单的农活，但是拿去市场卖不出，他们只能够自给自足。

庞晓露：社会的不认同不仅仅反映在康复者的产品卖不出去。前段时间，在上一个学年9月份开学的时候，我们就了解到在云南的小草坝那边，有一群小朋友上不了学，也是因为这个问题。

张燕：在云南那边歧视是比较严重的。像我们刚刚说的小草坝这个康复村，是我们今年新拓展服务的康复村，我们今年在访村的过程中，了解到这个村里面有40多个18岁以下的适龄儿童，他们一直没有书读。

直到去年的9月份，康复村的上级主管部门皮防院在康复村建了一个样板房，做他们的专门学校。学校就是一间教室，教室里面有一年级和二年级，一个老师教，同班分两个年级上，上一年级，二年级自修，上二年级，一年级自修，就是这样一个状况。

这个样板房也是教育局关注了麻风村的孩子教育之后才建的，但其实距离这个样板房10分钟路程就有一个完小，在样板房里可以听见完小的上下课铃声，但是这40多个孩子就是走不进完小。那我们把这个事情报道出去了，也受到了中央电视台，还有各方面媒体朋友的关注和报道。经过这些报道之后，在当地政府也引起了震动。曾经一度，这些孩子连样板房的学校都不能去，只能在家里面，也是经过了一段时间的沟通之后，靠政府的大力协调，这些孩子终于能走进完小，去到学校上学。

## 走一天路去谈恋爱

庞晓露：同样好的一个变化，我们也看到发生在云南。也是在去年，有一场婚礼是比较特别的。

张燕：对，去年11月份我们是为云南鲁夺这个康复村的康复者后代李开元筹备了一个徒步公益之旅的婚礼活动。新郎新娘其实都不是康复者，他们属于康复者的子女。

庞晓露：他们两个好像距离还比较远？

张燕：挺远的，应该要一天的路程。

庞晓露：走一天路去谈恋爱？

张燕：鲁夺它其实是在2013年11月份，从雪线下的一个康复村搬到一个自然村旁边，就接近公路的一个地方。没搬迁以前，它是在两个雪山中间的峡谷，不通路、不通电、不通水的一个地方。

庞晓露：对，这个算是汉达比较有成就感的一件事情。

张燕：对，因为这件事情也是各界力量的介入，才能让它在一年时间里面，把这个村搬下来，在能够居住的环境下让他们去居住。

新郎李开元其实是这个村里面唯一一个年轻人。他一直没有离开康复村，因为他妈妈是康复者，他是在妈妈肚子里的时候就被隔离到麻风村，所以他出生长大在麻风康复村，一直没有离开。因为他比较孝顺，他觉得他走了，他妈妈就一个人了，没有人陪伴，所以他一直在村子里面。

我们就觉得，这也是一个30多岁的小伙子了，很淳朴，就像小孩子一样，对外接触得不是很多，每天也就是上山挖挖草药，也不太会讲话。他妈妈的一个心愿，包括村里面老人的心愿，就是能够让李开元成家。我们项目人员在别的康复村服务的时候，就碰见了新娘春秀，他们年龄相仿，就给他们互相介绍，拿对方的照片给他们看。

是李开元先说的，春秀很漂亮，我们当时问他喜不喜欢，他不好意思说。后来他找他的院长，就是主管医院的院长，让院长带他去春秀那个村，去跟她见面。

庞晓露：看来这汉达志愿者的业务还挺多的。

张燕：对，我们还兼职了媒婆。

庞晓露：汉达也借此做了一次公益徒步的活动。

张燕：这几年我们也是在考虑，怎么能够使公益的活动更加多元化，能让公众更轻松地参与其中，让公众有收获，然后也能够让我们传递的一些公益理念，让大家有更深的体会。

公益体验游在广东也有，在云南也有。其实很多人在没有走进康复村之前，对麻风康复者这个群体永远都是蒙着一个猜想的画面，可能会很害怕，但走进去之后就会发现，康复者就跟家里的老人没什么区别。但因为他们曾经被隔离，隔离的这个过程完全是另外一个不同的世界，他们每个人身上都有很多的生命的故事，我们想让这些公众走进去，去听一听他们的故事，同时陪伴一下这些老人家。

## 他们会经常制造一些声音，比如吵吵架

庞晓露：而且我个人觉得，像这样的宣传方式的改变，也客观地反映出汉达在这20年的时间里面做的各类宣传的效果。如果是在20年前，根本都不敢去提公益体验游。

张燕：对，是完全不敢提的。我们现在活动的策划也都是根据一些康复者的需求的变化，还有社会对公众的接纳程度的变化去设计的。

早几年的时候，我们只能在公共场合涉及一些宣传活动，而宣传活动现场完全没有康复者存在。机构志愿者在讲康复者的事情，完全把这些当事人撇在一边，因为大家对这个群体还是不熟悉，会有心理上的害怕。

近几年，随着越来越多的志愿者走进康复村，社会容纳程度越来越高，我

们才开始去做这些深度体验游，大家可以住在康复村里面，去近距离地跟他们接触，才会有这一些活动的想法出来。

庞晓露：住在里面我还是受不了，倒不是说因为歧视的问题，而是我当时去到惠州博罗的时候，我有一个特别特别明显的感受，就是过了下午4点，他们吃了第二顿饭之后，那里一下子变得好冷清。

张燕：是的。

庞晓露：特别受不了这种孤寂。

张燕：那些康复村非常……怎么讲？在喧哗的大城市里面待久了，你很想去享受一个很安静的生活的话，康复村是非常非常适合的。但是像刚刚庞晓露说的，比方说你待久一点，当太阳日落之后，那个村里面静到你能听见自己的心跳声和呼吸声，非常地安静的时候，你会有点莫名地害怕。

庞晓露：而他们在这样的一个环境里生活了四五十年，想想就觉得……

张燕：所以他们会经常制造一些声音，比如吵吵架，这也是生活的一种乐趣。

## 在汉达这十年，最开心的时间是做一线的时候

庞晓露：燕子在汉达已经有10年了吧。

番禺–三水–增城三个康复村互访活动合影

张燕：是呢，有10年了。我是学社会工作的，一直想在一个公益组织里面工作，也是机缘巧合到了汉达，但到了汉达之后，我当时没有想到说我会留下。

最终促使我留下的，也是杨教授。很幸运的是，我是汉达新进员工里面最后一位能够跟杨教授一起出差的人。我第一次入村，那时候杨教授已经70多岁了，他还经常保持着去各个康复村了解他们的身体状况、需求状况的习惯，我就跟他一起去。

我那时候对康复村完全没有概念，对麻风康复者也完全没概念，我去村里面，看到那些老人家的容貌和手脚残疾的时候，心里面不能说是害怕，但是让我第一次见面，能够跟他们很热烈地去握手或者拥抱，还是很难做到的。对刚出社会的大学生，你看到一个两个的时候你不觉得什么，但是当四五十个人全都是这样的一个面貌出现在你面前的时候，你还是会有点紧张。

杨教授是一个很有亲和力的老人，他拉着我的手到康复村的不同人家里面去，跟他们嘘寒问暖，每个康复者见到他都像见到自己亲人一样，完全不避讳地拉着他的手，给他看他的伤口，或者看他的残端。村里的康复者看到杨教授就像看到了一个希望、一个家人、一个很温暖的人，会主动去靠近，他不会说把凳子擦一擦再给杨教授坐，不会这样。我的紧张就被完全融化掉了。

庞晓露：现在我看到的你，跟你描述当中的杨教授是差不多的。你去到康复村的时候他们也是很自然的，就跟家人一样去跟你聊天，也不会有任何的隔阂。但是在这十年间，你自己有没有坚持不下来的时候？

张燕：会有，因为做公益还是蛮累心的一件事情。我早几年是做一线，其实我觉得我在汉达这么多年，我最开心的时间是做一线的时候。

做一线等于说一个月里有10个工作日以上的时间是在康复村里面的，在广东的各个康复村里面开展各项服务，那时候我觉得是最简单、最快乐的。到后来做一些宣传性的活动，或做一些资源筹集方面的活动，会让我觉得比较辛苦。怎么去跟很多的公众，跟一些可以帮助我们的人说，这个群体是值得帮助的，他们需要你的帮助。

庞晓露：我特别能理解这种落差，可能之前你在一线的时候，跟康复村这些老人建立了比较深厚的感情，觉得他们就像自己的家人一样，可是突然间你要换一个环境，要去跟公众讲这个事情的时候，你没有办法把这些你自己看来理所应当的事情，去跟别人讲。

张燕：对，是的。后面我也慢慢调整自己，就像你说的，你认为理所当然的事情，别人不见得这样认为。因为我有几年的时间跟他们这样亲密地接触，才对他们有比较深刻的认识和了解。但是很多公众他们完全不知道这个群体的存在，所以后面也是觉得，其实应该要摆正心态去做事情，先让他们知晓，像杨教授说的，这种改变是要一点点来的。

## 汉达有专门的流动假肢车间，假肢技师却很难招

庞晓露：其实别说是你在汉达10年，我跟了汉达的采访1年左右，我的感觉都是，我完全不能接受为什么汉达需要一个假肢车间，我会觉得老人们如果真的有残疾，完完全全可以让假肢厂去给他们做。当时我记得我问这个问题的时候，有志愿者回答我说，因为有些假肢厂不愿意给他们做。

张燕：是的，其实汉达有很多项目服务，当我跟别人介绍汉达很多项目服务的时候，他们第一反应是，你们为什么会有这样的一个项目，好不理解。

庞晓露：对。

张燕：外面不可以做吗？为什么要投入专门的人和专门的设备去做这件事情，就包括我们的假肢车间。

最开始我们的假肢车间是固定的，项目车开到各个康复村里面去。现在通车了还好，车可以直接开到康复村，刚开始不是每个康复村都能够通车的，是我们的项目人员背着、扛着所有的器材，才能到村里面去做的。你要生产一条假肢，它需要一些打磨器材，需要一些比较笨重的物品，全都是靠人扛和抬拿上去的。

庞晓露：你最久的一次走了多久才进去？

张燕：我最久的一次是在云南那边，一走就是走半天，所有的东西背在身上走上去。我们11月份去昭通给他们发防护鞋、保护鞋，除了背自己必要的行李，还要去背康复者的鞋子和我们要工作的器具，背到山上走半天的那种山间泥泞的小路上去。

现在流动假肢车间就可以在现场生产，一天可以生产一条完全合用、高质量的假肢，很大程度上提高了我们的服务效率。

我们为什么要把假肢送到康复村里面去呢？因为市面上一条假肢最便宜都要8 000元，但是康复者他们每个人的生活费平均来讲就五六百元，一个月的全部生活费就这么多，他要存多久才能装一条假肢？这是一个经济上面的问题。第二个问题是，很多地方是没有人也没有机构愿意给他们做的。第三个，他们残疾，走

不出去，没办法到外面去做。

庞晓露：做假肢是一个技术活，汉达是不是有人专门负责？

张燕：是，我们有假肢技师，他在汉达应该有15年，比我更久。

庞晓露：像这样的一个假肢技师，他一年能有多少时间不出差的？

张燕：他出差的时间比较容易计算，他一年有三分之二的时间都在外面出差。

庞晓露：是全职的吗？

张燕：是全职。其实我们理想中是两个假肢技师，一个是助手，一个是技师，但是我们一直招不到助手。我们招了一个技师，因为各种原因不到几个月就离开，很难稳定。一个是薪酬没有办法很高，另一个是他们觉得长期出差很辛苦，而且又是去康复村，有时候我们为了降低服务成本，会住到康复村里面，而不是住在外面的宾馆或者酒店，他们会觉得这个很难长期接受，所以我们也比较难招到这样的人。

我们现在假肢就只有一个技师，他在汉达15年了，也是受杨教授的影响。杨教授曾经帮助过他，他就觉得滴水之恩将涌泉相报，他觉得应该用他的技术去帮助所有的麻风康复者，去帮助他们站立起来。

庞晓露：我们从前调侃说，做媒体是靠理想支撑的，我觉得做公益才是真正靠理想去支撑的一个行业。

张燕：其实都是靠理想和靠信念，你坚持自己这样的理念是正确的，你觉得你信奉它，你就可以去做。

庞晓露：所以我感觉现在汉达要做的事情还很多，不仅仅要去做宣传，让大家接受这些康复者，更重要的一点，还是跟自身这种长期的发展有关系，必须要他们接受像我们这样一种服务型的机构，我们需要更多的成本。

张燕：对，现在我们也是说能够倡导一些公益的捐助理念，比如服务性的公益组织是需要成本去运作的，它不是只是发放钱就能解决问题的。

## 对本地资源的调动掣肘汉达当前发展

庞晓露：你觉得汉达发展到今天，它还会面临怎么样的一些新问题呢？

张燕：我觉得不同时期有不同的问题，发展到今天来讲，比较大的一个瓶颈，就是我们对于本地资源的一个调动。

庞晓露：本地资源的调动？

张燕：对。因为汉达一直以来是靠基金会，特别是国际基金会的支持。从汉达创始到现在，有很多国际基金会对汉达的理念和汉达的服务非常认可，保持着非常好的信任关系，他们也能够接受和理解汉达在申请的经费里面包含人员费用，包含机构运作成本费。但到了国内，就没有那么开放地接受这个事情，他就要限定你的一些费用。

2010年开始，国际基金在逐渐缩减，不单只是对汉达，而是对所有中国的资助项目、公益服务的资助都在缩减，汉达也面临同样的问题。

国际基金会的资助资金在萎缩，我们这些项目也会受到影响，我们就必须投入力量去增强机构的传播、宣传的力量，让更多的本土的基金会、本土的企业和善者仁翁，去支持汉达做这方面的服务。

庞晓露：而且我发现，在做本土的互动的时候，康复者们也是有自己的想法和回报方式的。记得我后来也是跟汉达还有狮子会，一起去了中山的康复村，那一次我感觉是康复者们给我们的一个回馈。

张燕：是，其实康复村里有很多水果，龙眼、荔枝，之前有菠萝、葵花，有很多这种农产品。

康复者很淳朴，他们一直也很感谢社会各界对他们的帮助和关怀，像我们每年的品荔公益游，虽然他们能感谢的方式也不是很多。

品荔公益游是为假肢筹款的活动，大家捐了钱给这些康复者做假肢，可以帮助他们重新站立，他们能用什么来感谢呢？在康复村，就只有自己村里面种植的龙眼树，他们就很欢迎帮助他们的人能够到他们村里面去吃龙眼。就是用一种他们最简单的方式，像很多农村家里面一样的，你到我家里来做客，我把我最好的东西来呈现给你，希望你能够感受到我的谢意、我的敬意、我的欢乐，但其实这些龙眼他们自己平时都舍不得吃。

庞晓露：这样的互动真的是很鼓舞人的。因为我上次去中山的时候，看到有一个图片展，完完全全可以看到30年前它是怎么样的一个景象，然后现在这种欣欣向荣，你就会觉得你自己参与的这件事情是特别的有意义。

张燕：是的，在参与过程中你能看到，你的一点点的关怀和付出，对于康复者来讲作用是很大的。如果我们能够凝结更多这种一点点的关怀和一点点的付出，所有康复者他们的生活质量会发生很大的改变。

## 严谨、低调、有力量的汉达

庞晓露：能不能用几个关键词来总结一下汉达对你的意义所在？

张燕：在我看来，包括在很多人看来，汉达是一个非常踏实的服务组织，很踏实，很严谨。

庞晓露：从它的人员构成上我觉得我们就可以看到这一点，半数以上人员是在一线。

张燕：对，半数以上在一线，还有半数以上是在汉达工作了有七八年之久的人，比较稳定。虽然机构刚刚踏入第20个年头，很年轻，但是已经在比较稳定可持续地发展。它有一个固定模式在里面，就像每个人他有自己的一个性格和特点，汉达也有它自己的性格和特点。汉达像一匹马，就是比较低调，但是又很有力量，有奔跑的势头，是这样性格的一个机构。

庞晓露：好，最后一个问题，你在2015年有怎么样的愿望？

张燕：我们刚才说到那个昭通的小草坝康复村的小孩子，他们能够走进完小上学，对于康复村的孩子来说，这是他们的第一步。

去年10月份还去了云南别的康复村，也是在彝良小草坝不远的一个康复村，那里的孩子们也进到了学校，就去年3月份，他们应该是第二次跨入小学校门，但是他们面临的歧视更严重。他们进入了校门，但是他们进的那一天，学校的老师和学生全部停课，不愿意跟他们同校。很遗憾这种事情还在发生。

我今年的一个愿望就是，能够让这些因为歧视阻碍他们上学的孩子能够顺畅、开心地享受他们在学校的时光，心理上不再背负他们是麻风康复者后代这样的一个枷锁。童年都应该是快乐的、轻松的，尽管家庭条件可能不好，吃穿不是很好，但是童年都应该是开心的、有希望的，那我2015年的愿望，就是希望能够让这些孩子享受他们开心的童年生活。

庞晓露：我觉得也不仅仅是这些孩子，我们也希望看到社会各界对所有的这些康复者都能够有一颗更大的包容心，因为他们真的是比我们想象中要更加开朗，也没有像我们想象中那么恐怖，这样的一些词语根本不应该用在他们身上。

张燕：是，其实在我们想要去认识一个群体的时候，我们先不要预设他们是一个什么状况，而是可以先去了解，然后再去做判断他是怎样的一个人，这是怎样的一个群体。

## 记者手记

麻风病可能是我在所有的特殊人士群体采访中最轻松的，因为它是有特效药可治愈的疾病。

这是我在接触汉达之前的想法。

在汉达，我看到的是一个个偏远的麻风病康复村，叫作“村”，也无非是为了多一份人情味，这里在20世纪五六十年代是医院的隔离病区，康复者们年轻时候被送进来，有的人就再没有离开过，直到很老很老，直到离开这个世界。一天被拉得像一辈子一样漫长，一辈子，也像一天天的日子一样重复沉默。他们接受自己因为麻风病而残缺的身体，接受有“家”不能回，接受隔离和歧视——我想象不到这里天黑的时候，天有多黑。

但是只要努力去改变，念念不忘，必有回响，不是吗？医学已经消除生理的疾病，汉达做的就是继续消除心理的歧视与“隔离”——后者似乎比前者难很多，但不去做怎么知道能做得多好？

汉达踏入第20个年头了，张燕在汉达也到了第11个年头。去年（2014年）我再跟她去康复村，看见村里的爷爷奶奶们待她的亲，看见她的耐心和认真，看到越来越多外面的人愿意进来当志愿者，看到爷爷奶奶们越来越开朗的笑脸，看到一个个康复者在村里养蜂、种果树、养鱼、种荷，一派桃源美景。

虽然现在在很多地方大家对于麻风病仍然心存芥蒂，但是因为有汉达，有更多愿意进入康复村的志愿者，我对“一个平等，没有麻风歧视的世界”的到来充满信心——只是，麻风病康复者们大多都老了，我们要更快些了。

# 碧心基金：
# 剪不断的爱

■ 嘉宾：碧心基金理事长区建业

■ 记者：庞晓露

听见公益

## 机构介绍

2011年，广州白血病女童小碧心急需50万元手术费，碧心爸爸刘任能是发型师，希望有尊严地接受帮助，坚持靠自己的手艺为女儿筹款。这一消息感动了许多广州媒体人士，除大力报道外还成立“全城义剪”公益联盟，活动当天先后有2 800人进场捐款或者剪发，参加义剪的发型师傅接近200人，募集86万元善款，爱心轰动全城。

这些钱虽然最后留不住小碧心，这份爱心却延续下来。全城义剪的发起人成立了“碧心基金”，以关注重症青少年。成立三年来，碧心基金为援助更多的“小碧心”付出了许多努力。2014年，碧心基金携手各公益机构为来自全国的300余名贫困重疾人士提供了共约500万元善款帮扶。

目前“全城义剪”已成为广州的一张公益名片，一年数次的公益活动办得有声有色。刘爸爸也开了一家发廊，在固定时段为困难者提供义剪服务。剪不断的爱，一直在延续……

## 全城义剪是一场有尊严的慈善

庞晓露：我们今天请到区先生，主要想聊一下碧心基金，还有从2011年的全城义剪开始的一些公益故事。首先请区先生给我们介绍一下，当年的全城义剪是怎么样的一个情况。

区建业：当年，我记得是刚过完春节，大家都沉浸在过节的气氛里。但是有一个家庭，爸爸刘任能他本来是一个发型师，他女儿得了白血病，所以那段时间，他一直通过他的手艺，就是帮人家剪头发，去为女儿筹款。因为除了这样，他也没有别的选择。他之前有向我们（注：广东狮子会）求助过，当时我是以理事会的身份去接受他们的个案，答应给他们资助。

但是他的资金缺口还是比较大的。一个白血病的个案，从开始治疗到找到骨髓，到换骨髓，到后期的康复，少的可能三四十万元，多的可能要七八十万元，甚至过一百万元。这个数字对于一个普通的家庭来讲，是个天文数字了。

那时候刘爸爸也真的想了很多很多办法，包括向媒体求助。那天我无意当中打开电视，看到他在为碧心做筹款，并且想发动一次全城的义剪，我看了之后就很有兴趣。因为这个个案，之前我们有跟进过，也捐过两万块给他，但也不知道后续状况是怎样的，所以就再主动跟他接触。接触之后，通过广东电视台、南方电视台等各大媒体，一起为他发动了一次全城的义剪。

2月12日，我们发起义剪。其实刚刚过完春节，整个社会都洋溢着过节的气氛。刚好那个时间，没有什么太多的社会热点。我们选择那个时候开始做，也是一种尝试。

结果反馈非常好。因为在广州，各大媒体是很难联合去做一件事情，都是各自为战，新闻、热点都想自己是首播。

庞晓露：想独家。

区建业：对。所以，也正是因为公益这个项目可以让这些媒体坐下来一起开会，一起说，我们大家都不要抢，我们一起去做。所以，整个全城义剪让各大媒体联合发稿，也感动了很多的学者。

很多人，当他需要帮助的时候，可能会在街上写一张纸，我怎么穷，我需要什么样的帮忙。当然，这种是无可厚非的。但是，刘爸爸他是通过自己的手艺，去为他女儿筹款。当时有一位学者提出，我们这种模式，叫“有尊严的慈善”。我不是求你给我，我是通过出卖我的劳动力，然后你捐多少给我，是随着你的心意。全城义剪也开创了一种新的公益领域，叫“有尊严的慈善”。

庞晓露：对于这一点我是特别有感触。记得当时去采访刘爸爸的时候，他也跟我说过同样的一件事，就是说当时一家广州媒体去帮他的时候，他正好在外面理发，媒体请他配合采访，但他不太方便。我们做媒体的，确实在

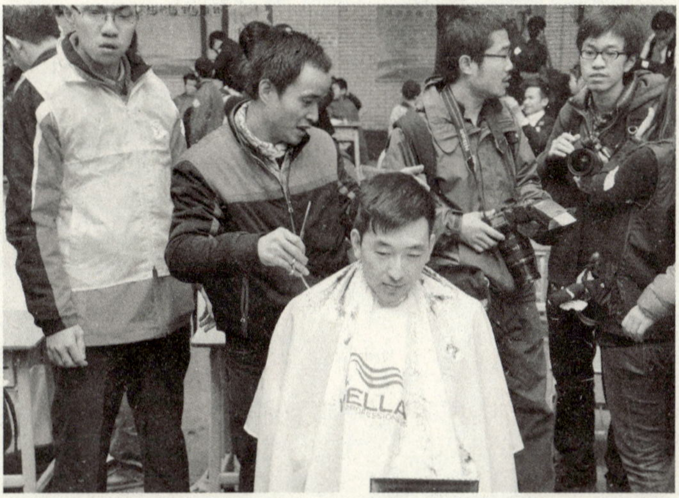

全城义剪救助白血病女孩刘碧心（中为区建业，发型师为碧心爸爸刘任能）

很多时候需要一些配合。可能在刘爸爸看来，这样的配合是侵犯到了他的尊严，所以他拒绝了。这个事情给我的感触是非常深的。

区建业：而且那个时候微博刚刚兴起，当时我们也是感动了一些明星，比如说湖南卫视的主持人、广东的很多明星，都主动跟刘爸爸说，你过来帮我剪一次头发，这样通过媒体又形成了一个明星效应，所以做下来我们筹得了80多万元。后来第二次又筹了几十万元，总共加起来有100多万元的善款。

庞晓露：您刚刚提到了很多因素，媒体、明星还有广州市青少年发展基金会，我觉得这像是全社会一起联合来做的一场公益，而这种事情可能之前在广州，我都没有见到过。您觉得为什么大家那时候都会不约而同地选择碧心这个个案呢？

区建业：可能也是因为她爸爸的这份坚持吧。她家庭也真的非常的不幸。她妈妈本身有一点点癫痫，一直都是通过药物来控制的。阿能呢，他做发型师收入也不是很稳定。所以当他女儿得了这个病之后，整个家庭陷入了困境。

而且我们也接触过小碧心。她虽然已经在医院住了很长的时间，但是她依然很活泼，很开朗。我们去医院探访她，她主动跟我讲，哥哥，可不可以跟我玩一盘五子棋。她是一个很活跃的女孩儿。所以我们都觉得，如果是因为筹不到资金而让她离开这个世界，就太可惜了。

当时这两种精神一直打动着媒体，打动着每一个人，所以大家都愿意去支持她。

## 要“出格”才能打动大家捐款的热情?

庞晓露：确实像碧心这样的情况，在我们身边还是蛮多的。如果现在再出现一个刘碧心的话，您觉得还可以做到像当年那样吗，或者说更好?

区建业：不同的形式吧。因为现在的个案确实有点多，你说每一个个案都要做到像全城义剪那样，发起全城的媒体去关注救治，而且都是自发的，这一点是难度很大的。

但是在这几年里边，我们也正是因为有一个需求，所以像雨后春笋一般，发展了很多各种各样的机构去做重症救助，所以现在求助的渠道是比当年多了很多的。

庞晓露：有没有担心过，这样的活动如果常态化之后，大家会麻木？或者会在想，你是不是在作秀?

区建业：这个就是要看当事人的处理方式了。毕竟我们面对的是一个生命，如果你能够帮助到她，她可以重生，你帮不了她，她的生命就有可能完结了。所以，面对这种事情，我们也顾虑不了那么多，能够怎么做就怎么做。

前段时间在四川有一个爸爸，为了救女儿，乔装成妇女在街上卖卫生巾。这种是不是作秀？我现在不敢肯定，但他已经达到他的效果，他通过这种方式，帮他女儿募集到了40多万元的善款。

但很多时候，我们是不是一定要绞尽脑汁，想尽卖点，才能够打动到大家对捐款的热情呢？这是值得我们深思的一个话题。

庞晓露：确实是这样。我想起前不久在北京，一个爸爸为了筹集给儿子的医药费，在地铁口当人肉沙包。还有您刚刚提到的四川的爸爸乔装成妇女卖卫生巾。这样的事情会让人家觉得，为了筹款就一定要这样做，俗称是没有节操的事情。

我举个反面的例子。之前一次在学校里面举行的义剪活动，刘爸爸在给人理头发，旁边有另外一个爸爸号啕大哭。他因为没有钱给孩子治病，导致孩子离世，他特别伤心。我想他应该没有去使用一些“出格”的方式。是不是如果我不博出位，如果我不博别人的眼球的话，可能我的孩子就没有机会了。您觉得呢?

区建业：其实这需要创造奇迹，奇迹的出现，才有可能把整个局面扭转。但一般的情况下，不会出现奇迹。

奇迹的发生需要你做很充分的准备。你已经置之死地而后生，你已经把你的面子等所有可以放下的东西都放下，然后去找到一条路，这条路有可能就是我们上述所讲的这种方法。然后才会有奇迹的出现，得到大家的怜悯，很快速地得到他想要的结果。

庞晓露：我明白了，您的意思是说，如果正常情况下，他以正常的、传统的方式去求助的话，可能不会产生像全城义剪这样的奇迹。

区建业：对。因为这个病是跟时间赛跑的，她不可以等，所以越早做手术越好。如果你正常申请，走流程，各个机构去写报告，或者通过其他的网络途径，慢慢求助，可能没办法在一天两天内筹集到善款。所以他们可能用这种叫“奇迹”的方法。

## 要找到感动点，用商业模式做公益

庞晓露：我们做一个假设，假如那个爸爸，他的孩子没有离世，假如那个爸爸跟刘爸爸一样，一开始就找到了您，您会怎么去处理？

区建业：首先我们自己会有基金，当然我们的基金也是有限的。如果这个有限的基金还不能够帮他完全解决问题的话，我们再发动内部的筹款。

其实我们不是说什么个案都马上找媒体来报道，扩大影响力去筹款。比如十来二十万元，我们可以通过内部发朋友圈、微信群，每个人捐五百、一千。能够内部解决的，我们就没有必要再把它扩散出去。

但如果这个个案面对的金额是巨大的，那么我们就要寻求帮助了。我们可能会找媒体，但媒体的报道不可能天天都说他怎么穷、他有一个什么样的病，在这个过程当中，应该挖掘到这个个案背后的故事，找到感动点，这样可以打动更多的大众关注这个个案，他也可以更快速地得到帮助。

庞晓露：全城义剪确实是有很多的感动点，比如说刘爸爸有尊严地接受慈善，或者说是碧心的开朗。这些经验可以借鉴给其他救助个案。

区建业：没错，我们撇开公益慈善，用商业的角度去看一些问题。苹果手机为什么那么成功？同样价格，同样都是一个机壳、一个芯片，它为什么比别人卖得好？是因为它有一个很成功的商业策划方案。我们看到的市面上所有的品牌、所有的商业机构，能够耳熟能详的，能够打动到消费者愿意在这么多的物件当中选择买它的，是因为它有一个独特的策划的方案在里边。

所以同样的，如果把这个商业的模式放在我们公益领域，你怎么样快速打动你的消费者，就是打动捐助人，能够唤起他的怜悯心、善心，能够让他觉得，我同样想捐一千块，我捐给谁呢？

在各种类型的个案里边，我们会用我们商业领域的思考模式，帮他策划一个落地的方案，推出之后，又得到大家的回响。

庞晓露：没错，用商业的思维模式去做公益，尤其是做大病救助特别地有效，也是特别值得大家去借鉴的一个经验。

## 碧心基金做重病救助，救命不是唯一的目的

庞晓露：在传统的慈善领域里面，大病救助一直是一项需要很多很多的人力物力资源，需要全社会一起同时介入才可以解决的社会议题。而在现行的情况下，我们不敢说制度特别完善，公益组织能做的事情也不算太多。您觉得，在这种情况下，应该怎么样去为这群重症儿童提供最大最有效的帮助呢？

区建业：其实我们已经在不断总结，也有很多新的机构愿意加入到这个团队里面来。当初我们选择碧心这个项目，心里面压力特别大。因为纵然我们筹了一百多万元，她还是走了。很多很多的个案，它不一定就是因为我筹到了钱，他就可以留下来。从重症救助生命的角度讲，同样是达不到帮助目的的。

但是从另外一个角度来看，像碧心，她虽然走了，但她的这份精神留在了这里。通过碧心，我们成立了自己的专项基金，成立了自己的民办非企业机构，不断得到社会的认同，继续帮助到更多更多的小碧心，它的意义就在这里。

人，你没办法控制自己什么时候来这个世界，也没有办法控制什么时候离开这个世界，你来这个世界到底是为了什么？可能不是每个人都知道这个答案。但是像碧心，她来了这个世界，她的答案就很简单，她创造了一个碧心基金。纵然她只有十多岁，很短的人生，但是她给后人留下来的东西是无限的。

庞晓露：碧心基金是当年在碧心走之后，众多发起人包括刘爸爸拿这个善款去做成的，专门救助各类的重症儿童。现在基金的运转情况怎么样了呢？

区建业：通过这个个案，我们成功地在广州市青少年发展基金会下面开了一个子项目的基金会，叫碧心儿童救助基金会。在前不久，2014年12月，我们成功地注册了民办非企业组织。

筹款方面，通过媒体，通过各种新生的界面，像支付宝、腾讯公益，我们不

断地得到社会的支持和认同。在2014年，我们筹到了200多万元的善款。

在筹到善款之后，我们也没有间断过，一直在支持重症儿童。在2014年我们资助了43位重症患者。未来我们还是会继续践行对重症儿童的救助。

## 碧心基金打开了重症救助的一扇窗

庞晓露：您本身是一个企业家，在商业的运作方面非常有经验，您把这样的思维模式带到了碧心基金，对于碧心基金的筹款、宣传都非常有助益。

区建业：毕竟这个社会的资源是有限的。但幸好，我们沿着当年掀起全城义剪的浪潮，还是得到了很多媒体、机构、爱心人士的继续支持。因为通过全城义剪，我们把重症救助的这一扇窗打开了。

打开了这一扇窗之后，在这个重症儿童的群体里我们看到不断有人进，也不断有人出。所以，这些个案让我们不断地去感召着社会的相关资源。目前，通过网络上筹款是相对比较容易的。比如说我们挂在支付宝平台，基本上每天都有两到三万块的善款。

庞晓露：碧心基金筹款的方式是常态化的，是月捐呢，还是活动这种？

区建业：目前来讲，我们还是以结合活动的形式为主。比如说，很快要春节了，可能会有很多的病人没办法回家，还要住在医院。我们会跟各大医院发起活动，去到各个医院免费义剪，义剪完之后，我们会跟他吃一顿团圆饭。

我们策划这些项目活动的时候，同样会拉一些赞助。有一些商家愿意支持我们，比如说，我的目标是要筹集500份的新春礼品，可能需要米、油、瓜子、花生和各种各样过年的礼包，我们会配送这些礼包，送给住在医院的病人。

我们通过这种形式的活动，可能会拉动一些商业机构，反正年底他们也需要做一些商业宣传、推广，不如捐给公益机构，然后我们通过媒体的力量，反而又帮它宣传了，它的口碑也建立起来了。所以我们会经常通过搞活动的这种形式，向社会进行募款。

## 让全城义剪成为广州名片

庞晓露：我们用几个关键词来形容一下碧心基金从2011年开始，到现在一路走来的一些成绩。

全城义剪三周年纪念活动——关爱重症青少年

区建业：首先是“全城参与”，然后是“有尊严的慈善”，还有就是“全城义剪”。通过剪头发这个形式来做公益，应该是我们首先发起的，可能之前其他组织也有一些简单的义剪，但是达不到我们的效果。

我们也有想过，我们可不可以像马拉松，每年都举行一场全城义剪，使它成为广州市的一张名片。

庞晓露：全城义剪确实是坚持下来了，每年都在做啊。

区建业：但是我们没有形成像马拉松那么具有品牌性的运营。但如果每年我们办全城义剪的时候，市长也会来剪，是不是就会形成一个品牌？广州就不止每年有马拉松，还会每年都有全城义剪，全国没有一个城市有这样一个品牌，所以全城义剪也是一个关键词。

还有“生命救助”。因为现在做起来之后，我们觉得不单只是给钱那么简单，其实更多可能是需要心理的干预、心灵的支持，这个是很关键的。因为你给钱，只是解决了他的燃眉之急。最核心的是他的心，他痛苦挣扎的这一颗心。这是我们下一步可能会重点去考虑的一个问题。

庞晓露：看来碧心基金要做的事情，想做的事情，是非常多。而且我们也看到，从2011年到现在2015年，这几年的时间也确实是把全城义剪这个品牌坚持了下来。同时我们也看到碧心基金有一些转变，像之前碧心基金跟阿里巴巴责任网商的一个合作，也看到它发起了一个叫“温暖口罩”的项目。这个项目让我感觉到了碧心基金筹款思路的一个转变。

区建业：因为我们开始有一些考虑，有些文化产品，好像喜羊羊这个卡通片，它现在可能不单只是卖这个片的电影版权，更多是一些文化产物的出现。所以我们开始考虑落地的一些公益领域的文化产品，让某一件物件加上我们用心的策划之后，可以成为一件文化产品，可以用作一种筹款的形式。这个是我们在考虑的事情。

庞晓露：而且“温暖口罩”这个项目在我看来，口罩的成本很低，但是加上一些手绘、创意、DIY以后，它的这个售价可以比较高，但是相对捐个五百一千来说，又是大众比较容易接受的。

区建业：没错，所以这个是一种转变，一种多形式并存的转变。包括我们自己也有搞过马拉松，为一个白血病的小朋友筹款。这些都是一种活动的转变。

## 注册民非，碧心基金要做更规范专业的救助

庞晓露：其实不仅是这个筹款的思路有转变，我们看到碧心基金的身份也是有一个转变的。在2014年平安夜的时候，碧心基金就注册成为了民非。这个身份的转变，会给碧心基金带来怎么样的新变化呢？

区建业：会让我们在整个管理层上面有一个固定。因为我们之前是以我、郭媛还有几个发起人为主的一个机构的常态来运作，当你慢慢做大了之后，无规矩不成方圆。所以当我们走上民非这条道路，我们就会接受民非的法律和监管的约束。走民非这条路会让我们更规范，在公益领域里走得更远。

庞晓露：您觉得之前做得不规范吗？

区建业：不是不规范，是这样可以让我们自己更有约束。比如说我们只是挂名在广州市青少年发展基金会下面，我们每一笔钱都要向广州市青少年发展基金会申请才能使用。但使用之后，有没有更多的第三方去监督呢？

另外，毕竟民非是一个企业，它会受到法律的保护，包括在我们下面工作的这些管理人员，以前是没办法买到社保的。而且当我们对外签合同时，我们有主体。以前我们是没有主体的，不可能我用区建业的名字来跟人家签合约。当我有主体的时候，我做什么事情都好办了。

庞晓露：所以注册了民非之后，对于像碧心基金做重症儿童救助的这种跟时间赛跑的项目，是非常有助益的。我们也觉得，碧心基金可以发挥更大的作用，做更多的事情。您本人对它的期待也会更多是吗？

区建业：我个人从成立这个基金到现在，已经对它产生感情了。其实有很多公益的领域可以选择去做，比如说助学恤孤、助残。最难的一个项目就是重症的救助，因为它资金缺口大，你面对的都是生离死别。

助残不会因为你不给他资助，他明天就离开人世了。但是重症救助真的就是一个高风险的事情，包括怎么处理患者跟我们之间的这种关系。你动不动一个项目最低标准都二三十万，多的八十万一百万，哪怕你拿着几个亿去做，你也没办法，太晚就保证不了。而且我们的力量，目前来讲，还是很弱小的，哪怕你筹到200多万，对重症病患来讲，只是冰山一角。

我们怎么公平处理这些资金，这是我们要面对的话题。因为这些钱都是公众募集回来的，不可能我想救这个小孩儿，我就200万都给他了，其他的人怎么办？

庞晓露：我可以感觉到，您是希望碧心基金在往后的日子里面，做更公平和更有效的救助。

区建业：没错。

## 生命是人的底线

庞晓露：做重症儿童的救助，目前来说还是一个资源相对匮乏，也是相对沉重的话题。您觉得做这方面的救助，会对您自己的心里有影响吗？

区建业：我个人来讲，毕竟在公益领域做了这么长时间，自己也真的去面对过各种救灾，包括在灾区里面挖掘尸体，这种工作我都面对过。所以再回来处理这种个案，我个人是可以承担跟承受的。并且我觉得，这虽然有挑战，但是它的意义很大，因为你是在救治生命，你是在面对着生命。有重症儿童的家庭，家长也好，小朋友也好，他们最痛苦的，莫过于面对生命的离去。哪怕欠钱也好，怎么样也好，生命才是人的底线。

所以，这个虽然有挑战，但是对于我来讲，也是一种成长，一种坦然，一个机遇跟空间。每当我们帮助到一个个案，内心这种喜悦是无法形容的。特别是看到他们康复，跑过来抱着你的腿，说叔叔谢谢你的时候，这种感觉你没办法用金钱或者用语言去形容。

庞晓露：巨大的满足感。

区建业：对。

庞晓露：在这么长的救助里面，有没有特别遗憾的事情？

区建业：也就是有时候看到一些个案的离去，又或者看到一些个案却没有办法在短时间内帮他筹到款，拖延了救治时间，导致他病情加重，这种是最难受的。

知道他还缺30万元，但是我们各种媒体已经发动完了，该帮他策划的活动也策划完了，感觉到没有可以做的事情了，只筹到十多万元，怎么办？那一段时间是很煎熬的，那种无助、彷徨，自己也会陷进去，很痛苦。但是过几天又看到希望了，又有转机了，又有爱心企业愿意去重新支持他了，很快地又找到其他的渠道了，又完成了。这是一种心里起伏很大的挑战。

庞晓露：碧心基金的工作有包括政策的推动吗？

区建业：其实有《基金法》，严格意义上来讲，全城义剪有点像是野蛮筹款。因为你用这种方式来向公众募款，是需要得到民政的批准的。

庞晓露：对，必须要拥有公募权。

区建业：对啊。那个时候我们顾不了那么多，就发起了这个项目。后来，广州才慢慢修订了民间筹款的管理办法，现在已经在实施了。全国还没有，只是在广州实施。

庞晓露：所以相当于是用行动直接推动立法。

区建业：我不敢这么讲。但是，通过这件事，可能政府部门已经意识到这一点，才触动政府这么快速地把这个话题抛出来。

## 我的愿望是每个人都坦然面对困境

庞晓露：您会怎么总结您在碧心基金的这份工作呢？

区建业：我觉得我还是没有很尽力，因为在运营方面，虽然我是担任领头羊的角色，但很多时候，是由我们副理事长郭媛、总干事小马，还有其他的几个理事不间断地在做这个事情。因为毕竟我本身身份、时间的调配上面，没有那么灵活。他们时间上面可能相对灵活一点，所以变成他们做了更多的工作，我可能只是在大方向或者某一个时间需要我出来的时候，进行一个推动。

接下来成立民非之后，我们可能会更加有序地按照这种团队的管理模式，安排每个人负责什么板块，会有条理地推更多项目出来。

庞晓露：这样会增大您的工作量吗？

区建业：每个人都很公平，都只有24小时。关键是，你做多了，能不能产生效益跟效果。

庞晓露：我记得在2012年采访您的时候，您说您的时间是分成三部分的，分给企业、公益和家庭。那么现在还是这样吗？

区建业：没错。偶尔没办法平均，家庭还是会相对少一点。现在最抢时间的就是工作跟公益，最主要的一个矛盾点和最大的挑战还是在时间分配上面。

庞晓露：最后一个问题，请分享一下您2015年的愿望。

区建业：其实我没有能力阻止这种障碍、困难发生，但是我的愿望、我自己期待的是，当每个人面对这些困难跟挑战的时候，可以抱着一颗平常心，可以从容地面对。

困难是没办法压倒你的，只要你内心足够坚强，它自然也会离去。但如果你的内心不够强大，困难就会顺势而为，就有可能在那个点上把你打倒。所以我希望在2015年，每个人都可以有一颗从容的心，面对所有的困难和障碍。当然，面对喜悦，面对欢喜，更加需要接受跟包容，因为感恩是让你永远有好心情、好心态的一种方式跟方法。

庞晓露：非常谢谢区先生的分享，当然我们也从区先生的分享当中，发现了一个公益人的特点。我每一次去问我采访的公益人，你的新年愿望是什么，无一例外，没有一个人跟我说他自己私人的愿望，全部都是跟自己做的工作有关。那么我就再多加一个问题，您个人的愿望是什么？

区建业：没想过，因为已经没有把自己看成自己了。

## 记者手记

乐观的白血病女孩刘碧心和“有尊严地接受帮助”的父亲刘任能点燃了大家的爱心，150名自愿提供义剪的发型师，超过2 500名自发到现场奉献爱心的市民，还有闻讯过来免费搭载爱心市民的的哥们，在2012年的新年，整个广州选择了全城义剪。如今三年过去，再没有看见过那样倾城救一人的场景。

而那次成功募得近百万元的活动之后，我们看到了另一位因为同样遭遇却无力救女的父亲痛失爱女，泪洒现场，看到跪在刘爸爸家门口向他求助，“拿点钱来救救我们”的同病相怜的两位患儿父亲，我们不得不承认，重症儿童那么多，刘碧心却只有一个。

碧心基金就在这样的背景下成立并且走到今天。全城义剪从一开始，就没停止过。

区先生说，当初帮助刘爸爸就是敬重他的坚持。在我看来，他自己何尝当不起“坚持”二字。区先生从全城义剪时期就积极参与，成立碧心基金之后成为理事长，一直到现在。

碧心基金的成员构成是很多元的，有企业家，有媒体人，有理发师，有各行各业的人。区先生是一个企业家，也许是这样的身份会让他用商业的眼光去看待碧心基金的常态化发展，而碧心基金的成员多元化带来的不同思维的碰撞，使得全城义剪成为一场马拉松式的运动，宣传方式和筹款方式也不断创新，帮助了一个又一个的“小碧心”，为一个又一个的患儿家庭带去慰藉和力量。

善意的改变是从停止等待、决心行动开始的。民间已经行动至此，我们期待带来更大层面的改变。

# 广州金丝带：让癌症患儿不再孤独

■ 嘉宾：广州市金丝带特殊儿童家长互助中心理事长崔伟雄

■ 记者：李智峰

听见公益

## 机构简介

广州市金丝带特殊儿童家长互助中心（原名广州市癌症患儿家长会，简称“广州金丝带”）成立于2006年6月30日，是由户籍在广州市或孩子在广州市治疗的癌症患儿家长自发组成的非营利民间互助组织，组织使命是尽最大努力减少癌症对儿童及其家庭所造成的痛苦和伤害。广州金丝带于2011年10月9日在广州市民政局正式注册为民办非企业单位，目前是广州抗癌协会单位会员、广州市义务工作者联合会单位会员、国际癌症患儿家长组织联盟（ICCCPO）正式会员。

广州金丝带目前有会员约400人，已登记的义工有300人，中心的服务对象是广州市户籍或在广州市接受治疗的0—14岁癌症患儿、康复者及其家长。目前中心的服务点包括中山大学附属第一医院、中山大学孙逸仙纪念医院（中山大学附属第二医院）、中山大学附属肿瘤医院、南方医科大学南方医院、广东省人民医院、广州市妇女儿童医疗中心（广州儿童医院）、广州医学院第一附属医院、中山大学附属第一医院黄埔院区等广州市主要收治癌症患儿的医院，每年服务癌症患儿及其家长超过6 000人次。

## 成立广州金丝带是因为自身的一次刻骨铭心的经历

**李智峰：**我们今天邀请到的嘉宾是来自广州市金丝带特殊儿童家长互助中心的理事长崔伟雄先生。崔会长，您近况如何呢？

**崔伟雄：**最近除了忙于公益，也花点时间处理一下我自己的家务事。

**李智峰：**人到中年，家里的事情很忙，但公益的事情一直都有坚持，没有放弃，一直在为金丝带这个公益机构付出，是吧？

**崔伟雄：**当然了，我决定做金丝带这个事情，已经将为癌症儿童服务作为我生命的一部分，所以会一直坚持。

**李智峰：**广州市金丝带特殊儿童家长互助中心是一个怎么样的公益组织呢？

**崔伟雄：**我们广州金丝带是一个由癌症患儿家长发起，致力于服务癌症儿童及其家长的一个公益组织。原名是“广州市癌症患儿家长会”，后来改名为广州金丝带。

**李智峰：**我知道在国际上有很多组织，像关爱乳癌的，就是用粉红的丝带代表，关注艾滋病用红丝带代表，那癌症儿童在全世界的范围当中，有没有一个代表性的标志呢？

**崔伟雄：**癌症儿童，或者儿童癌症的标志物是金丝带。1997年美国一个服务癌症儿童的公益组织讨论用怎么样的一个标志物的时候，就选了这个金丝带，其中金色代表我们的小孩比金子还要宝贵。

**李智峰：**所以在国际上就用这样的形象、标志去代表，而你们也用了这个金丝带，因此改名为“广州金丝带”？

**崔伟雄：**是的，我们参加国际癌症儿童公益交流活动，大家也做过调查，超过一半的类似组织都是以金丝带作为它的标志物。同时国内对“癌症”这两个字还是比较敏感，特别是那些家长，我们去到病区做服务的话，都多少有点忌讳，甚至抗拒，所以我们就选择用这个金丝带代替原来“癌症”两个字，让人听起来没有这么可怕，亲切一点点。

**李智峰：**是的。那咱们广州金丝带是什么时候成立的呢？当初成立是有什么设想呢？

**崔伟雄：**我们是2006年6月30日正式成立，快9年了。目前有会员约400人，已登记的义工有300人；中心的服务对象是广州市户籍或在广州市接受治疗的0—14岁癌症患儿、康复者及其家长。成立之初是因为我们参加了在上海举办的一个亚洲癌症患儿家长组织的会议，在会议上我们了解到各个国家的家长组织都在做什么，也明白家长的参与对小孩的治疗和护理会有很大的作用，我们受到了很大的震动，就决定回来自己也搞这样的一个组织。最初想法比较简单，就是力所能及地做一些我们能做的事情，特别是说想以过来人的身份，给新症家长分享一下我们小孩治疗护理之间的一些经验，分享一下自己的心得，给他们一些资讯和心理上面的支持，让他们的小孩能够得到更好的治疗，走过艰难的这一段。

李智峰：那您刚刚说到，自己是过来人？

**崔伟雄**：我的小孩是2005年的6月突然被确诊得了骨癌，当时很震惊，就觉得突然间从天堂落到了地狱，自己也不知道怎么办，当时甚至觉得这个人生都没有什么意义了。后来在小孩接受治疗的过程中也比较艰辛，同时也观察到这个人群比较悲惨的状况，觉得作为一个走过这段路的人，应该为这个人群做点事情。

李智峰：所以就在2006年，聚集了很多有相同经历的家长，组织了这个家长会？

**崔伟雄**：当时大家一起去参加一个会议，大家觉得我还是比较热心，工作上面可能也有些经验，所以就推举我做这个会的会长。说实在的，在做这个会长之前，我没有领导一群人做事的经验，特别是做一个民间组织，领导经验一点都没有。

李智峰：经过这么多年时间的磨炼，以我的观察，咱们中心目前来说运作还是挺顺利的。

**崔伟雄**：非常感恩，因为我们这个组织得到了很多热心的家长的支持，还有社会各界的支持和参与，当然了也包括你们媒体人。我们在2011年的10月正式注册成为民非，现在发展还算顺利。

## 癌症成为儿童的头号死因

李智峰：说到癌症，我想和大家分享一个数据，现在世界上每年有超过25万名的儿童被确诊患有癌症，大约有9万名的儿童会死于这个癌症，白血病高居儿童癌症发病率的首位。中国每年新增3万—4万个患上癌症的儿童，其中有1/3是白血病。为什么会有那么多儿童患上癌症？

**崔伟雄**：目前还没有明确的成因和明确的定论，但是一些研究表明跟环境的恶化、饮食安全等等有关系。

李智峰：有遗传的因素吧？

崔伟雄：没有明确的证据证明它和遗传有关系。

李智峰：如果一个小孩真的不幸患上了癌症，我们能不能通过其他的一些表现症状，及时发现从而及时治疗？

崔伟雄：儿童癌症的早期发现，是推动儿童癌症问题解决的一个重要方面。因为目前儿童癌症发病的时候一般都是三期、四期，就是比较晚期了，对他的治愈率和治疗期间的生活质量等等各方面，都会有不好的影响，所以国际上一直在推动儿童癌症的早期发现。现在可能还没有提到预防这个阶段，因为它的起因还不是特别明确。现在儿童癌症早期的症状可以判断，但是这方面的科普比较滞后。所以推动早期发现是我们工作的一个重要方面，但是由于人力、资源等因素，我们还没有很大力地去推广。

李智峰：那比如说一些家长发现自己小朋友出现一些什么症状就可能要注意了？

崔伟雄：像白血病经常的表现是没有明确原因的长时间低烧，用抗生素也不见效，遇到这种情况，家长最好是找医生做比较深入的诊断。

## 为患儿家长提供就医指南及为其寻求基金会的帮助

李智峰：现在金丝带能提供给家长什么样的一些帮助或服务呢？

崔伟雄：我们主要是提供治疗期间相关的一些资讯，包括医学上面的，小孩的治疗护理方面需要怎样跟医生做一个配合，包括做治疗的相应护理，还有一些营养饮食，另外会给家长提供一些心理方面的支持。

李智峰：你们会不会在资金上帮助一些患病小朋友进行治疗呢？

崔伟雄：公众一直关心儿童癌症，都是在某些个体的医疗救助上面，这个也影响到大家对儿童癌症的认识。大家可能一听到白血病就觉得需要很高昂的治疗费用，还有治疗的成果也不是很好。其实这种病是可治疗的，并且大部分在治疗费用上面可以控制在一定的幅度以内。我们广州金丝带虽然没有这个经济能力去做个案医疗的救助，但是我们可以提供相关救助机构的资讯，帮助他们去做申请，我们去年（2014年）已经帮助20多名家长申请到了资助，涉及金额接近30万元。

李智峰：目前在广州或者在全国来说，有哪些基金会是可以申请的？

崔伟雄：我们将相关基金会的信息也做了归类，贴在我们每一个服务点的墙报上面。至于帮助癌症儿童的基金会，广州有“爱蕾行动”“小天使基金”等等，我听说深圳那边更多。深圳那边基本上治疗费用可以通过基金会救助和政府的资助，可能80%和90%都可以申请到。

李智峰：那政府方面有什么医疗保险可以报相关费用的？

崔伟雄：之前是有独生子女医保等等，前两年政府又推动了一个大病医保的政策，但是我们做过一个比较简单的调查，发现在落实方面可能还有些问题，比如申请的程序上面比较困难。

李智峰：一个小朋友患癌症以后，一般来说他的治愈率有多高？

崔伟雄：在欧美比较发达的国家，像那个急性淋巴白血病的治愈率能达到八成，甚至九成。

李智峰：那治愈之后基本上就不会复发？还是说会有可能复发？

崔伟雄：我们这个治愈的话，五年内不复发，五年之后复发的概率也是很低的。所以在欧美，大部分的白血病儿童治愈以后的生活跟普通人没有太大的区别。

李智峰：那会不会有很多父母，是因为高昂的医疗费而放弃治疗，导致小朋友的病治不好呢？

崔伟雄：这个在经济欠发达的农村地方会比较普遍。我开始做这个癌症儿童公益的时候，我看的资料是说我们中国80%以上的患者没有完成规范的治疗，所以可能有80%左右的儿童是放弃治疗的。

李智峰：患上白血病后要完成一个完整的治疗，它需要的费用大概是多少呢？

崔伟雄：比较常见的急性淋巴白血病，标准的治疗费用，不包括其他费用的话，是10万元多一点。但是如果是中危或者高危，治疗费用就比较难预测了，我见过的上百万元的也有。

## 服务多元化　“愿望成真”让患儿圆心中梦

李智峰：那说到金丝带，其实除了你们帮家长去申请基金的资助之外，还有一些其他的项目，包括“愿望成真”“医路相伴”，还有“医院游戏服务”。能和大家分别介绍一下你们开展的这些项目吗？

崔伟雄：可以。“愿望成真”是我们广州金丝带开展比较成功的一个项目，从2008年中秋节开始，通过学习香港的愿望成真基金开展的一个国际上比较通行

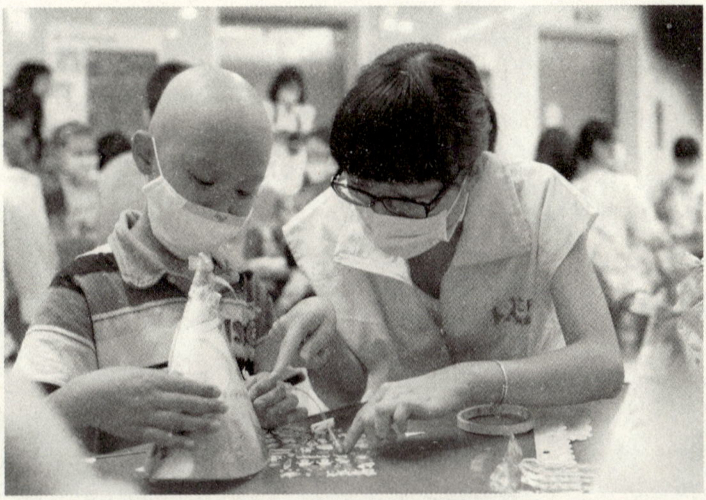

金丝带的医院游戏服务——四大节日慰问

的服务项目。

李智峰：就是帮助患上癌症的小朋友完成一些心愿，是吧？

**崔伟雄**：对，我们这个项目的宗旨就是通过帮助这些小朋友完成他的一个愿望，让那个小朋友和他的家长都得到鼓励和安慰。

李智峰：这些小朋友会有哪些特别的、不同的愿望呢？

**崔伟雄**：孩子的愿望其实可以分成四类，分别是：我想要什么，比如我想要一个电脑，或者是我想要一个电动车；我想去哪里玩，比如我想去北京，或者是我想去一个风景名胜区玩；然后是我想做什么，比如我想当一天解放军，我想当一天市长；还有是我想见谁，如我想见刘德华等。

李智峰：那有没有一些比较令你们感触的故事呢？和大家分享一下。

**崔伟雄**：这个说出来有点悲情。2009年初，我们帮一个小朋友实现了“我要当一天连长”这样一个愿望。那个小朋友的这个愿望特别强烈。他患了尤文氏肉瘤，是一种比较恶性的实体瘤，他的治疗也基本上是失败了，生命所剩的时间不多了，我们特别想帮助他完成这个愿望。然后我们联系了广州周边的一个武警部队，这个部队也给了很大的协助，整个的过程，我通过他们拍回来的照片，还有电视台拍回来的录像看到了，我觉得非常非常感动。在这个过程里面，这个小孩不但得到了很大的满足，他的父母也得到了很大的安慰。

李智峰：这个小朋友在当连长的时候，都做了什么？

**崔伟雄**：他带领那些士兵去打擒拿格斗的拳术，还操作了一些枪炮。

李智峰：还是挺有意义的事情，起码可以帮小朋友去完成一件他想要去做的事情，让他在治疗方面可以得到一些鼓励，是吧？

崔伟雄：对。

李智峰：那除了这个“愿望成真”之外，还有一个叫“医路相伴”，这是一个怎样的活动？

崔伟雄：“医路相伴”的宗旨是让家长在这个治疗过程中得到更多的帮助，让小孩的治疗和护理更加有效，然后也提高他的治愈率和生活质量。

李智峰：那在医院你们是通过怎么样的形式和那些小朋友互动呢？

崔伟雄：“医院游戏服务”有比较简单地跟小朋友一起做的游戏，下棋、玩玩具等等。后来我们又开辟了做手工、讲绘本故事，甚至绘画比赛等等一系列更加专业、更加有效的服务，这样也可以调动一些相关的义工，发挥他们的才能。

李智峰：我自己也参与过一次，就是在医院里陪伴小朋友去玩一些活动，我觉得其实小朋友他们很渴望哥哥姐姐到医院陪他们做游戏。

崔伟雄：对。不过因为儿童癌症是一种重病，做这个重症儿童的服务首先是要保证这些小朋友的安全，所以我们也不可能天天组织志愿者去做这样的服务。现在我们这个游戏服务又多出来一种，是由我们专业的职员去做的，带有医疗性质的，我们叫作“医疗辅助”的游戏服务。比如通过游戏的方式教导小朋友如何配合做穿刺，或者是接受超声波检查，接受核磁共振检查，或者是做其他的一些放疗等等，让小朋友能够更好地配合医生的操作。

李智峰：那在广州这边开展的情况顺利吗？

崔伟雄：我们才刚刚开展，不过我们已经专门聘请了两名职员做这个项目，希望能够推动。

## “和你一样，为爱光头”项目让癌症患儿不再觉得孤独

李智峰：说到开展时间比较长的一个项目，可能就要说一下你们每年都会举办的“为爱光头”项目了。

崔伟雄：我们是想通过“为爱光头”这样一个活动，组织志愿者去剃光头，让公众更加地关注癌症儿童，奉献自己的爱心，奉献自己的力量。

李智峰：为什么要剃光头呢？是不是光头是一些癌症的患者尤其是小朋友的一个比较典型的标志，所以你们想通过这个形式引起大家共鸣，是吧？

**崔伟雄：**对，因为癌症目前的通常治疗手段是化疗，化疗其中一个后遗症就是会掉头发。你在病区里面看到的小朋友，10个有9个都掉光了头发。

李智峰：这个活动其实我前两年去参加过一次，也在现场剃了光头，感受了一番，当了一回光头天使。

**崔伟雄：**非常感谢。

李智峰："为爱光头"到2014年已经连续举行三年了，今年（2015年）效果如何？

**崔伟雄：**今年的效果会比2012年和2013年稍微逊色，可能是公众对公益的创新性活动也有点审美疲劳，特别是经过了冰桶挑战之后。

李智峰：在现场当你们的光头天使的人数有多少？

**崔伟雄：**有60多个。

李智峰："为爱光头"这个活动举办了三年之后，您如何评估它在社会上的效果？在多大程度上引起了大家对癌症儿童的关注？

**崔伟雄：**我觉得这个会有一定的推动作用，但是说让整个社会都关注儿童癌症这件事情，我们要走的路可能还比较长。我举一个例子，像新加坡这样的一个

金丝带"为爱光头"活动

比较小的地方，它也是每年都举办为爱光头的活动，每年参加做“光头天使”的人都有几千人，筹到的款项达几百万美金。他们上到政府的部长或者是前总理，都会参加这个为爱光头的活动，至于美国参与这类活动的人数就更多了。

## 愿景：推动我国金丝带公益联盟的建立和发展

李智峰：那你们平常的活动资金从何而来？

**崔伟雄**：我们公益组织的资金来源都大同小异，有基金会项目资金或者机构资助申请而来，有企业的捐赠，也有个人的捐赠，现在还多了一个渠道是政府的公益创投，我们目前还没有政府的购买项目。

李智峰：那目前资金运作情况如何？

**崔伟雄**：还算健康。去年（2014年）筹资是147万元左右，资金支出是130多万元，基本上能保持平衡。最近政府来我们机构做过一个调研，认为我们这种机构每年能有100多万元的资金量，能够基本不靠政府购买，能够自己生存和发展，已经是非常难得了。

李智峰：因为一个公益机构最重要的就是自己能够造血，能够自我生存、发展壮大。

**崔伟雄**：对。

李智峰：最后想问一下，2015年金丝带有什么发展的计划吗？

**崔伟雄**：我们今年大的目标是两块，一块是推动我们的服务，让它更加专业，在专业的基础上可持续发展，这是一个目标。另外一个目标，我们广州金丝带作为国内癌症儿童公益服务比较领先的一个组织，也希望承担更多的责任。我们希望推动我国金丝带公益联盟的建立和发展，希望国内的更多类似公益组织都能够建立和发展，让国内更多的癌症儿童和他们的家长受益。

李智峰：那么节目最后也希望每一个患有癌症的小朋友，都能够得到充分的治疗，让他们早日康复，最后也感谢广州市金丝带特殊儿童家长互助中心的理事长崔伟雄先生做客我们《公益华夏》节目，谢谢您。

**崔伟雄**：谢谢大家。

### 记者手记

2013年一次偶然的机会去采访了一个名为“和你一样，为爱光头”的公益活动，该活动是由广州羊城晚报联合广州市金丝带特殊儿童家长互助中心发起的公益项目，在活动现场召集志愿者以剃光头的形式来为癌症患儿筹款，同时也呼吁社会关注这群特殊的群体，就是在这个机缘巧合之下认识了广州金丝带的老崔（崔伟雄）。

通过采访得知他曾经也是一名癌症患儿的家长，也曾经为了自己的儿子东奔西走，经历过那段难熬的时光，虽然最后还是没能把儿子的病治愈，但是他深深地体会到了家长的无助和失落。

通过采访我才认识到，原来在我国儿童患癌症的数量是很多的，但能接受完整治疗的却并不多。很多是因为高昂的治疗费用把家庭拖垮，最后只能无奈地等待生命的终结。对于一般普通家庭来说，万一自己的孩子不幸患上癌症，就如晴天霹雳，手足无措。其实在民间，有很多相关的基金会和公益组织可以提供资金上的帮助，但是患儿的家长根本不知道怎么寻求帮助，也不知道向哪儿求助，广州金丝带为这些患儿家庭提供了很多就医的指引以及对家长和患儿心理上的鼓励和支持。我觉得他们提供的服务正如及时雨一样滋润着患儿家庭。没有采访之前，我一直认为儿童癌症的治愈率是很低的，但是如果能够及时发现的话，有些治愈率是能达到80%以上的，这也是广州金丝带想向更多的家长普及的知识。

广州金丝带正在扮演着一个先驱者的身份，希望以后会有更多的公益组织投身儿童癌症的守护行列之中。

# 衡平机构：精神病人的守护者

■ 嘉宾：衡平机构创始人黄雪涛

■ 记者：陈菲

听见公益

## 机构简介

公益律师黄雪涛于2010年4月在深圳创立衡平机构，这是一家面向全国的公益法律机构，致力于推动“替代性决策”到“支持性自主决策”范式转型，近年来在精神医学领域推动人权与法治，消除歧视，防止精神医学滥用，守护和倡导公民自由与尊严。她还主笔撰写了中国民间第一份精神病收治调查报告，直指精神病收治的法律缺陷，直接推动了我国《精神卫生法（草案）》的修改，精神病人的拒绝住院权、国家责任等被纳入其中，素有“小宪法”之称的《刑事诉讼法》修改也采纳了他们的意见，为面临强制医疗的精神病人提供法律援助。2011年，衡平机构获得南方日报与中山大学颁发的“南方致敬，年度公益机构”奖，其发起的“拒绝被精神病修法行动”获2012年“责任中国公益盛典·年度公益行动奖”。2013年5月，《精神卫生法》正式生效之际，衡平机构支持策略性诉讼——“上海徐为案”，备受舆论关切，被称为“精神卫生法第一案”。

## 因为邹宜均案，投入到公益律师领域

陈菲：您是在2010年的4月创立了这个衡平机构，担任了精神卫生项目的负责人，从此全身心投入到了NGO的领域。黄律师您当年为什么有这么一个选择呢？

**黄雪涛**：这是挺多人问起的一个问题。好多朋友都知道我在入行之前，我经常做的其实是公司法领域，做专业的律师，那跟精神病有什么联系呢？为什么会出现这么大的转型呢？但我要说的是，我做的其实也都是一脉相承的。跨国企业在民法里也叫作民事主体，那么一个普通的公民，包括一个精神病人，或者是一个婴儿，或者是一个植物人，都是法律平等保护的主体。

陈菲：都是法律的主体，都应该受法律的保护。

**黄雪涛**：对，法律面前他都是一个独立的主体。法律的保护，对于我们做律师的，不论是做跨国企业各种各样复杂的法律问题也好，或者是处理一个精神病人的这些问题也好，我们觉得框架都是一样的。

陈菲：但现实生活中，怎么保护精神病患者及康复者的合法权益是一个容易被人忽视的问题。您第一次接触到精神病收治领域的问题，是代理著名的“邹宜均案”，有什么发现？

**黄雪涛**：遇到邹宜均案之后，我就发现，原来中国人作为一个民事主体，他的自主权在精神医学的框架里边可以轻而易举地面临各种挑战，而且不堪一击。我们在全球化的经济里，人能完成很大规模的经济活动，其实就是因为每个公民都有自主权，还有一个是自主委托权。就是说，除了自己决策自己的事情之外，还可以把我的某些权利委托给另一个比我更懂这件事的人。通过这两个基本的权利，我们就能做很多的事情。

陈菲：例如委托律师。

**黄雪涛**：对，这样的自主权和自主委托权在民事里边是最基本的结构。可是，我在偶然情况下遇到邹宜均案，之后我感觉到，就是这两个基本的权利，居然在精神医学面前是可以被拆得完全没有的。精神医学的发展也是不可抵挡的，这是一个学科现代化的过程。但是为什么它越发展，人的自主权就会越收缩，受到的威胁就会越大呢？这里面就有一个很严重的现代化的问题了。

陈菲：我们再回忆一下邹宜均案。在2006年的时候，您代理了这个案件，引起了社会的巨大反响。一个女孩被家人送进精神病院，可是她觉得自己是没有精神问题的。后来她想出院，就把她的委托人——她的母亲，还有精神病院告上法庭了。最后女孩出家了。

**黄雪涛**：对，大概的情况是这样。在邹宜均住院之前，我从别人的一些法律服务里边接触到这个女孩子，知道她跟家里人有一些意见分歧。比如说她不想买房子，而家人就希望她买房子，也就是说在人生规划上面会有一些分歧。但遇到了某一件特定的事情之后，他们的分歧越来越强烈，冲突越来越大，我目睹了他们家的整个冲突。然后，邹宜均预感到自己会有风险，会被家人控制，用什么方法控制，她还不是特别确定，也包括可能会被送到精神病院这种可能。我就给她预先做了授权委托。没想到做好了这个授权委托之后，没过多久，她真的就被她的哥哥送进了医院。

陈菲：就真的发生了？

**黄雪涛**：对，她预感到会发生的危机，结果真的发生了，她被她的哥哥设了一个局，然后被送到了广州的白云心理医院。她借了一个探病家属的电话向我求救，然后我就带着她的委托书，去到医院，说我是她的委托人，我应该有权可以见她，你看这个授权书在这儿。但是医院觉得这是不成立的。

陈菲：医院觉得不成立？

**黄雪涛**：就是说她对自己的自主权的自主处分是无权的，而且她的这个委托书也是无效的。这就奇怪了！医院对法律有效性的这种解读完全出乎我的意料。我最重视的一个是自主权，一个是自主委托权，都受到了整个精神医学界的不承认，这样的一种状况，让我感觉到非常震惊。

陈菲：其实这个案件出来以后，经过媒体的报道，很多人都关注这个领域了。然后很多人都觉得很奇怪，一个人被送进去后想出来，找到律师了，去证明自己了，却都出不来，觉得真是有点不可思议。

**黄雪涛**：邹宜均案发生的那几个月里，我自己是第一次接触精神医学这个行业。在她被关押、被限制人身自由的三个月里，我一直都努力地去寻找个案解决的方法。我也尝试了各种各样的救济方法，包括各种方式的诉讼，光报警就报了三四次，甚至……

陈菲：甚至就互相发生冲突了。

**黄雪涛**：对，这种情况如此普遍而真实地存在，而外界的人不知道。一是人的自主权是如此的脆弱，容易被否定。而这种否定又是外界所不知道的，这是第二个更大的危机。第三个危机是，国家正在讨论精神卫生立法，那立法会把这种现状进一步地合法化吗？所以邹宜均案引领我进入精神医学领域的法律问题，然后思考它的制度问题。

陈菲：当时您身为法律人的责任就出来了，要推动这个社会的进步。

黄雪涛：当时还不敢说要肩负起这个使命。首先要思考，找到自己，能理清自己的思路。但是真的要去做的话，也知道这个事情应该专业化去做。其次，这是一个要持续做的事情，而不可能是一下子或短时间之内就解决的问题。后来经过自己很多年的观察，发现如果不做机构，不自己亲自全身心投入去做，是没有出路的。

## 创立衡平机构，是想修改"游戏规则"

黄雪涛：这个领域包含了精神医学和法学双重专业，有一定的专业门槛。议题面对的法律、医学问题，不是那么容易一下子就能理解，而且这样的议题在法学教育里，也基本上是没有探讨的，大学的研究领域里也基本上没有这个学科。这是一个交叉学科，这样的交叉也是现有各种专业分工里造成的割裂。所以有很多现实的问题，我感觉到一定要可持续地、长期地做，才有可能去解决这个问题。

陈菲：这可能也需要一个民间的公益组织去做。

黄雪涛：对，也需要民间的力量。如果是现有体制内的各种机构，它都是各专业部门分的各种板块，都已经分好了，条条框框已经很割裂了，这种割裂其实也是造成这个问题的一个原因，法学人介入这个领域其实太晚了。一直以来，这个精神卫生的立法，全都是医学专业的人去做，所以全都是强烈的、单一的医学视角，这个视角下面好多人都被认为是精神病人。他们带着自己专业的眼睛去看的话，这种专业分析会被滥用。

陈菲：有这个可能性。

黄雪涛：如果没有医学伦理和法律约束的话，这个专业就一定会有被滥用的趋势。

陈菲：任何经济的发展，包括科学的发展都需要有法律的约束，在法律框架的底下运行。

黄雪涛：是，而且他这个服务也是限制到人的，甚至是对人的基本权利的一种限制，那更需要受到法律的约束。

陈菲：人的因素很重要。

黄雪涛：对，是的。

陈菲：您的机构取名"衡平"的用意是什么呢？

黄雪涛：在普通法系里，如果现行的规则有问题的话，那它就会依据衡平法对现行的规则进行一些修改和修订，衡平法在普通法系里是修改现行规则的一个更高的原则。我自己感觉，对现行规则的一些修改，其实在中国有很多的依据，包括上位法。比如说我们可以依据民法去修改现有的这些地方法规，依据基本的法律就可以修改部门的立法。所以这样的一些工作，其实是能扭转目前中国在立法框架内的各种各样奇怪的现象。

陈菲：其实衡平机构在创立之初，就直接向推动修改《精神卫生法》的方向去努力。

黄雪涛：对，就是有这样的想法，要修改游戏规则。

陈菲：衡平机构积极地推动“替代性决策模式”，向支持性的“自主模式”转型，能否为我们解释一下这个比较专业的词？

黄雪涛：替代性决策，这个术语其实用通俗的话来讲，也就是被决定，你自己的事情你不能自主，你是被决定的，被他人决定。我们本应该主张的是我们自己的事情由我们自己决定，之后你要对这个决定的结果承担责任，由你接受这个自主决定的某些结果。但是人都不可能是完全独立的，比如说你要去买一个手机，虽然你有钱，但你买哪个好，你要咨询各种意见。

陈菲：然后自己去选择。

黄雪涛：对，你要自己选择。所以每一个跨行业的人，你去到另一个陌生的行业里，其实你都需要支持，才能做个明智的选择。

陈菲：明白了。

黄雪涛：但是在我们国家，或者是在法律体系里，监护制度的确被认为是替代性决策的合理的制度设置。所以法律在被决定的这个问题上，也有构建一个合理、合法的框架，就是指监护制度。但是目前我国的监护制度在操作过程中出了很多问题，缺乏救济，缺乏对监护制度更好的解释，反而被曲解了，在现实当中被滥用了。但实际上这造成了很多的社会问题和很多不幸，甚至是监护制度本身存在着重大瑕疵。

陈菲：比如说精神医学里，如果你的监护人说你有精神病，那你就得待在医院里治疗不能出来。

黄雪涛：对，所以这个问题同时是精神医学和法律制度双重建构出来的对人的一种约束，对人自主决策权的一种限制和否定。这种看上去似乎有合理性、合法性的一个被决定的现象，我们希望能改变。

## 通过个案去策略性地推动社会宏观的发展

陈菲：黄律师您的衡平机构团队中，现在是怎么分工的？

**黄雪涛**：衡平机构的团队从两三个人开始，就是专门做精神卫生领域的，有时候会发展到七八个人，人数一直在十人以内，其中专职的有四五个。我们更多地会选择一些兼职的，所以我们一直是保持着一个精悍的小团队结构。

陈菲：好精干。

**黄雪涛**：对，我们一直保持着比较稳定的三大板块的结构。第一个是宏观政策方面的研究，第二个是策略性个案方面的处理，第三个是社群发展。主要是三块，这三个维度始终需要同时去做。

陈菲：主要是向你们的服务对象提供哪些支持和帮助呢？

**黄雪涛**：因为我自己本身是一个律师出身，所以大家对衡平的印象就是要找黄律师打官司。

陈菲：然后是不用钱的，是这个意思吗？

**黄雪涛**：对。

陈菲：都这样想？

**黄雪涛**：都这样想。不管是衡平机构成立以前，还是到目前为止，虽然我们从来都不会主张说衡平是提供法律服务的，或者是提供法律援助的，但是求助的人还是络绎不绝，无日无之，我们收到的求助基本上是一天有两三个这样的一种频繁程度。

陈菲：几年下来就会好多。

**黄雪涛**：是。由于我们的这个团队小，而且也分那么多的板块，所以我们也更多地希望能把这么有限的力量，集中用在刀刃上，能够解决这个宏观的问题。通过宏观政策的改变，然后带来全国性的大规模的社会整体变化。所以在个案解决方面，我们也是希望能通过个案去策略性地推动宏观发展。我们在做的个案，其实很难以一个法律援助的方式去提供大规模的服务，更多的是作为一个策略性诉讼的模式，通过个案的传播讲故事，探讨个案背后的政策问题，然后梳理出个案解决的一些技术经验，形成一套解决这些问题的个案解决方法，最后变成对个案解决的服务人群的一些职业培训，可以让更多的律师来传播，做培训用。这样就可以有更多的律师，跟我一样能够做这些个案，这是一种方法。如果我整天都花时间去做个案的话，我根本就没有办法进行，不如培养更多的“黄律师”。所以我们认真解决这个行业服务供应的问题，而不能只是让自己成为供应者。

陈菲：就是授之以鱼，不如授之以渔。

黄雪涛：是的，没错，尤其是第三个“社群的发展”。如果更聚焦一点去看的话，我们可以称之为“法律赋能”，即我们让这个社群本身具备像衡平一样的能力，做政策研究，做政策的倡导，做个案的解决。因为求助的人实在是太多了，我们根本就应付不过来，那怎么办呢？那就让大家学习，我可以让你获得这方面的能力，我不能完全解决你的问题，但我可以把我们知道的，知无不言地分享给你。通过共享这些知识、经验和能力，来让大家都获得同样的能力，这是我们的一种路径。

## 《精神卫生法》促使中国精神医学服务模式重新改写

陈菲：我们知道您曾经主笔了中国精神病收治制度法律分析报告。2013年我国的《精神卫生法》出台实施，您对这部法律有着怎样的评价？

黄雪涛：《精神卫生法》的出台，仅仅是扭转了过去二十年来，中国在精神卫生领域里的一些不良制度的设计。《精神卫生法》本身是否有必要立法？如果没有必要，那么糟糕的法律制度是否原先就有一些坏的制度设计和现象？

陈菲：或者是不完善的地方。

黄雪涛：其实我个人认为《精神卫生法》不一定是非常必要的，但是因为有问题了，所以《精神卫生法》的出台，在当时那种情况来说，也是非常的迫切和有正面的社会价值。

陈菲：我们现在所说的精神病患者，或者说康复者、幸存者、使用者，在这部法律出来以后，这个群体现在的处境会不会有一些改变呢？

黄雪涛：应该说《精神卫生法》的出台，对精神医学领域的直接利益相关者有很大的影响。不仅仅是出台，在精神卫生立法的讨论阶段，一些滥用精神病医学的现象，就已经开始有所收敛了，因为社会对这个领域的问题有了非常高的警惕，以及媒体对这个领域给予了更多的关注。立法的讨论，也表达了我们国家立法者、政策制定者他们的意图和方向。在这个过程里，就已经开始重新讨论以前的制度设计出了哪些问题。

陈菲：讨论是否有缺陷在里边？

黄雪涛：对，有很严重的缺陷，已经被我们那些报告分析出来了，在媒体上有了一些讨论，然后也影响了整个精神病医学界的一些核心人物。他们的一些态度也发生了转变，尤其是整个社会的关注，对他们也有压力。他们以前那种习惯性的操作方法、操作标准，其实都会因为《精神卫生法》的出台和实施要全部修改，这个标准跟原来有很大的区别。这导致了中国的精神医学服务的模式要重新改写，包括他们的教科书要改，很多的操作模式、操作流程、操作标准全部都要发生改变。

陈菲：还是有改善的。

**黄雪涛**：对，我看到中国的精神医学界因为法律的出台，改变其实挺多的。虽然我们还嫌不够，但是也必须承认，这半年之内的改变还是挺大的。我们也收到很多当事人投诉的内容，向我们求助。遇到求助，我们都会问他事件发生的时间，发生在出台之前还是之后，跟以前常见的那些问题有没有区别。我们也非常留意这部法律实施前后，现实状况到底有没有发生改变。事实上，变化还是挺多的。

陈菲：还是向好的方向发展了。

**黄雪涛**：是的，发展了。

## “徐为案”挑战公共资源分配及亲属间监护权问题

陈菲：聊到《精神卫生法》，我们肯定要说到一个案件，那就是您跟杨卫华律师一起代理的“徐为案”。徐为这个主角目前的情况是怎么样呢？这个案件现在发展到了哪一个阶段呢？

**黄雪涛**：徐为案是《精神卫生法》实施生效的第六天提交到法院的。这个案件的主人公徐为，是一个已经在精神病医院住了十一年的成年公民。《精神卫生法》实施后，那就应该按照这种新的自愿住院的原则实践。一个人不再以有病没病作为住院的一个标准，而是以危险性作为标准的话，那么徐为他希望起码能够出院。在申请呼喊要出院的若干年以来，他对任何人都是没有威胁的。所以他应该受到人身自由权利的保护，他的出院应该是顺理成章的。

陈菲：就是说他的理据是很充分的。

**黄雪涛**：对，很充分。

陈菲：其实《精神卫生法》有一个很大的转变，就是不能够再强制去收治那些被说有精神病的人，徐为案里就有这个问题，是吧？

**黄雪涛**：是。我们也已经感觉到《精神卫生法》的出台对现实带来的主要改

黄雪涛律师（中）代理“徐为案”

变，是把一个人送进精神病医院的门槛高了，没那么容易了，所以很多人不是那么容易就被送进去。但是那些已经被送进去的人怎么出来呢？这个问题没有因为《精神卫生法》的立法或者是实施而被解决。还有很多已经长期被关在精神病医院里的人，依然出不来，这个问题也非常严峻。作为一个律师，一定要敲一敲这个社会关注问题，徐为就是一个非常好的例子。我们也评估了徐为离开医院的现实，其实各种条件都很充分，他出来后是有房子住的，他自身也有经济实力去维持他的生活。

陈菲：他有能力自己生活，这很重要。

黄雪涛：所以这就作为一个重点的典型个案，去挑战司法。

陈菲：我也了解了一下这个案件，其实徐为他现在已经不再去追究怎么把自己送进精神病院的这个责任了，他现在关心的是怎么能够出来。

黄雪涛：是的。

陈菲：医院方面说他是具备了出院条件的，但还是出不来。

黄雪涛：对。

陈菲：那障碍是什么呢？

黄雪涛：障碍还是因为原先旧有的规则起了作用。原来的规则是说，中国所有的精神病医院都遵循一条“谁送来的谁接走”的潜规则，这也是滥用监护制度的现象。但这个现象还被徐为所在的医院以及中国很多的精神病医院沿用。这背后也反映了一些社会问题，包括结构性的问题，就是缺乏支持系统。比如说我们刚才谈到衡平做的是支持性自主决策，但如果缺乏支持系统的话，他们的自主决策就变得没有办法实施了。有一些支持是可以通过商业购买实现的，但有一些支持可能是需要由政府福利提供的，或者是由家庭提供。但是在这个问题上，我国的现实结构是存在着缺陷的，像上海这么一个发达的城市，目前支持系统还严重欠缺，所以我们也希望通过“徐为案”去敲醒公共资源的分配。

陈菲：这种现象确实值得深思。

黄雪涛：像徐为这样同类个案的人，他的权利应该获得保障，不然的话，对于所有的人来说其实都是一种威胁。有可能出现这样一种现象：这个社会经济越发展，被当作精神病人关起来的人越多，然后有能力把别人关起来的人也会更多。这是一个值得社会深思的问题，所以“徐为案”其实也在挑战着这种公共资源的分配。而且作为监护制度来看，“徐为案”本身也在挑战亲属之间的这种监护权问题。

陈菲：现在是他哥哥不让他出院。

黄雪涛：这种处置的案例，其实到处可见，不单是徐为的个案。这种做法，我们就会提出质疑，难道他哥哥可以作为徐为利益的代言人吗？他哥哥是他的合理代理人吗？他哥哥代表的是自己的个人利益，还是代表着徐为的利益？监护制度、监护权是拿来这样用的吗？是用来把徐为的房子卖了，然后把徐为关进里边的吗？所以说下一个立法要改变的规则就是监护制度，“徐为案”就是要重新改写中国监护制度的一个个案。徐为他是否需要被监护？如果他真的被监护的话，他自己有没有权利去选择监护人？

陈菲：对，他有没有一个自主的选择权在里面？

黄雪涛：有的，徐为的亲生母亲支持他出院，而哥哥不支持他出院，这个时候，如果这两个可供选择的准监护人摆在面前，徐为能不能选？如果没有的话，那徐为能不能把自己的部分自主权通过委托律师或者是适合的社工，去帮他处置一些自身的权利呢？

陈菲：他能不能变更这个监护人呢？

黄雪涛：他申请过变更。

陈菲：不行吗？

黄雪涛：不是不行，是法院审理过，就否决了。所以我们也同时在挑战司法，挑战司法行业里对于监护制度的理解。所以在“徐为案”里边有很多对现行制度挑战和需要探讨的地方。“徐为案”的确是开创了很多个第一，他除了是精神卫生立法之后，第一个依据《精神卫生法》提出的诉讼之外，他也是第一个在精神病医院里面的原告。他身为一个还正处在失去人身自由情况下的公民，能够成功地成为原告，能成为坐上法庭原告席上的中国公民，我自己感觉这些都是对中国司法的一个挑战。

陈菲：现在这个案件其实还没有宣判。

**黄雪涛**：是的，还没有宣判，从2013年5月6日开始申请立案，然后花了半年的时间去立案，结果他的一审也历时超过一年的时间，这个远远超出通常概念里的诉讼程序。现在已经是2015年了，已经跨了三个年头，一审还没有结束。这能折射出很多问题，反映出这个社会最真实的那一面。

陈菲：就像一面镜子。

**黄雪涛**：是的，它像一面镜子，让我们看到很多的现象。杨卫华有一句很经典的总结，他说从“徐为案”里边，他看到很多平庸的恶。受理的法官们也都不是坏人，但就是平庸，就是没有胆量去开创历史。当然这也是一个挑战历史的个案，但是很简单，只要你以事实为依据，以法律为准绳，你照着去做就好了，就是对法律负责任，就没有风险。

陈菲：依法判决就行了。

**黄雪涛**：对，结果是什么让法官纠结这么久，没有宣判？

陈菲：衡平机构推荐徐为参加2014年公益传播奖当中的公益人物奖，为什么有这样一个举动？目的是什么？

**黄雪涛**：为什么推荐徐为？就是让徐为出来说话，让徐为代言他自己，以及代言跟他一样遭遇的人，他本人比我黄律师更适合代言自己，代言这个精神障碍的群体。这是一种更好的策略，一种更好的选择，是我们的一个原则。也就是说在法庭上，我们也不过是提供一个法律专业的技术支持。徐为本人他是有诉讼能力的，是有权利去参与司法诉讼的，他也有权利在公共媒体上发言，不应该剥夺他发言的权利。所以徐为作为一个失去人身自由的人，他多次面对媒体，接受媒体的采访，勇敢地站出来代表自己，也代表同他一个医院里的、还关在里边的病友。所以徐为这种挑战，不仅仅代言了他所在的医院的病人，还代表了中国很多封闭式的精神病医院里出不去的人。有那么多人长期失去人身自由，这个问题很严重。

## 公益律师这个概念的普及是社会的进步

陈菲：您怎么看待“公益律师”这个词在中国的含义？您跟您的公益律

师的朋友们，在处理案件的时候有没有遇到一些障碍？您觉得做公益律师，快乐在哪里？苦又是在哪里？

**黄雪涛：**我想律师这个行业，本身就是跟规则打交道的，我自己没有处理这个精神病议题之前，我们在律师业务里其实也跟这个规则发生很多的碰撞，都免不了会感觉到某些规则有各种不合理的地方。中国改革开放三十多年来，不断进行各种各样的改革，不断地试错、修改。我们法律专业本身就带有这种公共性，每一个个案都蕴含着公益性。一个律师很认真地做自己的个案的话，都含有某些公益价值，这个是行业注定的。

所以公益律师跟非公益律师之间，有时候是自己的一种定义，你愿不愿意你自己工作的效果提升到一个公共层面去？这可以通过自定义的方法去完成。我操作一个个案，通过媒体引发一个公共讨论的时候，那它就带有一种公益性。当我们从一种公共秩序的角度去参与立法、提一些立法建议的时候，虽然有时候是以个人的名义，或者是以一个小机构的名义，但是它的影响力也能起到很大的公共效果。所以律师更多地参与这种公共政策层面的活动，我觉得这也是一个专业化的工作内容。我希望有越来越多的律师，能够把自己的职业提升到公共层面。一个社会的法制水平提升，也有赖于律师行业在公共层面的参与，所以我自己感觉公益律师这个概念的普及，是社会的进步。

陈菲：那您作为一个公益律师，在处理一些案件的时候，有没有遇到这样或那样的障碍？

**黄雪涛：**说实话，我遇到的障碍没我看见的障碍多，我看见发生在别人身上的障碍可能会多一些。我自己也遇过，但是遇到的情况往往是一些非法制思维的人，或是对律师的一些误解。当然这个社会是有很多种解决冲突的方法的，冲突解决了，这个社会就圆满了。法律人就用法律的方法去解决，我提供了一个解决方法，应该是一种共赢。我自己真正遭遇的障碍还是比较少的，所以我相信用法制来解决纷争是一个最非暴力的方法，也是最好的方法。

陈菲：所以您还是挺有信心的。

**黄雪涛：**我自己挺有信心。一直以来我都享受工作，以前做专业律师的时候，也挺享受的，做了公益律师之后，我觉得我更享受工作了。尤其是当看到自己的专业能力能够替社会解决问题，能够替个案解决问题时，当然有一种成就感，所以我自己从工作里收获挺多的。公益律师的整个过程，就跟我们在公益界看到的人一样，脸上充满着阳光。

陈菲：是正能量。

黄雪涛：正能量。我在做公益律师的四五年里，自己的心简单，快乐多。一是关注的社会问题得到解决，二是体现了自己解决问题的能力，更愉快的是还逼着你不断地去学习，去吸取经验，去向年轻人学，去向这个社会学习。有些人讲过的各种各样解决问题的方法，比我的更好，我在解决这个问题的时候，需要向别人学习。所以这种永远向别人学习、吸取新知识的心态，也是我做NGO这几年感受特别强烈的。所以我觉得只要保持着学习的心态，这个人一定是保持年轻的。所以说做公益律师，有这三大好处，有这三大快乐。

陈菲：也有不开心的时候，辛苦的时候吧。

黄雪涛：苦呢，还是一种心态问题，就是把艰难的问题都当作是挑战。我们就解决问题，遇到新问题，我们得思考如何去解决它。我自己经常感觉，医生、律师，这两个专业领域其实都是面对着别人的痛苦和麻烦。我们不仅仅是在公益领域，甚至在我们的整个专业领域里，其实都是面对着别人的痛苦。

陈菲：您看求助的人每天都有两三个，一年下来上千个，他们的痛苦和

衡平机构团队 2012年12月获奖现场

麻烦都不一样。

**黄雪涛**：对。但是要明白，我们作为一个个人，或者一个小机构，要非常明确地知道自己能做什么、不能做什么，我们擅长做什么、不擅长做什么，我们不能有一种救世主的想象，要找到自己的介入点。许多事情是不能短时间解决的，理解了这样的现实之后，我们会把困难作为一种动力，鼓励所有面对着同样困难的人，跟我们一起变成这个变化的推动者，一起推动着社会的进步。我们把受害者的这种心态，转变为关注自己和关注公共议题的一个变化推动力。所以我也很愿意把我现在参与公益的快乐，跟所有的求助者一起去分享。公共关怀其实是能让大家产生个人价值、带来快乐、有个人收获的一件事情，同时又是有益社会的，这也是一种多赢的选择。

**陈菲**：所以何乐而不为呢？

**黄雪涛**：是，非常高兴，入行了。

**陈菲**：那么作为一名公益律师，您未来的愿景是什么？有什么打算吗？

**黄雪涛**：我觉得法治思维还是很重要。我很庆幸我们正生活在法治从弱到强的这样一个大时代里，这两年我们看到最高层也重新提法治概念，提司法去行政化这样一些概念。我感觉法治是一个过程，虽然我们现在离法治社会还有距离，但是在往这个方向走，需要更多的法律人去推动。我们个人的能力是可以在这个过程里发生作用的。

未来的愿景是希望在各行各业、各领域、各个环节都能尊重法治。希望法治、人权这些思维能够深入民心，渗透到生活里的每一个地方。希望支持性自主决策能够变成我们日常生活中的一个习惯，包括未成年人以及成年的被监护人，甚至包括植物人，都能够去自主决策。

**陈菲**：这绝对是值得深思的话题。公益律师这条路，您是决定一直走下去了，是吗？

**黄雪涛**：是的，因为很多的问题可以解决。这个过程中最重要的是可持续性，就像法治和人权这些梦想，不可能一天就能实现一样，最重要是一种过程，而且有人去持续地做，它才有可能变成现实。

**陈菲**：这也是公益律师的最大社会价值。衡平机构未来的打算是什么样的？有怎样的发展规划？

**黄雪涛**：我们很愿意支持或者是孵化出更多的专业机构，希望衡平机构不再是这个领域唯一的一家企业，也不再是全国唯一的。

陈菲：唯一意味着孤独。

黄雪涛：对，这个领域我希望有自倡导机构出来，有民间的真正提供法律援助的机构出来，有真正独立的政策研究机构也可以分出来。就像我们衡平这种小机构里有那么多的工作板块，可以分拆成很多很多的小型机构，然后变成一个产业。

陈菲：这个愿景很美好。

黄雪涛：这是我想见到的一个未来的方向。而且，社工机构也可以在这个领域专业地去做，律师成立自己的法律服务专业机构，自倡导者们也成立自己的自倡导机构，有很多元化的不同声音出现。打架也好，就是需要各种声音，多元参与，这个是衡平机构未来想在精神卫生领域看到的愿景。具体来说，在精神病这个议题里的目标，我希望他们能够在社会支持下独立自主地生活，而且跟大家融合生活。精神病可以变成像普通感冒，或者是其他疾病一样。就比如说你得了感冒，你可以看医生，也可以不去看医生，你可以坚持喝白开水，有人就坚持喝鸡汤。

陈菲：重要的是你可以去选择。

黄雪涛：有各种多元的选择和多元的服务，大家也把精神病看作是一个普通的现象，而不是一个特殊化或者说让人恐惧的一件事情。

陈菲：这样的话，大家就再也不用担心“被精神病了”。好，谢谢黄律师。

黄雪涛：谢谢。

## 记者手记

律师给人的感觉通常是严肃谨慎、能言善辩。在我眼前的黄雪涛律师，纤柔细语、温文尔雅，谁能想到就是这样的一位女子，却有着钢铁般的毅力，能为千千万万精神医学受害者的权益摇旗呐喊、振臂高呼。

2013年，我第一次采访黄律师，她正为修订中的《精神卫生法》而奔走努力。2015年，我再次见到黄律师，不变的是她为理想而奋斗的信念，而变的是她的一头早生华发。聊到“徐为案”的时候，黄律师两度热泪盈眶，她努力控制住激动的情绪，用客观的语言去表述她的观点和态度；聊到做公益律师，黄老师数次展露笑颜，眼神中透露着她对法治社会的期待与坚持。8个月后，我接到黄律师发来的消息：徐为二审败诉。

社会就像一辆前进中的大客车，有人在车上自得其乐，而有人则会探出头去，关心着车将开往何方。在公众眼中，公益律师是一群通过发起具有超越个案意义的公益诉讼和公益上书等法律行动，挑战不合理的法律、法规以及其他规范性法律文件的人。在公共权益受到侵害时，他们选择了挺身而出，去承担“为权利而奋斗”的神圣义务。

公益律师在中国刚刚出土萌芽，还面临着种种困难。近年来，由公益律师成立的公益团体越来越多，关注的领域也愈加宽广。可以预见，公益律师将注定成为一群重要的历史人物，因为时代需要他们，需要一批像黄雪涛那样的集仁善、勇气、智慧、知识、胆识与行动力于一身的人，推动中国法律制度变革与演进。

# 深圳山地救援队：
# 飞越山野的蜘蛛侠

■ 石欣：深圳山地救援队队长石欣

■ 记者：陈菲

听见公益

## 机构简介

深圳山地救援队是由一群参与了“5·12”汶川大地震灾后救助工作的志愿者倡议发起，由户外运动爱好者组成的民间志愿者专业队伍。2013年12月，其注册成为深圳市公益救援志愿者联合会的下属机构，现有志愿者队员300余名，救援领域涉及山地、高空楼宇、医疗救急、自然灾害、水域搜救等方面。2008年以来，该队完成搜索任务34件，救援预警51次共1 322人次，参加大型救灾行动8次。风雨中他们攀越高峰，悬崖上他们涉险搜寻……一声声求救的呼唤便是他们奋不顾身、抢险救灾的号角。在普通市民眼里，他们宛如“天兵神将”，是飞越山野的蜘蛛侠，其实他们只是来自各行各业的普通志愿者。

## 鲁甸地震，我们弥补了政府无暇顾及的救灾盲点

陈菲：首先请石队长介绍一下深圳山地救援队的有关情况。

石欣：好。深圳山地救援队是一支由民间户外运动爱好者发起并且成立的一个纯民间的公益救援组织。它从2008年开始成立，一路发展到去年（2014年）我们正式在民政局

注册，目前已经走过了6个年头，大大小小的各种各样的救援也有40多次。到今天为止，除了山地、山野环境下的这种救援，还包括城市、高空、楼宇、水域等等，各方面的救援我们都有涉及，都有去开展。

陈菲：深圳市公益救援志愿者联合会成立以后，对我们深圳山地救援队的组织框架和职能方面，是否会带来一些新的变化呢？

石欣：变化是比较大的。在成立联合会之后，我们救援的领域得到了进一步的扩充。实际上是从2012年开始，我们就在做转型，从去年成立到现在将近两年时间内，我们做了大量的转型工作，已经开始在包括像地震灾害救援、水灾救援、高空楼宇救援、城市搜救等方面进行救援工作。慢慢地，我们希望能够把之前简单形容的“救援”做到更加的细化和专业化。

陈菲：在去年云南的鲁甸地震期间，我们深圳山地救援队第一时间到救灾的现场。我看到很多媒体对此的报道评价相当高，认为你们相当专业。和2008年汶川地震的救援相对比，救援队提供的服务有哪些不同吗？

石欣：2008年汶川大地震的时候，最初我们第一批大概有十多个队员，都是当时登山户外运动协会的骨干成员及时去到灾区。其实对当时整个灾区的组织来说，政府确实还是比较缺乏经验，并不能做到充分有效地调动和汇集社会各方面的力量。所以我们在当地找到一个结合点，和镇政府接上头之后，我们就立刻在镇上开展工作。比如说我们在当地组织了2 000多个儿童，为他们举办夏令营等等。我们在那边坚持工作了整整一年的时间，与其说是参与了救援，不如说我们是真真实实在做一个灾后的帮扶重建工作。

像雅安地震，我们其实已经开始体现非常多的专业素养和专业技能方面的能力。我们派的是医疗分队进入四川雅安，八名队员都是去为灾区提供医疗服务的。当时我们在宝兴县城和灵关镇分别设了两个医疗点，有的时候一天就要救治和接诊上百人。

到2014年，也就是去年的鲁甸地震，在当地的20多天里，我们几个梯队带着专业的地震救援工具、破拆工具等进入灾区之后，心里非常清楚我们是第一梯队，要去进行紧急转运和搜救的。我们协助当时的三十八军、成都军区等，开展一些搜救工作，同时也应急转运了不少伤员。

第二阶段就开始进行灾情调查和物资发放、紧急救助这样的工作。像灾情调查表，我们就填写了差不多70多份，等于说我们队员的足迹遍布灾区的一些重点的镇、村，包括一些偏远的地区。再后来我们参与了一些灾后的生产自救、重建

深圳山地救援队队长石欣

工作。在了解到当地村民的一些需求之后，我们联系了一些厂家，又联系了一些社会机构去给他们提供一些机器。所以说在整个过程中，我觉得我们团队更加专业，目标也更加明确，而且也更加知道自己该怎么样参与到救灾活动中去。

陈菲：团队的救灾工作是更有目的性了，内容也更加丰富和专业化了。

石欣：对。可以说是更好地发挥了我们在救灾活动中的专业性，我们对这种专业技能和灾害也更加了解。

陈菲：你们发挥了民间组织的一个很大的优势，就是群众的基础。

石欣：我觉得政府是强有力的，它可以组织大宗的物资。比如说，政府运送帐篷和棉被，都是成千上万地给送过来。但这些物资应该被送到哪里去？类似这种协调工作，政府就很难去做，没有那么细致。但民间组织可以做到很细，它可以调查了解到这一户需要哪些物资，然后及时地把这些物资送到位。比如这家现在没有油了，或者是帐篷搭好之后，还需要有一些防雨布来盖他的粮食。又或者说这一户家里有孕妇，需要有一些能补充特定营养的食物。甚至是哪一户现在没有了锅，没有了炊具等，这些细致的信息，政府不可能一下子考虑到。

陈菲：你们就可以去搜集这些信息。

石欣：我们把需求调查出来，然后及时地把它反馈出去。因为不单是政府，社会各界都在关注，他们需要这样的信息。

## 减少人员伤亡和市民面临的生命威胁是最终目的

陈菲：在2014年，你们参加的救援活动大概有多少次？

石欣：我们去年一共有16次的山野救援，还有4次救灾，共有20次救援、救灾行动。

陈菲：您还挺忙的啊！

石欣：是，有的时候还真的挺忙的，我们最忙的时候一个月连续有4次救援，基本每个周末都出动。

陈菲：通常是怎样的一种情况呢？

石欣：各种各样都有，比如说有派出所转接过来的，也有山上被困的民众自己打电话过来的。

陈菲：其中是否包括驴友？

石欣：驴友自己打电话过来的都有。

陈菲：一般你们深圳山地救援队接到救援的指令以后，会怎么样开始部署呢？会有哪些流程呢？请您给我们介绍一下。

石欣：我们一般的救援流程是这样的：先派一个先遣小组去快速响应。在半个小时到一个小时之内，他们作为先头部队，抢先进入现场查看情况。先遣小组派出去的同时，我们会成立后方指挥部，后方指挥部就会在线协调各方面的资源，包括人员、物资、保障等等。但是同时也会做最原始的网络在线信息的收集，包括当地的气象、地理、人文、交通等等。这些信息搜集来之后，实时地传给先遣小组，供他们参考和借鉴。

后方指挥部成立的同时，就开始发布正式通知，根据这个情况，同时根据网上了解的相关的信息来集结队伍。集结好了之后，我们就会在当地成立一个前方指挥部，后续的大队人马来了之后，在前方指挥部的基础上开展工作，开展搜救行动。这个时候，其实有前方，有后方，有信息平台，有通讯保障，所有这些都是在搭建好了的情况下去开展的。我们所有的行动都是有备而去，然后有备而回。

陈菲：一般在救援的过程当中，你们会遇到一些什么样的困难，又是通过什么样的方式去克服的呢？

石欣：其实最常见的困难就是信息的不对称。很多时候你要去救援，但你并不知道他在哪里，或者并不确切地知道他在哪里，需要你想办法去定位。

陈菲：在有效信息的基础上，才能够制定一个准确的救援方案。

石欣：这样才能够有的放矢。

陈菲：有没有一些令您比较难忘的救援经历？

石欣：其实我觉得每一次救援都会让你有触动，没有一次救援是相同的，因为没有一个人遇险的场景是一样的，或者是相似的，各有各的紧急情况，或者危险情况。地形啊，环境啊，都有不同。去年年初我们在山上面，有一个山友，即登山的爱好者，他突然心脏病发作，但其实他并不知道自己有心脏病。他只是觉得自己稍微有点胖，然后就要减肥，去锻炼。

陈菲：是年纪比较大吗？

石欣：其实并不大，也就是40来岁吧。

陈菲：40来岁，中年人。

石欣：对，他在山上心脏病突发，情况比较危险，我们就马上派了一个20人的队伍上山。

陈菲：需要这么多的人吗？

石欣：当然，争分夺秒。他自己的队伍本身也有七八个人，我们和他的队友一起，算是争分夺秒地赶在天黑之前，把他送到山脚，然后送到救护车上面。其实整个过程比较紧张，因为在山上面，尤其在山路上抬人，是非常困难的一件事情。尤其心脏病病人，他不能够活动，否则会加剧病情。所以他必须平躺，而且不能有太大的颠簸或者移动。虽然大家花了不少的力气，但比较欣慰的是他可以被及时地送下山，及时地得到救助，如果再晚一点的话，他可能会面临非常严重的后果，甚至是失去生命。

陈菲：那次你们的救援时间是多少？

石欣：他是下午1点多钟的时候心脏病发作的，我们得到这个消息之后马上派人上山，到达他倒下的位置，也就花了一个多小时。然后把他运送下山的话，我们花了将近四个小时，所以是在6点多钟把他从山上面抬下来了。

陈菲：是哪座山呢？

石欣：尖峰顶。

陈菲：如果市民遇到这个险情，他们应该怎么样去求救呢？你们怎么获得他们求救的信息呢？

石欣：如果他们当时在有手机信号的位置，可以打通电话，可以报警，求助还是相对比较容易的。

陈菲：然后就会转接给你们？

石欣：对，派出所会根据情况转接给我们。或者他的亲朋好友也有可能找到我们，通过网上查我们的电话等。

陈菲：除了电话，还有新的手段出现了。在2014年7月，深圳的派出所设立了首批13根有精准定位功能的标记柱，上面还有二维码和报警电话，需要求救的人刷一下二维码就知道自己在哪儿了，今年（2015年）以来有人通过标记柱成功求救过吗？

石欣：非常多啊。队里面接到根据标记柱打来的电话，可能就有20多个。因为我们公布了两个号码在标记柱上，所以派出所那边更多，可能有30多起，加起来将近有60起了。由于我们准确地知道他的具体位置，在这些电话中，有绝大多数，通过电话指导告诉他怎么走就行了。真正受困、需要救援的情况也就只有两三起，也都因为有准确的位置信息，所以救援都非常地快而且非常有效，不用派出大队人马再去搜山。所以从救援角度来说，在这种不太成熟的线路上，比如说山野、海岸线设立这种标记柱，我觉得可以大幅地节约警力、减少出警，最终提高效率。

## 钱不是最大的问题　先要把自己手上的事做漂亮

陈菲：我知道咱们深圳山地救援队的内部架构分明，堪比“特种部

深圳山地救援队
在救援之中

队”——分成指挥中心、搜救中队、外联部、行政部、物资后勤保障、医疗团队、培训团队、心理辅导团队，甚至还细分出地图组。队员全部统一身着红色队服，佩戴臂章，足蹬登山鞋，头戴救援头盔，绝大多数是30—40岁的青壮年，非常帅。那么如何才能加入你们队伍？

石欣：我们入队考核非常严格，新队员需半年考察期，各项指标均要达标才能转正。同时，救援队自成立初期就开始救援课程开发工作，在借鉴了国内外大量相关知识的基础上，2010年9月初步完成了初级山地救援课程的开发工作，2013年3月该课程正式由中国登山协会验收完成，并开始在全国的山地救援队中进行推广。

陈菲：我们的救援队员在一些救援的活动当中表现非常好，可以说是深圳市民的一个守护神。其实在救援的过程当中，队员有时候也会遇到一些危险，但是只有我们自己安全了，才能够去救那些遇险的人员。你们怎么样去保障救援队成员自身的安全呢？

石欣：是的，任何时候说来，保障救援人员的安全都是非常重要和需要引起重视的问题。在整个救援行动中，我们会做各种各样的信息收集和分析。其中就包括对救援现场环境的评估，判断它的安全因素和行动所面对的具体风险。如果救援本身的风险很大，可能会影响到我们队员自身的安全，我们就会马上进行撤离。

陈菲：也就是说，我们救援队员自身的安全是建立在我们专业的判断上。

石欣：而且是建立在一个有完整信息的指挥调度系统上。

陈菲：平时怎么做好队员的培训和管理工作呢？

石欣：我们有专门的培训部门，叫作培训部，他们会对我们的队员进行培训。同时，各个专业队也会有自己的组织，为专业队的成员提供专项的技能训练。

陈菲：我们的队员现在是有工资的吗？

石欣：没有。

陈菲：完全是免费的？

石欣：对，我们的队员全部都是志愿者，都是志愿开展服务的。

陈菲：这些救援行动对于我们队员个体来讲，他们会有什么样的收获？

石欣：救援队其实并不是以救援行动和救人作为我们自己的最终目的的。我们希望通过我们的努力，最大程度地减少人员伤亡和市民面临的生命威胁。但我们更希望，通过我们的日常宣传工作，传播知识和方法来降低这样的伤害。我觉得我们的队员能够从中更多地获得的是一种快乐吧。因为这毕竟是一件可以利己，也利他的事情。在这样一个过程中间，你可以体会到，我为其他人去做一些事情之后，最终可能我自己除了得到心理上的快乐，还有实实在在的社会效益，换言之，我们的行动被社会所认可。我觉得我们所做的任何努力，社会都会有回馈的，这种回馈不是金钱、物质，或者荣誉上的回馈，而是说，社会认可了我们所要宣传的东西。比如说我们传播的知识，大家去认真听了，我觉得这就是收获。

陈菲：你会有一种满足感。

石欣：对，这就是我们最大的成就。由于政府的相关部门如公安局、消防队、120救护队在山地救援的能力和装备上都比较薄弱，有时候需要请求专业的山地救援组织参与救援行动。

但另一方面，由于是公益组织，队员的个人装备需要自费购买，救援队的日常开销，包括训练、综合搜救设备、搜救出行费用等等也靠自筹，有时也会遇到经费难以为继的尴尬境地。

陈菲：这是一个没有工资的救援行动，设备还要自己买？

石欣：是的，我们队员的个人装备，都是自己出钱买的。

陈菲：而且都不便宜，是很专业的一些装备。我们救援队现在生存状况怎么样？

石欣：肯定也是捉襟见肘的。但是我觉得，我们队员的热情都在，他们这种服务社会，想要为公益去做事情的心都在，而且我们的队伍也在不断地壮大，所以我觉得目前我们队伍的运行还是没有问题的，而且它也在良性地发展。我们在想，继续扩大自己的社会影响力，也希望能够得到社会上更多的热心人士和企业的帮助。

陈菲：我们救援队跟政府部门会有一些合作吗？

石欣：有的，我们和深圳市很多的政府机构都有合作关系。像深圳市应急办、公安、消防、属地的派出所等，还有深圳市的120急救中心、深圳市红十字会等。然后我们还是由广东省地震局授旗的广东省地震救援志愿者服务队。我想政府在看到我们的实际行动之后，应该还是比较认可我们的，因此也给了一些政策上的支持。比如说像深圳市应急办，就在他们的办公区域下面一个基地里给我们划拨了一个十几平方的小仓库。这个仓库的外面有一个广场，我们在那里进行集结、整理和保养装备都比较方便。

陈菲：给你们提供了场地，这解决了大问题。

石欣：是的，不然的话，像我们以前找场地也是个很头疼的问题。

陈菲：政府部门会有一些资助给我们救援队吗？

石欣：最近从中央政府开始一直都在表示，许多社会服务、社会功能，需要用政府采购服务的形式来开展，大家也都很期待。但是真正要到实施的话，可能还有一定的时间和距离，目前我们也还在申请。

陈菲：现在我们国内这种民间公益的救援其实还是蛮多的，从项目的资金角度，根据您的了解，他们的生存情况是怎么样的呢？

石欣：普遍来说，可能都会觉得自己很困难，甚至觉得钱是最大的问题。但是，从我们队伍的角度出发来说，我认为钱不是最大的问题。我认为如果我们能够把事情做好，能够真正做到对社会有贡献、有益，我相信政府会看到和认可我们的工作，应该是会给我们更多的支持和帮助的。所以我认为我们先要把自己手上的事做漂亮了，然后再说其他，至于说存活下去的问题，我觉得也不是那么难。

陈菲：如果把事情做好了，那么大家对你就认同了，政府给你信任，社会给你认同，那么可能很多问题都会迎刃而解了。

石欣：是的，就像我们能够得到这样一个小的仓库。深圳市福田区的一个社会组织总部基地给了我们一个卡位，而且它的会议室可以给我们免费使用，这就解决了我们很多类似培训和对外公开讲座的场地问题。那里有个300人的培训场地，我们就经常用，而且使用率非常高。急救培训的话，深圳市的120就提供了免费的培训场地给我们使用，这方面我们又省了。

## 让专业的人做专业的事，尽快出台《应急法》

陈菲：您觉得我们国家现在对于民间救援队的管理体制以及相关的法律法规方面是否完善呢？

石欣：这方面基本上我没有看到有相关的法律法规出台。各地政府好像也没有一个规范的东西出来，都还是停留在简单的所谓的合作，或者说是授旗、授牌的形式上，但其实是没有任何文件性的东西出来。我自己反正没有看到过。

陈菲：这方面您有建议吗？

石欣：我觉得从咱们国家整个应急体系的搭建上来说，这方面还是比较滞后的。2003年“非典”的时候，国家出台了第一个关于应急领域内的法规，好像就是中华人民共和国公共卫生事件应急处置的一个规定。在那之后，已经十多年过去了，好像再没有相关的法律出台过。

我觉得《应急法》的出台还是很有必要的。可以参考一些国外的案例，他们在应急法案的建立上面，就充分考虑到了各方面力量的整合，包括政府下面各个相关职能机构的资源整合。

陈菲：应急部门有哪些？

石欣：应急部门包括民间的、社会的，他们应该知道怎么样去有效和规范地参与到应急事件中去。

陈菲：例如，日常的职能是什么，也就是说在灾害面前，你的角色是什么，有什么可以做，什么不可以做的。

石欣：对，比如日本就在灾害预防方面做得很好。它有很多关于灾害之前怎么样去备灾、学校应该怎么样去做、民众应该怎么样去做、企业应该怎么样去做等准备工作，有一系列的法案支撑和支持大家这样去做。香港政府就成立了一个有6 000人的叫作民众安全服务队的组织。

陈菲：你们跟他们会有一些合作交流？

石欣：对。他们是政府来支持民间队伍的成长，他们会在各种各样的应急、冲突，包括灾害、事故面前，包括山野搜救这方面，发挥他们自己的作用。比如说他们民安队处理得最多的就是大型公共聚会现场的秩序维护，这样就不需要动用警察了。他们高效整合了民间社会各方面的力量来应对这种突发事件。其实可能在现场有非常多的警察，但是警察永远是不够用的。

陈菲：不能完全去依赖警方。

石欣：大政府、小社会，政府就算做到天昏地暗也做不过来，只能头疼医头，脚疼医脚。所以还是要转变思维，转变功能，变成小政府、大社会，让社会来承担更多的职能。国外的很多国家对志愿者参与到社会服务，包括参与到应急救灾体系中来给予很大的政策上的支撑。其实不需要很多钱，比如说，如果你要去参加这种志愿的服务队，是可以带薪去参与这种社会服务的。像国外的很多消防员也是志愿者，而且政府还给予保险和补贴。这肯定比养一个消防员要划算得多。

陈菲：成本会低。

石欣：低很多，而且效率会更高，另外他的这种服务意识会带动全社会参与到社会服务中来，这对全社会而言，当然是一种提高。

## 中国的救援队发展还处在一个初级阶段

陈菲：对于我们现在的民间救援队，您觉得现在生存状况和管理运营方面有哪些困难？

石欣：我觉得我们真的是处在一个初级阶段。从各个地方的救援队的成长来说，各有特色；从发展水平来说，有高有低，还处在一个比较混沌的阶段。我觉得如果政府能够更早地从法律等各方面去规范它，同时给予一定的扶持，它会成为社会发展一个很好的方向，我觉得这也是一种稳定的社会力量。

陈菲：您刚才说我们的发展是处于一个初级的阶段，您觉得我们的山地救援队它发展的前景怎样，路向在哪里？您有思考过这个问题吗，能否分享一下？

石欣：希望我们最后能成为像国外的志愿服务队一样的，或是像香港的民安队一样的，得到了政府和社会各界认可的一个志愿服务队伍。它是能够为我们的社会提供最基本的应急、急救知识普及和宣传培训，同时承担部分的协助职能，辅助政府去开展救援、救灾，在专业领域能够发挥自己专长的这样一支民间的社会力量。

陈菲：深圳山地救援队在普及安全知识方面做了很多的工作，你们怎么能够提高我们市民的安全意识，减少这种遇险的情况发生呢？

石欣：其实对于救援队来说，我们是最不喜欢去做救援的。大家可能觉得我们喜欢做救援，其实不是这样的。我们救援队从刚开始成立的时候，目的就是要让救援尽可能少地出现。

从日常来说，救援队是做安全宣导，普及自救互救的意识、知识和技能。所以我们每年会举办很多公共安全讲座，也会做很多户外的宣传工作，然后做相关培训，包括告诉大家，假如你在山上面遇险了，你应该怎么样去自我防范和处置，避免被困甚至造成二次伤害。

同时我们也在普及各种各样的急救知识，希望大家能够在第一时间，不需要专业队伍，自己就能够把一些小的危险给化解掉和处理掉，而不至于造成更大的危险和进一步的恶化，甚至危及到生命。

所以，我觉得民间救援队存在的意义就在这，不是说你去救了多少人，你出动了多少次，而在于你办了多少普及性的培训班，你到底做了多少安全知识的推广工作，这些是我觉得意义最大的事情，也是我们存在的最有价值的地方。因为对真正的救援来说，永远都是不及时的，等你去到那个地方，他可能已经受到了伤害，或者说甚至是遇险了，因为你毕竟不在现场。

陈菲：今年有何规划？

石欣：我们今年会把这支专业队伍基本的框架搭建完，除了原有的深圳山地救援队，高空救援队也已经成立了，可能会在技能方面进行更加专业化的训练。同时，发展更多的志愿者，参与到安全知识宣传上面来。我们的医疗辅助队也基本筹建完备，水上救援队正在成立。地震救援队，也就是我们说的城市搜救队也已经组建完毕，它主要应对的是大型自然灾害。我们今年的发展规划就是要把各个专业队组建起来，同时配以专业的培训和课程，加强我们队伍内部的建设。

从对外方面来说，我们会加大对外安全宣传和知识普及工作。去年，光是对外的公共讲座就差不多有二十多场。今年我们会加大力度，增加对外讲座的场数，同时还会进一步增加对外技能培训和相关课程的开发，更重要的是，我们希望能够走到社区里面去。

陈菲：如果要发展到高级阶段的话，您预计大概要多久，还有多长的路要走？

石欣：这应该算是第二个五年计划了，今年是第六年，正好已经跨过五年，所以我们希望在剩下的四年时间里，能够真正实现一个跨越式增长，也可以说是成长吧。我觉得人数不是最关键的，关键是队伍中的每一个成员，他的能力能有所提高，而且他的影响力能够更大，团队能够把这个知识传播的渠道更加完善和广泛地建立起来。

我更希望的是，我们所做的这些事情能够吸引更多的市民参加进来。就像我们之前说的一样，它是个全社会的事情，应急、救援、救灾，所有的这些技能和知识的掌握推广，需要全社会一起去动员，是包括我们每一个市民，包括企业，包括政府，都要去做的一件工作。

陈菲：好，今天非常感谢石队长来我们的《公益华夏》节目跟我们分享您的精彩的经历，还有您的一些精辟的观点，谢谢您。我们也会继续关注深圳山地救援队的发展情况，也希望救援队能够为我们的市民带来更多更好的服务。

石欣：谢谢大家，希望大家对我们多加包容和关怀，再次谢谢大家。

## 记者手记

**认识深圳山地救援队其实十分偶然。2012年《公益华夏》节目参加壹基**

金在深圳梧桐山举办的“为爱同行”公益徒步活动。我在活动的终点站看见一群筋疲力竭的救援人员坐在地上，出于好奇凑前采访，认识了队员猪哥——朱新涛，原来他们正为这个几万人参加的活动开展义务安保工作，通宵达旦未曾休息。我随即邀请救援队成员到广州录制节目。随后3年中，雅安地震、鲁甸地震、海南风灾、汕头水灾……我们的节目都留意到救援队员的身影，跟随着他们的足迹。

救援队中，不少的队员都用动物作为昵称，石欣队长又叫“老狗”，在“圈中”可是响当当的名号。按他自己的话说，就是粤语“男人老狗”（爷们）的意思。而我觉得，这个名字正好反映了救援队员如猎犬一般敏锐而坚韧。

民间救援队的队员都有自己的职业，为了参加救援行动，他们请假、出钱、出力，甚至“玩命”——记得猪哥说过，那黑夜的海边狂风暴雨，驾驶着越野车在悬崖上与台风赛跑，只为寻找失踪者——救援队员也是人，家里是上有老下有小，谁没有害怕的时候？然而，正如石欣队长所说，赠人玫瑰，手留余香；帮助他人，快乐自己——这就是支撑他们的精神信条。

然而，在这种“单向支出式”的志愿服务模式下，靠“激情”支撑的救援能走多远呢？许多民间救援队想说，仅仅解决“身份”的尴尬还不足够，那种“小政府、大社会”的创新社会志愿服务管理模式，是否可望而不可即？

石欣提到，国际上在救援和防灾领域的做法是：由国家及下属行政区的灾害管理体系与民间救助互补，非政府组织广泛参与政策制定、紧急响应、防灾减灾的各个阶段。业内人士认为，目前不少民间救援队被纳入政府应急体系，就应该得到政府的支持。而社会各界，也逐渐形成公益慈善的良好氛围。如此一来，民间救援队发挥的力量将会越来越大。

# E农计划：
# 让农产品走出农村　让爸爸妈妈回家

- 嘉宾：E农计划发起人邓飞
- 记者：梁卫浩

听见公益

## 机构简介

“E农计划”是由邓飞和他的中欧国际工商学院的校友联合发起成立的社会型企业旗下的新式扶贫项目。该项目目标是要把地处偏远、没有工业污染的安全农产品，通过微博、微信等互联网方式推荐到城市，培植贫困山区的生态养殖和种植户，吸引出门打工的年轻人返乡致富，使孩子们摆脱留守儿童困境，享受亲情保障，整个家庭恢复正常生活，让已略显破败的我国贫困农村地区恢复自我造血功能，实现良性循环。

## E农计划的发端：云南漾濞的核桃

梁卫浩：今天我为大家请到的是大家非常熟悉的老朋友邓飞，聊一聊他新开始的，或者说最近有比较大动作的一个公益项目——E农计划。这个E农计划是什么，邓飞？

邓飞：E农计划跟我以前做的公益项目不同，它首先是一个社会企业，更准确来说它是用一个商业方法来解决我们以前碰到的社会问题。它是用移动互联网这样一个电商平台，去帮助免费午餐学校里面的学生父母，把他们的农产品卖到城里面去，让他们有收入，让乡村能有机会。

梁卫浩：就是一个社会企业，用商业手段来做公益。

邓飞：如果把它提炼出来的话也可以这么理解，就是说用商业的方法，用企业的方法，去做公益想做的事情。

梁卫浩：在做其他公益项目的过程中，我们也发现很多问题很难解决，比如说我们可以投钱，让孩子们吃上饭，能够保护候鸟等等，但是我们无法解决一个问题，无法让那些孩子外出打工的父母回到他们的身边，这是一个死结。

邓飞：对，这是我们遇到的一个死结，也可以说是一个瓶颈。我们再怎么去帮助孩子，我们给他们再好的东西，可我们解决不了一个根本的问题，我们取代不了他们的父母。如果他们的父母不回来，就好像是一个布袋，底部是空的，我们往里面去塞去装，永远是一个无底洞。

梁卫浩：所以我们在2013年10月的时候发起了E农计划，最开始的时候就帮助一些地方去卖他们的农产品，比如说云南漾濞的核桃。这个地区的核桃是非常出名、非常好的是吧？

邓飞：是的。漾濞是核桃之乡，但是它的销路只在周边地区，没有去实现本身应有的价值。中国最好的核桃可以卖出更好的价钱，因为销售能力和销售半径的局限，所以商品的价值没有充分体现出来，好东西卖了个便宜的价钱。

梁卫浩：核桃通过E农计划，通过伟大的互联网，通过我们勤劳的快递哥哥快递姐姐们，能够送到我们每一个人家中。

邓飞：是的，然后我们就开始通过微信微博来卖漾濞的核桃，并且我们讲一个故事，这个核桃是谁家的，他们家里有什么样的人，如果我们把核桃买下来，他们就有收入，他们的父母可以回去，再做好经营，把核桃的生产联合起来。后面还会有很多其他的故事可以发生。

梁卫浩：这里面的故事还有一个小朋友，就是你在微信里面称她为“小天使”的小泗洪。小泗洪是个什么样的情况？

邓飞：小泗洪是我们在云南碰到的一个生病的孩子。我们在云南还做了一个新的项目叫“大病医保”，我们给每个孩子买了份保险，让他们生病的时候除了有政府“新农合”8万到10万元的补助，我们还有一个最高20万元的补助。我们希望孩子们能够有尊严地病有所医，能够有救命的钱。

我们在漾濞推行大病医保的时候进行筛查，结果就发现了一个心脏病孩子，看到她的时候我们特别震惊，孩子因为生病的关系特别的瘦小，家里面说孩子这个病需要花多少钱，他们家里没有钱治疗。孩子的爸爸妈妈都不在身边，她就住在她爷爷的弟弟家里，是这么一个寄养的状态。这个孩子如果没有钱治疗，大概18岁就会死掉。看到之后我们把孩子带到了北京做手术，因为当地做这个手术可能比较悬。这个孩子叫车泗洪。

最后我们又把她送回去了，手术特别成功。他们家里人特别感谢，就要把他们一棵树上的核桃送给我们。但是我们是有纪律的，我们不能收人家的东西啊，就想怎么把核桃变成现金，能够去补贴这个家庭。那个时候我在一个工商学院读EMBA，我就找我的同学去卖核桃，结果发现很多人愿意买。首先核桃好，其次能够帮助到一个家庭，第三他可以看到这个帮助实实在在地存在着，看到那个家庭的情况，他特别有成就感。

所以我们想到我们要帮助农民卖出他们的农产品，解决他们的收入问题，解决爸爸回家的问题，最终也能够解决我们公益正在解决的社会问题。我们就开始跟中欧的校友，和我那些同学做了一个计划，叫E农计划。

我们的意思就是通过互联网的思维和工具，帮助农民去卖农产品，然后把游客请到乡村里面去。我们提了一个战术，叫“游客请进来，土货卖出去，爸爸回家”。

我们选和我们合作的贫困县，后来我发现这是一个蛮好的方法。当地贫困县官员以前就找我，让我们帮他招商引资，我们告诉他，招商引资这个工作你们做了很多年，为什么引不进来，因为企业会认为，我到你们那边的投入产出是不成正比的，没有钱赚，那企业就不会去的。所以我们跟县里沟通说，咱们鸡不能

邓飞在推介E农计划

跟马赛跑。我们是鸡，就要面对这个事实，但是不是说鸡就没有能力，就没有活路，鸡有鸡的活法。我们就想，我们到底有什么东西，虽然我们贫困，但是也是因贫得福。我们因为贫困，因为偏远，因为交通不便，我们意外地保护了当地的生态，所以说我们有非常好的空气、水、食材和环境，而这些东西恰恰是城市里面，尤其是北上广这样的城市最稀缺的。

梁卫浩：我们小时候其实拥有过，但是失去了。

邓飞：是的，我们为什么不去把这些资源跟城市里的居民分享？

梁卫浩：做个交换。

邓飞：对，然后实现一个价值的创造、资源的互动交流。这样我们既帮助城市居民获得了好的生活、好的生命体验，也给乡村更多的机会，所以我就开始做这样一个平台，连接这两端。今年（2014年）11月29日我们在北京开新闻发布会，就开工了。现在也有一些产品推荐给大家。

## 众筹E农计划：中欧校友爱心爆棚

梁卫浩：做这个企业首先是需要钱，我在微信看到你“致中欧人的一封信”里面，是用众筹的方式来做一个E农计划的基金。我看到非常快，可能在你发出这个众筹的微信后，第一批100个中欧人每人1万块钱就到账了。

邓飞：我想到要去联合中欧的校友，为什么呢？因为我想做一个社会企业，用企业的方法去运营，但是赚了钱以后我们不分红，我们把这个钱捐出来，或者用于扩大再生产。我非常清楚我的局限，我是一个社会学的人，不擅长做商业，但是我们中欧的校友个个都是商业精英，我需要他们这种专业的能力和他们深度的参与，所以我就联合中欧的校友，跟他们讲我们的梦想。我还记得我首先在中欧校友人文群里面宣讲，那些是具有人文情怀的、忧国忧民的企业家，所以他们特别认可。我去微信群里面做了一场交流后，就得到四五十个校友的支持，他们迅速把钱打给我们。有这100个基本盘以后，我们就宣布要找第二批100人，捐款就涨到了2万块钱一个人。

梁卫浩：前100个是1万元一人，从101到200是2万元一人，为什么有这样一个涨幅？

邓飞：首先，前100个来参与的人肯定是我们的核心基本盘，因为他们较早的参与，让我们得到了一个基础，我们应该鼓励他，激励他，我们的价值是要增长的。第二批100人呢，因为他进来后就有一个100人的校友群，他实际上是获得了我们校友的资源，然后他们出2万元，后面我们会涨到3万4万元，可能到5万元我们就不涨了。这是一个有趣的游戏规则，实际上就是鼓励大家更快地参与我们。

梁卫浩：到今天12月3日，参与到里面的有多少人呢？

邓飞：已经超过200了。

梁卫浩：就是说开始涨到3万元了？

邓飞：对，开始涨到3万元了。

梁卫浩：那除了中欧的校友，比如说听到我们节目的人也想参加，出3万4万元都行，可以吗？

邓飞：实际上我是想在中欧做一个品牌。我特别感恩中欧，因为在中欧我得到很好的学习机会，我希望给中欧做一个社会企业，让它能够流传，然后源源不断地吸引中欧的校友参与，我们想变成工商学院怎么样去帮助国家的一个好的个案，所以我们会保持相对的独立性。但是我们知道我们必须要开放，要联合更多的学校的资源和力量。所以我们做了几个板块，一个是E农的销售，一个是E农的生产，因为有销售以后就必然导致生产的增加，生产的增加就又会导致有投资的参与。我们把E农销售作为中欧校友发起的，其他的板块我们可以打开，我们其他所有学校的EMBA的同学都可以参与进来，我们最后肯定是变成一个EMBA学员的联合体。我们希望这些社会的精英商业的精英最后能够联合起来，去帮助中国的县域经济得到一个可持续发展的模型。

## 面对最难啃的骨头　E农计划有何优势？

梁卫浩：所谓得道多助，这么多的中欧校友这么快来参加这个项目，原因也是这几年来邓飞做公益项目包括免费午餐、大病医保等等积累起来的大量的人气，大家相信你，有了这份信任，才会有大家这么快地聚集起来做一件事，让这个社会变得更好。现在问题来了，其实现在做农业的机构很多，包括阿里巴巴、京东也开始做农产品的直销。坦白说，这么多年，经过大家的努力，容易做的已经做完了，现在留下的都是最难啃的骨头，那凭什么E农计划就能够做得好，凭什么E农计划就能解决这些问题？难道公益就能够解决这些问题吗？咱们怎么破别人无法解决的这些难题呢？

邓飞：如何把偏远山区的农产品卖到城市里面去，确实是很难的一件事情，因为涉及物流、标准化、品控、选品、结算等等，是很系统的一个工作。我们以前做公益，更多是一个轻骑兵，很少打这种持久战，并且是阵地战。阵地战的战术要求是综合的系统的，链条很多很长，哪个方面都不能掉链子，只要一个环节掉链子，整个盘崩溃都有可能。所以说现在做农产品，一般都是比较大的品牌或者企业，比如阿里巴巴、京东。

但是我们没有什么畏惧。第一，我们觉得这个事情我们必须要做；第二，我们也不知道能够做到什么样的规模，或是能不能做好，但是我们必须要做；第三，我们能够帮到一个家庭，把他的农产品卖出去，这个家庭的爸爸能够回家，我觉得就是胜利。我们也不要给自己下太大的任务或是目标，因为很多事情我们是没办法把握的，我们努力去走好每一步，我相信走好每一步，方向是对的，我们就能够持久，就能够走到头。

当然我们还会有一些优势，比如说：第一，我们有信任。当地政府相信我们能够给他们创造新的价值；乡村的村民们因为我们的公益行动，对我们有信任，他觉得我们不会坑他，我们一起去解决这个问题。那我们有120多万捐款人，还有不知道多少的人，我们有这么多信任我们的人，他们相信我们不会卖假货给他们，他们相信我们这个方法可以帮到中国的乡村，他们会愿意在相同的条件下，倾向于选择我们。

第二，中欧是一个系统，做什么事情的人都有，我们可以把各个链条列出来以后，找相同的人帮助我们解决。然后中欧的这股力量又是一股庞大的消费能力，他们自己的需求、家庭的需求、企业的需求，这又是一个基本盘。

梁卫浩：对好的农产品的需求是非常大的。

邓飞：他们消费力是比较强劲的，他们又会成为这个城市高端人群消费的典范，他们在消费什么，可能会影响其他人的消费。

第三，除了微博，我们还有朋友圈，通过朋友圈这种熟人关系去推荐我们的产品，我们有更好的传播的机会。

第四，我们告诉大家，购买就是做公益，消费就能帮孩子。要创造一个新的公益的理念，我们除了捐钱，还可以去买他们的农产品来帮助他们。

梁卫浩：让农村有一个自我造血的功能非常非常重要。

邓飞：是的，就让他们看到，我们一起去帮助乡村自我造血，实现它的可持续发展，以后我们也许真的有一天可以不需要捐款了。这样既能够买到很好的农产品，又能够帮助到乡村，我们何乐不为呢？

最后一点，我们的核心优势，我想很多企业没办法像我们这么做，是因为四个字：永不分红。这样的话我们就超然于利润之外，可以从容地去做一点事情。我们没有股东、股票、股价在背后的压迫，我们会有更多的道义。中国人会觉得，都是同样的产品，我们买了E农计划的，因为它的钱没有被分红分掉，它有一些钱可以去帮助其他没有农产品的小朋友。我不是说分红不对，我不是说其他商业机构就不能分红，只是我们愿意不分红，我们牺牲了个人的利润，可能会得到其他的回报。

## E农计划：稳扎稳打　建立模型

梁卫浩：刚才邓飞谈了很多点，但是归根到底最重要的是基于“信任”这两个字。信任就意味着我从E农计划里面所买到的农产品必须是好的，没有外面乱七八糟那些东西。那随着E农计划的不断成长，量越来越大的时候，我们怎么保证通过E农计划买到的每一份农产品都是那么好的呢？这是我最关心的问题。如果我通过E农计划买到的东西跟别的品质差的是一样的话，那这个信任就会被破坏了。而农产品一件件又是很小很散的，只要一大规模生产的话就很容易出问题，那这个问题怎么解决？

邓飞：首先，我们要做稳健的事情，要做自己能够控制的事情，所以我们不能够盲目地扩大规模，或者大跃进，我们一定要警惕。

其次，我们要做好模型，形成流程的标准，我们要联合当地的资源，比如技术监督、卫生部门，包括当地环保局。我们希望我们的农产品能够好，但是这个好的标准，最主要的就是没有农药残留，没有重金属的超标，做到这两点，我们觉得就是好的农产品了。再加上当地好的空气和水，它的口感应该不会差到哪里去。

在这个过程中间，我们就算做了很多很多努力，还是不能够确保每一份农产品都没有问题。我说过，只要是人做的事情，就一定会有这样或那样的问题。所以说，我们不能够给大家承诺，我卖的每一件东西，保管它完美无瑕。相反，我们要把这个监督的权利交给每一个消费者。出现了问题不要紧，不可怕，我们迅速发现问题的存在，去解决它，而不是推诿问题的责任，去掩盖它。所以我们恳请每一个消费者都要帮助我们，也是帮助自己，对自己的消费行为负责，发现任何问题，迅速地和我们沟通交流。我们现在沟通起来也很方便，通过微信很快就可以到一起了。最后要形成一个全社会的广泛参与，形成全社会的自我消费、自

在希望的田野上，前排右四为邓飞

我监督、自我学习、自我发展的情形。

梁卫浩：E农计划有一个很好的基础，虽然咱们几天前才大规模成立，但是很多合作机构都是原来的公益项目包括免费午餐、大病医保已经进去的地方，比如湖南怀化和兴化、湖北的鹤峰等等地方，有很好的基础，所以再做农产品的话，就会有更多的信任。铺开来说，可能能得到当地政府更大的支持，我想这也是E农计划的一个优势。

邓飞：确实，当地县委、县政府特别支持这个项目，因为我们除了帮助群众，帮助这些孩子的父母、家庭，我们也能够帮助政府。政府的公务员在这个地区的首要任务是发展经济，要提高居民的收入，但是他们真的是没有什么方法。我们通过卖农产品，然后把城市的居民带到山里面去旅行，这种温和的、非掠夺非暴力的方式，可以让这个县找到一条新的出路，跟以前的方法不同的一条出路，所以他们的积极性特别高涨。所以我去不同的县，去联合他们。当我们把一个县的模型做好以后，我们就可以做十个县，当十个县的模型做好以后，我们就可以做一百个县，一百个县做好以后，中国就三千多个县，咱们都可以这样去发展。

梁卫浩：有哪些地方是咱们现在正在做模型的？

邓飞：一个是云南的临沧市，下面有好几个县，因为他们副市长是我们的校友。然后在恩施，因为恩施通过我们的公益，已经有一定的品牌。我们首先要集中力量先去专注地解决这两个地区的问题，做好模型以后，一个是在南方，一个在中部，我们就可以迅速地在其他地区推广。我们现在还缺一个北方的模型，我们去了内蒙古的科右前旗，它是一个草原的农业生态。现在我们找的都是风景很好，有山有水的地方。有山有水，它才会有更多的农产品或是特产。

梁卫浩：现在规划当中，这几个做模型的地方，大概什么时候能够探索出来？

邓飞：在一个县做模型的话，基本上半年到一年的时间就可以比较完善了，因为在这过程中我们还会发现各种各样的问题需要微调、调试，或是大开大合地调整。但是我们希望它做得稳健，具有可复制推广的效能。

梁卫浩：几天前的新闻发布会之后，我发现你不断在微信里面说E农计划需要人帮忙，“求上天给我派来一个天使吧”，陆陆续续也有一些人愿意参与了。E农计划还需要招什么样的人，需要多大的团队来做这个事情？

邓飞：我们时时刻刻要记住一点，在移动互联网时代，我们不需要，或者说，我们更加倾向做一个轻快灵动的组织。我们人要少，我们不要负重，我们更多地要采取一个联合接力的方法，这是移动互联网的时代，对每个企业都有这样的要求。另外在这样的环境里面，我们也不可能按照传统的企业治理方式去做事，因为没有风投或是大的资金进来，我们就不能够去高举高打，还是要记得我们的优势，记得我们擅长的方面和战术。但是不管什么样的形态，我们既有热情、有思想、有愿景、有理想，除了这些东西，还要有一支专业的、可持续的执行团队。所以说到底，我们还是缺做电商营销的人，也缺这种专门写故事的人、写文案的人。总之，我们需要有热情、专业的人参与进来，变成我们的伙伴。

梁卫浩：E农计划是2013年10月成立的，但是大规模发力就在几天之前，应该说现在还处于一个探索的过程，在未来的半年、一年内，E农计划能够交出一份什么样的答卷，我们也会随时关注。我们希望E农计划能够像免费午餐那样，再创一个中国民间公益的奇迹。让我们看到，原来我们可以通过一些商业手段来解决社会问题，能够帮到我们农村增强自我造血的功能，能够让我们这些吃不上饭的孩子们在外打工的父母回到他们身边，让我们的农村也能够由现在相对比较破败的境况重新建设起来。我们也会一直关注E农计划的发展。今天非常感谢邓飞。

邓飞：感谢大家。

## 记者手记

邓飞的微信封面照片，现在是一个清秀的小女孩，双手捧着一个玻璃罐子，上面写着："土红糖　云南临沧"。是的，这是一个广告，这是E农计划的产品。

邓飞不仅自己卖红糖，还第一次为一款产品代言，是"昆虫哥"的寒茶。不仅仅自己代言，还邀请其他知名调查记者排队代言。

不仅仅为产品代言，他还发动朋友们一起来帮E农做销售，第一批100个人，秒杀。销售词是这样的："我不只是推荐者，我还是监督者。这是我推荐的，我负责。我在意食品安全，我选择E农计划。我热爱公益，帮人助人，不骗人害人。"

为了E农计划，邓飞确实挺拼的。

在我看来，E农计划是邓飞所做的十几个公益项目中最难的，没有之一。

所以，从他的微信、微博来看，E农计划也是邓飞2015年用力最深的项目，没有之一。

农产品电商有很多，邓飞能闯出一条与众不同的路子来吗？能杀出一条血路吗？能再给我们带来一个巨大的惊喜吗？在朋友圈卖公益产品，能行得通吗？

在旁静静看着邓飞为E农计划和其他公益项目所做的一切，除被他的公益之心感动之外，经常会为他的奇思妙想而拍案叫绝。这真是种享受。

当然，也不能只是看着。我这就上网去买一罐红糖。

# "齐天下"：
# 骑行天下　传播公益

■ 嘉宾："齐天下"游学馆创始人王卫
■ 记者：邓泽宇

听见公益

## 机构简介

"齐天下"游学馆创始人、北京奥运会和广州亚运会"双料"火炬手王卫曾在大学期间利用两年寒暑假的时间，独自一人骑行两万余公里，足迹遍布全国31个省市区。2009年10月，他带领7名志愿者骑行东南亚六国宣传广州亚运会；2013年国庆，完成广州到北京2 500多公里路程的骑行；2014年8月，率领各地爱心骑友从北京出发骑往广州，向沿线城市倡导"公益骑行"这种健康的生活方式，并沿途为山区孩子募集免费午餐的公益善款。

## 为公益，挑战极限骑行

泽宇：今天我们会和大家关注一个比较时尚的话题"公益骑行"。请到节目中的嘉宾是北京奥运会和广州亚运会的双料火炬手，"齐天下"游学馆创始人王卫。王卫，你好。

王卫：泽宇好。

泽宇：欢迎你。王卫在2013年和2014年，两次穿越中国南北地域，倡导公益骑行这种健康的生活方式，同时为免费午餐筹集善款。在刚刚过去的2014年，你完成了第二届的南北大穿越，这一次的骑行情况是怎样的呢？

“齐天下”创始人王卫

王卫：2013年是从广州骑到北京，2014年是从北京骑回广州。第二届筹到的善款比第一届多了很多，第一届筹到了一万多顿营养午餐，第二届筹到了三万多顿。2014年跟2013年最大的不同，除了为山区孩子筹集营养午餐，还增加了接力骑行。在穿越南北的过程中，有将近1 500个车友一块接力骑行，非常地热闹和感人。另外，我还在沿途走进八所高校开展公益分享，跟大学生们分享当年我在大学期间骑行中国的一些故事，希望能影响他们走出去，读一所“围墙外的大学”。那这样的话，就从整体来说，在意义和规模上来说会大很多。

泽宇：第一年是你自己一个人骑行。

王卫：是的，我一个人，一个人骑行。

泽宇：所以跟第一年比增加了一千多倍，把这份爱心传递出去就是上千倍的跨越。

王卫：主要是活动很有意义，大家都很想骑行。

泽宇：当时第一届你在穿越的时候，因为只有你自己一个人，是不是难度相对要大一些呢？

王卫：第一届是从广州到北京，它最大的难度是“极限”两个字，因为我只用了七天半的时间从广州骑到北京。每天早上大概五点钟起床，吃完早餐之后，五点半左右就出发。然后一直骑到中午，到晚上，直到凌晨十二点。我身边有团队提前为我找好住的地方睡觉，大概睡到第二天五点钟又起床，就这样重复，连续坚持了七天半。算下来一天大概要骑十五六个小时，所以它对体能是一个非常极限的挑战。我有好几次几乎都在自行车上睡着了，边骑单车边打瞌睡。

泽宇：那很危险啊，你怎么控制自己的骑行呀？

王卫：靠的就是意志力了，或者叫骑行的一种信念。当时确实很累，手很酸，屁股也开始痛了，虽然我是个老车友，之前已经骑过几万公里，但第一次穿越中国南北的时候，各方面都是对体能的透支，确实是一个很大的挑战。但在2014年就没那么困难了，第二届是在十二天内完成，平均一天也就骑行两百多公里，还是比较轻松的。第二届最大的挑战主要有两个方面：一个方面是气候比较反常，那时候经常下雨，而且还遇到了雾霾；第二个方面就是沿途要开展一些分享会，也就是白天骑完之后，晚上还不能休息。

泽宇：还要继续讲话，很累对吧？

王卫：对，还要讲一两个小时，完全是体力活跟脑力活的重叠了。而且，因为第二次的骑行途中总共有十二个站点，每站都有一百个左右的车友要互动，所以是个挑战。

泽宇：就是说在骑行的过程中，每一个路段都会有一群骑友陪伴你一起骑行，对吗？

王卫：对对对，非常感人。比如说郑州的车友，黄河大桥到郑州市还有二三十公里，我还没到郑州之前，他们就会到黄河大桥那里等着我，然后一块骑到郑州市去，真的非常感人。

泽宇：那一段路有多长？

王卫：应该有二十多公里。其实对于我来说，二十多公里就是小菜一碟。但是大家都非常热情，拥抱、聊天，都会问我在路上的情况和穿越的原因，他们也很惊讶原来骑行可以跟公益结合在一起。因为很多车友都把骑行当作一种交通工具，或者是一种休闲的方式，但是我是把骑行和公益结合在一起，还到高校去开展一些公益讲座。他们才发现原来骑行可以这么好玩，而且可以这么正能量，他们觉得很有意思，之后就问我为什么会产生这样的想法，那我就会跟他们交流，其实这也是传播一种公益理念的过程。还有一些是退休的长者，六七十岁，也跟我们一起骑行，我都感到十分感动。

泽宇：第一届是你自己一个人的挑战，但是第二届就从第一年艰难的苦旅变成了一个传播爱心的温暖之旅，越来越多人开始参与到你的骑行过程中，其实是很温暖的。

王卫：没错。

泽宇：我知道有一位长者叫齐乐，他是一位七十多岁的阿伯，还依然跟着你一起骑行在路上。

王卫：对。据说他骑行中国已经骑了一遍多，是一个体育爱好者，在退休之后继续骑行，骑了七八万公里，公里数远远超过我。当时我很惊讶，在想如果我退休之后还有这种激情，还能够骑那么远，我觉得人生就没有白活了。

泽宇：一方面是在传递一种挑战自我的精神，同时也是传递爱心。你提到沿途还会举行分享会，大家参与分享会的热情一定很高吧？

王卫：是的，参与度非常高。以石家庄的一所高校为例，当时现场来了两百多人，其中有些观众也是自行车协会的成员，现场提问都问得我没法离场。在我分享完之后，大家不停地问我大学的经历等各种问题，甚至有一些观众说要跟我骑一段。第二天骑行的时候，他们有一些人真的来跟我骑行了一段路，从石家庄往河南方向骑行，骑到郊外。其实大学生是很有激情的，他们有很多人都想在学习之余也能走出校园开阔眼界，而且这两三年特别明显，现在中国很多高校都有自行车协会，这是一个很大的趋势。

泽宇：因为其实骑行并不是一件难事，只要你有一辆自行车就可以骑行。

王卫：沿着校园就可以骑，比较好玩。而且更重要的是，他们知道很多人都曾经骑行中国，但是这些大学生很难亲自看到这些人。我是其中一个，而且我在大学用两个暑假、一个寒假骑行中国31个省市区，那我出现在他们眼前的话，学生就有一种身临其境的感觉，觉得很真实，那么他们就会想，原来我也可以做得到。这样对他们将梦想付诸行动肯定会有很大的启发。

## 零元骑行中国的神奇经历

泽宇：王卫非常喜欢骑行，很早就和骑行结缘，曾经在大学期间因零元骑行中国而成为了中国吉尼斯记录在册的首位骑行全国的在校大学生。

王卫：上了大学之后，因为还没有出过广东省，对外面的世界很向往，就想着不如骑单车走得更远一点，所以当时就有了在大学期间骑单车走中国的想法。接着慢慢付诸行动，最后就实现了。

除了港澳台地区，全国31个省市区都大致骑过了，至少每个省会都骑过了，公里数达到了两万多公里。

泽宇：你认为行万里路会让我们的视野更加开阔，对吗？

王卫：对，我觉得“读万卷书，行万里路，阅人无数，名师指路，个人感悟”这几句话，让我印象很深刻。在学校我们要读很多书，但是我们如果没有通过走万里路获得经验无数，或者拜访一些名师，然后自己思考，其实是挺可惜的。我每次行万里路回来之后，都会发现自己很多不足，回到学校里面，我坐在课室、图书馆看书，我的幸福指数会非常高。

我觉得行万里路给我最大的收获不仅仅是我的身体变得更强壮，意志力变得更坚强——这些肯定都会发生，最重要的是让我发现自己的无知，不出去我是不知道的，出去之后我才知道自己很无知。比如我到了尧舜的家乡江西那里，之前我真的不知道那段历史。我还到了一跃龙门那里，了解了大禹治水的故事。那些远古时期的故事、传说我都不了解。回来之后我开始恶补，再看一些历史书籍才了解了各方面的内容。所以说，从读万卷书到走万里路的过程，它们都是互补的。

泽宇：在这个过程当中，有没有哪一件事情让你自己觉得特别印象深刻的？

王卫：就拿穷游来说吧，很多人都比较关注我是如何零元骑中国的。我零元骑中国并没有跟爸妈要钱，我是通过自己的双手行万里路的。2007年1月份是我大二的寒假，我从广州骑到北京，身上就带了两百多块钱。那时候我的不足是很害羞，旅费不够又必须要骑到北京，怎么办呢？我想了个办法，必须要在沿途边打工边蹭饭，那最好的方式就是到一家饭馆去蹭饭。有一天晚上七点多，我因为旅费不够就在一家路边的饭馆停了下来。刚好饭馆的负责大姐走出来，她看到我就问我：“小兄弟，是不是要吃饭啊？”当时我就说肯定要吃饭啊，但是我的钱不够。当时情绪非常低落，又很害羞，反正内心很纠结。结果我进去之后，那位大姐就问我去哪儿，我说我要骑去北京。听了之后她也很兴奋，很欣赏我。因为当时我已经骑了十四个省，盖了很多邮戳，就像唐僧取经的通关文牒一样。然后我就拿了我的笔记本给她看，她看了之后又更加佩服我了，于是我就厚着脸皮说：“大姐你看我旅费不够，能否这样，你随便给我点米饭加酱油吃，吃完之后我帮你洗碗，行不行？我的旅费确实不够。”当时她听了之后也没说什么，就说：“小兄弟，你先点菜吧，大姐忙得很呢。”当时我以为没戏了，然后我就点了一个西红柿炒蛋，好像是八块钱左右。吃完之后她看着我，我看着她。

泽宇：这个时候你是想自己给钱的，是吗？

王卫：对，我估计肯定要给钱了，结果那大姐说：“小兄弟，这样吧，大姐佩服你，不用你给钱了，也不用你洗碗了，你赶紧骑单车上路吧。”当时我特别激动。以前我是不敢的，根本无法想象原来可以这样。

泽宇：因为那时候你的脸皮薄啊。

王卫：对，它完全突破了自我。就像很多人毕业之后找工作，第一次面试都很紧张。也就是经过那一次之后，我自己没那么内敛了，能够更加坦然地跟别人沟通了，这就是我在发现自己的不足过程中慢慢克服的。

泽宇：相当于骑行是让你不断完善自己的一个过程。

王卫：对。

## 从公益骑行到公益创业

泽宇：在2008年大学毕业之后，你并没有立即工作，而是选择了继续骑行，这是为什么呢？

王卫：当时刚好广州亚运会即将举行，所以我成为了一名亚运会志愿者，继续骑行东南亚、骑行中国，宣传广州亚运会。我在大学骑完中国，并成为北京奥运会的火炬手之后，很多用人单位都想要我，他们认为我有一股韧劲，有很坚强的意志力，都想把我当作管理培训生来培养。但是后来我都放弃了，因为我知道我去公司的话也干不了多久，这对公司是不负责的。我当时骑完中国，阅人无数回来之后，我觉得最重要的是我找到了自己的方向。读大学学习知识是一方面，而我觉得读大学最核心的是找到自己的方向。我认为我的方向是想要继续骑行，参与公益。刚好北京奥运会一结束，广州亚运会又来了，所以我就很荣幸地成为了亚运会的志愿者。

泽宇：那在做北京奥运会志愿者的时候，是不是也经历了一些印象深刻的骑行故事呢？

王卫：当时我是民间的奥运志愿者，就是在大学期间身体力行骑单车周游中国，宣传北京奥运会，主题是“迎奥运，新环保；骑行中国，宣传北京奥运会”。正是因为这些经历，让我成为了北京奥运会的火炬手。

泽宇：北京奥运会的时候，你带领着23名大学生穿越中国南北迎奥运，2009年，你又带领着7名亚运志愿者信使团的骑行团员，骑行了东南亚六国，骑到更远的地方。

王卫：是呀。

泽宇：我觉得这是你生命中非常重要的时刻，可以说是一辈子都值得你记忆的一件事情。

王卫：我觉得一个人的才华，一定要追随自己内心的方向行动，才能够把自己的价值最大化，如果只是为了一份工作而工作的话，那很被动。而且那时候我一直坚持一个信念：三十岁之前只赚经验不赚钱，三十岁之后用自己赚来的经验去赚钱。人三十而立，我觉得三十岁之前只要饿不死就行，而且存钱也没太多用处，还不如投资自己，去走更多的路。

泽宇：是不是正因为多年的骑行经历，让你逐渐萌发了创立"游学院"的想法，实现骑行和学习更好的结合呢？

王卫：对，这属于我们的公益范畴。"齐天下"是一个公益创业机构，我们分为公益和商业，在公益这一部分我们叫"公益游学院"。我把我的经历变成了课程，研发了三套课程：第一套课程是"自行车游学课程"，第二套课程是"公益责任课程"，第三套课程是"职业规划课程"。第一套课程教大学生如何骑自行车走万里路，第二套课程教大学生如何做公益，第三套课程教大学生毕业的时候如何选择自己的职业方向。你可以选择公益作为职业，你也可以选择商业作为职业，甚至到政府部门、媒体工作都可以，但是在选择之前一定要考虑清楚了再做决定，就像当年的我一样。这样的话，他们就会工作三年、五年甚至更长的时间，这样无论对于用人单位还是对于自己来说都是非常好的选择。

怎么做呢？打个比方，有一群大学生从广州骑行到北京，在这个过程中，他们要做三件事情。第一件事情就是去玩、去旅游，读一所围墙外的大学。第二件事情就是他们从广州到北京，目标是帮助某个山区学校筹集十个篮球或十个书

2015年从广州到北京，到达北京界后大家一起嗨。右五为王卫

包。这样做很有意义，对于山区的孩子来说，这个篮球丰富了他们的课余生活，对于大学生来说，他在做公益的过程中提高了自己的社会责任感。第三个事情就是跟职业规划结合在一块的，就是寻师访友。例如学生们骑行到长沙，这个学生假如是学播音专业的，他沿途就会拜访一些媒体的朋友；假如他是学市场营销专业的，就会拜访市场营销行业的前辈；如果他是学会计的，就拜访会计。也就是把专业打包带到骑行的路上。回来之后，学生们要把这三件事情写成一篇一万字的游学论文，我们会给他颁发一个“公益游学证”，证明他走了万里路。

我们传统大学的毕业证都偏向于“读万卷书”，需要学生考试考得很好，成绩很高。而我们的公益游学证则是鼓励学生们走万里路，一旦他们获得这个资格证之后，我们会再把这样的人才输送给中小企业，让中小企业获得更好的人才。这些人才身体健康，拥有良好的逆向思维，有自主判断能力，具有比较全面的战斗力。只要企业给他一个好的平台，他就能够马上发挥他的才华，这就是我们公益游学院要做的事情，也叫“公益游学”。其实有点像孔子当年周游列国、寻师访友一样，不一样的是当年他们坐马车，我们是改骑单车。

## 以公益骑行提升每个人的社会责任感

泽宇：我觉得最特别的是一种时尚生活方式和个人成长的结合，骑自行车对于现代人来说，已经不是简单的交通代步方式了，它其实代表了一种时尚的生活态度。骑着自行车走一下没有走过的路，对于每一个大学生的成长来说都会特别有意义。

王卫：会让他们变得更加完美。比如在一些经济比较发达、文化层次比较高的国家，像日本、美国、韩国，还有英国、荷兰，他们几乎都是自行车王国，这些国家的骑行普及率是非常高的。这也意味着骑行是跟经济文化联系在一起的，这也是我们“齐天下”的使命。

泽宇：其实对于中国来说，在20世纪的很长一段时间，中国也是一个自行车王国。但是为什么到了现在，骑行对于很多中国人已经不重要了，反而变成了一种时尚的生活态度呢？

王卫：作用不一样。二三十年前的“自行车王国”源于交通的功能，中国要重回“自行车王国”这个地位，我认为这也是我的使命。假如我们要重塑中国“自行车王国”地位的话，第一我们不要仅仅把自行车当作交通工具，我认为当代的“自行车王国”一定要把公益、游学、亲子游、低碳环保融合在一起。如果能够达到这个目标，我认为这才是真正的新时代的“自行车王国”，同时也不亚于日本、美国、英国或荷兰。因为有游学这个概念，而游学源于孔子时代。按照我的理解来，国外现在对自行车的认知还停留在休闲旅游的层次。但是我们就不一样了，如果我们能够把公益、游学，甚至把职业规划结合在一起，我相信，它就会是一个更高层次的诠释。

泽宇：这是一个未来要实现的梦想，它需要我们一步一步地慢慢实现。我知道在“齐天下”公益游学院，你会带领学生们一同行万里路，读万卷书，阅人无数，有没有发生过一些有趣的故事呢？

王卫：现在广州大概有十几所高校都有“齐天下”的小分部，我们主要是通过校园分享会和这些小分部招收学员。很多学员一开始都不喜欢骑行，有些甚至连单车都不会骑。但是他们参加了活动之后发现，原来骑行这么好玩。比如说女孩子，假如她一骑上自行车就会有两个标签，要么是“女汉子”，要么是“女神”。她们会觉得自己更加强大，实现了自我个性的张扬。我认为能够走出去，就能区别于其他的大学生。那对于男性大学生来说是一种血性的释放，是男子汉气概的展现。可以这么说，一旦喜欢上骑行，无论是女孩子还是男孩子，都会在这里找到自己的方向。

另外，骑行还会产生很多情侣。在他们行万里路的过程中，男女在一起可能会吵架，会磨合，会有欢乐，会有酸甜苦辣。旅程结束之后，大家要么就成为好朋友，要么成为兄弟姐妹，要么会成为情侣，所以它是非常有意义的一种情感交流的方式，当然这个情感有爱情、友情、兄弟姐妹情，那我们都能包容。打个比方，如果你想见证两人的爱情，我觉得在路上见证是最好的方式；如果你想见证这群人是否是关系良好的兄弟姐妹，就看大家在路上能否患难与共。比如有人骑得比较慢，其他人会等他；有人单车坏了，其他人会帮他修理轮胎；有人旅费不够了，其他人多了的钱也会借给他。大家旅费都不够了，在路上一起去打工，这些都是很好玩的事情。

泽宇：那这个课程你会亲自上课吗？

王卫：我的课程分为理论跟实践课。理论课程包含了自行车游学课程、公益责任课程以及职业规划课程，都是根据我这些年的经历编成的课程，比较有实战性。理论课上完之后，我会亲自带领学生们骑行广州。同时，我有很多老学员已经骑过万里路了，他们也会带着新学员去珠三角进行拉练，为新学员提供指导，互相帮助。这是一种传递，这样才是一个完整的生态系统。

泽宇：面向未来，机构会朝着怎样的方向发展呢？

王卫：去年（2014年）我们举办了一个比较大的项目“自行车上的中国梦”，通过骑行的方式参与公益服务。我们组织了十五支队伍，为“大爱清尘”“满天星”“走路上学”“益人义助”等公益机构在骑行中宣传他们的公益理念，同时帮他们筹集一些工资跟善款。今年这个项目还会继续举行“第二届自行车上的中国梦”，让大学生通过骑行参与公益服务。此外，今年寒假我们举办了一个“大学生骑车回家过年”的活动。在2015年我们会开始真正的商业化运营，用商业模式做公益，让它实现真正意义上的造血功能。我们会在广州找一百家中小企业，为他们服务。只要任何一家中小企业认同我们的理念，我们就愿意为企业培养人才。由企业捐赠一些资金给“公益游学院”，就像购买服务的概念一样。例如这个企业是生产洗衣粉的，我们的学员就在从广州骑到北京的沿途帮这家企业的洗衣粉做市场调研，完成调研报告之后再交给这个企业。我相信经过这种锻炼的应届毕业生到这个企业工作的话，工作状态会更好。

泽宇：那学生们在公益游学院上这些课都是免费的吗？

王卫：我们都是免费的，学员上课我们都不收钱，纯公益。我们把人才输送给企业，会向企业收钱，但这是一种公益的行为，资金多少由企业定。因为我们希望用公益的心态来软化商业的机构，最终目的是影响更多的中小企业也能够做公益。我们用公益的心态来对待企业，同时，也希望企业能够慢慢增强自己的公益文化。

泽宇：相当于是培育这些企业的社会责任。

王卫：没错。其实我公益游学院有两大核心，第一帮助千千万万大学生读一所围墙外的大学，走向自强自立；第二的话，就帮助千千万万的中小企业一块做公益。

## 带着公益梦，穿越五大洲

泽宇：骑行很辛苦，目前它的经济回报也并不是特别多，让你继续坚持下去的理由是什么呢？是不是那一份初心和坚持呢？

王卫：花得出去的叫钱，花不出去的就是废纸，像我骑行了这么多年，至少饿不死，这是个人价值观的问题。其实我并没有想要成为大富大贵的人，我觉得活在当下就挺好的，所以我觉得这两者并不冲突。从长远来说，我坚信这种模式能够创造出经济价值，肯定可以，只是需要一个过程。

泽宇：我相信骑行这种时尚的运动方式会一直吸引很多年轻朋友，包括企业家们的加入，一同献爱心，增强每个人的社会责任感，让更多人在这个过程中获得自我的提升。

王卫：对。

泽宇：我相信在未来，你还会一直坚持着骑行的，是吗？

王卫：会，直到骑完五大洲。

泽宇：好，希望这个穿越五大洲的梦想可以早日地实现。

王卫：在努力。

泽宇：同时也希望你的公益创业可以一直走在路上，好，谢谢王卫。

王卫：谢谢泽宇。

## 记者手记

认识王卫已经有两年的时间，两年内有很多很多次见到他的机会，然而每次见到王卫都给我留下了同一个深刻的印象：风尘仆仆的公益人。整洁的衬衫，舒适的休闲裤，略带沧桑的运动鞋，再加一个简便的挎包，就是王卫全部的装扮了。一米八几的个头，黝黑的皮肤和憨厚的微笑，总是能让人感受到这个男人的踏实以及从他身上自然而然散发出来的正能量。

为了自己的公益梦想，王卫已经在骑行的道路上行走了很多年，从一开始的单人骑行到如今的千人接力，我们感受到了温暖的传递以及爱的力量。他用最时尚的方式，让每一个参与骑行的伙伴都成为了民间公益重要的推动者之一。

一个人，一辆车，一条路，一个梦。王卫，一直在路上。

# 行者安猪：从背包客到公益人到社会企业家

■ 嘉宾："一公斤盒子"负责人余志海（安猪）

■ 记者：邓泽宇

听见公益

## 机构简介

中国农村地区的教育发展一直处于落后的境地，学校教学设施陈陋，学生活动空间狭窄，教师资源匮乏。虽然政府为农村教育出台了各项政策，如减免学费、建造希望小学、志愿者支教等，但种种问题依然存在。一个热衷于旅游的年轻人想通过自己的努力去改善这种境况，他将公益与旅游结合在了一起。从志愿者到社会创新家，从乡村公益的"多背一公斤"到教育创新的"一公斤盒子"，他一直在公益创新前行的路上。他，就是"安猪"——余志海。

## 一个背包客创办的公益网站

泽宇：我们今天关注的是教育，请来的是"多背一公斤""一公斤盒子"的创始人安猪。安猪，你好。

安猪：大家好。

泽宇：欢迎你。安猪的原名叫余志海，由于自己的英文名是Andrew，所以称为安猪。2004年，当时还是一个背包客的安猪创立了"多背一公斤"公益网站，这个网站的创立跟你当时的旅行经历有着很密切的关系，对吧？

安猪：对。其实我是一个非常喜欢背包旅行的人，我会利用业余的时间，包括辞职之后的空档期，去一些平时大家比较少去的地方。所谓背包，就是旅行者是不跟团的，他会自己设计旅行线路，自己安排行程，去的地方也是旅行团通常不会去的地方。那在背包的过程中，我们会路过很多农村地区，这些地区可能没有太多人关注。在一些乡村里面，我们经常会看到一些学校。在背包的过程中，走的地方多了，我开始不断地看到山村、农村、小学，于是开始关注这样一个群体。

背包客本身对世界、自然、人文都比较关注。在2004年4月份的时候，有一次跟一位朋友聊天，他刚从云南旅行回来，在跟我讲起他的旅行故事时，他说在云南当地就碰到了一个乡村学校和支教老师，在离开村庄时，支教老师托他给下一个村子的支教老师捎带两句话：你并不孤独，坚持就是胜利。

这个故事非常触动我，让我知道原来这个世界上有很多在很偏僻的地方默默坚持的人，所以也促使我有这样一个很强的决心，我一定要为乡村的学校和孩子做点事情，所以才发起了“多背一公斤”。它跟大家传统的想法不太一样，我是想利用旅行者的力量。因为我们每个人的力量都很微小，我自己能做的事情也很少，但是如果能够把更多像我这样喜欢旅行的人动员起来，每个人做一点点，那它加起来的力量是非常巨大的，所以当时就发起了“多背一公斤”这样一个活动。它的想法很简单，很多人喜欢背包旅行，背包旅行必然会走过很多乡村和学校，那我们是不是可以把旅行和公益结合在一起呢？让我们在旅行的时候，背上这些图书、文具，带给沿途你会经过的一些乡村学校。

泽宇：在2004年，这是一个很创新的做法，因为那时都是捐款捐物或者支教，但你已经引入了志愿者的概念。

**安猪**：对，现在不是很流行互联网思维吗？

泽宇：对。

**安猪**：其实我在那时候已经有互联网思维了，我设计“多背一公斤”受一个网站的启发很大，就是维基百科。维基百科它有一个特点，所有编辑词条的这些用户并不是它雇佣的专家，都是普通的志愿者，这样一个在线的百科词典

安猪

是由数百万志愿者集体编辑而成的。通过这种模式我看到群众参与的力量，所以我就想是不是可以把它利用在公益这个领域中。当然我也意识到，我们不能单纯号召志愿者参与行动，而是希望有协作，特别是信息上的协作。所以我就想到利用互联网这样一个形式，建立一个网站，在网站上提供这些乡村学校的信息，包括它的位置、需求等，可以由志愿者自己去更新、维护，甚至添加新的学校，那这样的话，就可以形成一个自发组织的形式。

泽宇：我知道“多背一公斤”这个网站成立没多久，马上就受到了很多人的关注，是吧？

安猪：可能这样的活动形式大家觉得很新鲜，而且也跟大家的生活有比较紧密的连接，因为这些年喜欢背包旅行的年轻人非常多，只是他们没有意识到原来背包旅行可以做公益，而且你的快乐可以感染乡村的小朋友。我们以前做公益，都预先把农村的小孩子看成处在一种很无助、很绝望的状态，其实他们的真实生活并不是这样。他们也有爱美之心，也喜欢玩，也对很多新鲜的事物感兴趣。

## 为了“多背一公斤”公益网站放弃了高薪工作

泽宇：在2004年你有一份很好的工作。

安猪：还算可以。

泽宇：而且，当时这家公司很快要上市，结果你却放弃了高薪的工作，投身到这个完全未知的公益领域，是怎样的原因让你做出了这样的决定？

安猪：那个时候是2006年，就是我发起“多背一公斤”之后的两年。我几乎把所有的业余时间都放到了“多背一公斤”网站的运作上，我发现我的时间不够用了。

当时，我还有了团队，要养活几个人。后来我换了一个角度去思考这个问题，我只给自己三年时间，这三年里面，最坏的结果是什么？我能不能承受这个结果？想好了就很快有了决定。我记得那时候是世界杯，大概是2006年的6月份，我跟老板说我要辞职，一个月之后我就离开了公司。

泽宇：其实这是经过了长期的酝酿后做出的决定，当时“多背一公斤”已经发展了两年。在这期间，你到广西、贵州、云南调研了很多次，有哪次印象最深呢？

安猪：我印象特别深的一次就是我自己去云南丽江，那个地方其实离丽江非常远，不是大家知道的丽江古城，是一个镇，叫宝山镇，从丽江古城坐车去大概要七个小时。它下面有一个特别漂亮的地方叫石头城，是建在一个大石头上面的村庄。在石头村旁边有一个中学叫宝山中学。我那次去那里边旅行边做公益，在石头城呆了几天，然后每天下午就去那个中学看。有一天下午我旁听了一堂初三的语文课，那个课文是《钱塘江观潮》。那个老师很特别，他走进课室后不是讲课文，而是先给同学们讲一段话，他说，同学们，我们今天的课文叫《钱塘江观潮》，但是我们在云南的山里面看不到大海，老师也没有去过杭州，没有看过钱塘江大潮，学校也没有这些照片或者DVD放给同学们看，所以很抱歉，待会儿老师在讲这个课文的时候，同学们请尽量发挥自己的想象力，想象一下钱塘江大潮是怎么样的。这个场景给了我一个很大的冲击，很多学校它缺的并不是一些硬件，而是怎样获得一些更好、更全面的知识和信息，让学校可以和外界同步。

泽宇：所以只是靠着志愿者自己背包，带一些物资进去给孩子们，也许不够。

安猪：对，我们也在慢慢地调整、完善，甚至有一些大的飞跃，都是在这样对乡村老师、乡村教育一点一点的了解中深化的。

## 做公益的方式有很多种，包括创造有价值的服务

泽宇：你在2006年的时候，转变为一位公益人，在2008年的时候，注册了“爱聚”这个创新机构。这个过程又是怎样实现的呢？

安猪：刚才提到我在2006年辞职，其实那一年有两本书对我的影响特别大，一本叫作《如何改变世界》，它讲述了世界上很多社会企业家的故事，他们有自己的社会理想，并且用自己的创造力去改变了当时很多的社会问题。另外一本书叫作《穷人的银行家》，这本书讲述了孟加拉的乡村银行创办人尤努斯博士，他是2006年那一年的诺贝尔和平奖获得者。他用一种小额贷款的方法帮助孟加拉的贫困妇女脱离贫困。传统来说，我们提到扶贫就是捐钱捐物，但是很多时候这种捐赠是没有效果的，因为你不能永远给钱，而且给钱还会造成一种依赖性。那么，尤努斯博士就用了一种新的方法，不是捐赠，而是贷款。所谓贷款就是要还的，而且还有一定的利息。这反而刺激了这些贫困的妇女要努力地思考怎么用好这笔钱，怎么把钱变成更多钱来还贷款，而且让自己脱离贫困。这种模式做得非常成功，帮助孟加拉数百万的妇女摆脱了贫困，而且尤努斯博士这个模式也被复

制到了全球。

泽宇：这个模式给你带来了怎样的思考呢？

安猪：这个模式给我非常大的冲击，我发现原来做公益有很多种方式，传统的慈善捐赠是一种方式，创造有价值的服务，让公益可持续运作，不必依赖捐赠也是一种方式。

因为我之前在公司工作，所以这样的方式对我是非常有吸引力的，因为用一种商业的思维、商业的方式去解决社会问题，是我更擅长也是更喜欢去尝试的一个方向。所以在2006年辞职的时候，我也想创办一个类似这样的社会企业，它可以自我造血，它可以自己持续运作，它拥有持续运作的能力之后，可以为关注的社会问题贡献更大的力量。

泽宇：结合你自己的专业技能，用一个商业的管理方式去解决社会问题，最后创造出来的是一种公共的财富。

安猪：没错。

泽宇：所以在这个过程中，你就成立了爱聚公益创新机构，对吗？

安猪：其实我又花了好几年时间去摸索我们的模式，从2007年到2011年，我们做了很多不同的尝试。我们差不多每年就会有一个大的项目，整个团队全年就做这个最主要的项目，但是我们每个项目基本上都活不过一年。

为什么会放弃这些项目？有两个标准，刚好是对应社会企业的标准。第一个就是你解决社会问题，对你而言是不是一个真正有意义的社会问题；第二个就是你有没有发现一个可持续的商业模式支持它运作下去。

泽宇：相当于又读了四年的大学，让你学到了知识，最后交出来一篇论文，那这篇论文就是你正在做的事情了，对吧？

安猪：可以这么说。我们现在做的是一个叫作教育的产品，叫“一公斤盒子”。简单来说，“一公斤盒子”就是一个很简单的、很好玩的学习工具，可以让学生或者老师很容易地开展主题学习。

## 让孩子学会自我成长的“一公斤盒子”

泽宇：那这个盒子里到底有一些什么主题和工具呢？

安猪：我们盒子有好几个不同的类别，目前有四个系列。一个是创作盒子，主要是针对一些美术课、手工课的活动；另外一个是阅读绘本活动盒子，那是针对小学生的一些绘本活动的设计；第三个是生活实践的系列，主要是针对生活技能、社交，还有社区参与等能力的培养，包括地震、交通安全、零食、环保等主题；第四个是科学类的盒子。

泽宇：那这些盒子到底是怎么用的呢？

安猪：我刚才说的是很多种不同的盒子。我们最早的盒子是创作类的盒子，是美术手工的主题。在我们跟一些老师交流的过程中就发现，很多学校不单是物质上的需求，更多是知识上的需求。我们看到很多学校的课程表上都有像美术课、音乐课这样一些课程。但是在走访学校的时候，你会发现很多学校是没有上这些课程的，或者是很随便地对付。

所以我们就开发了创作盒子，它包含了一些美术手工的材料，这些材料大部分是很难在农村获取的，像皱纹纸、彩色卡纸，像吸管、彩色棉签等，我们就把这些材料都整合在一个大的盒子里。

除了这些材料，还有一本教学手册。我们根据不同年龄段，总共配备了三十六个活动。每个活动都是通过四幅漫画把活动流程展示出来，所以老师们很容易学习和操作。就算没有上过美术课的老师或志愿者，你看着这个漫画，都可以立刻知道这堂课该怎么上。

同时我们也鼓励老师不用很辛苦地备课或者画得很专业，老师可以让学生们围成小组，四到六个人一个小组，用小组的方式让学生自己去学习、创作。因为小朋友的模仿能力非常强，小组这个环境的好处就是哪个同学画得好，其他人就能马上看见，马上学。

泽宇：让孩子们在学习的过程中找到学习的乐趣，而不是说一种被动的灌输。

安猪：对。我们设计的主题非常多样化，而且很强调这些主题不是单纯地去学习某些技巧，因为技巧对于学生的未来用处并不大，更重要的是培养学生的想象力和创造力，所以我们很多的主题设计是跟他们的生活有关系的。我最喜欢做的一些主题活动就是包括家乡的衣食住行，我们让小朋友们创作，让他们把家乡的衣食住行画成一幅画。还有一个活动是“家乡一日游”，我们提出一个问题，如果有城市的朋友来到家乡，你给他做导游，你怎么把一日游的行程画出来？先去哪儿，后去哪儿，有什么样的地方，有什么样的景点，都把它画出来。通过这样的活动，小朋友不是单纯地学会了画画这种技巧，而是跟他的生活连接起来，甚至学会了思考和解决问题。

泽宇：刚刚我们说的是创作盒子，那其他盒子呢？

安猪：我们从一个最容易看到的问题出发。大家先看到的是课表，第二个是图书室。现在很多学校是有图书室的，都不缺书，因为有很多外界的支持，大家都很关注图书阅读这一块。同时，教育部门也有考核的要求，要求学校必须要有多少本图书、人均藏书量是多少本等等。但是，我们发现图书室最大的问题不是缺书，而是缺活动。很多图书室有书，但是被老师锁了起来。为什么呢？第一是因为老师很忙，他们要教很多科目；第二是他们不懂得怎样管理图书和如何把图书室视为一个学习的空间。其实我们通过阅读可以学习很多知识，包括我们对事物的理解、对性情的陶冶，甚至对能力的提升都可以用图书室来完成。所以第二个盒子就是阅读盒子，我们叫绘本活动，主要针对低年级的小朋友。

泽宇：大家都知道，小朋友最喜欢看绘本了。绘本活动又能培养小朋友的哪些能力呢？

安猪：绘本就是我们以前说的图画、连环画。现在的绘本很高级，都是全彩的书本，故事也很棒，都是一些特别好看，特别有教育意义的故事。其实绘本除

云南鲁甸的孩子使用地震盒子，设计逃生线路图

了能让小朋友识字、讲故事，还可以锻炼他们很多能力，例如分析能力、对比能力、表演能力、表达能力甚至是协作能力等。

我们设计了八个绘本活动，例如“找对比”。小朋友读完这个绘本之后，他可以找出绘本里面的一些关键元素进行对比，例如大和小、长和短、粗和细等。还有个活动叫“人物画像”，帮助小朋友培养提炼的能力。每一个绘本、每一个故事都有主角和不同的人物，你怎么描述他呢？你能把他画出来吗？你能只用几个词就把他的关键性格表达出来吗？让小朋友多做练习就可以提高这样的能力。

另外还有一些活动，在看完绘本之后，小朋友们用这个绘本来编排一个话剧。我们提供一些头箍、彩笔、彩纸等，让他们设计角色，设计剧情，然后把这个绘本表达出来，这就培养了小朋友的协作能力和表达能力。所以我们觉得，书不只是用来阅读和陶冶情操，它也能培养你的能力。而且当我们在“绘本盒子”里提出了这样一个主题后，跟老师也产生了连接。现在老师的压力都很大，他们很担心，如果让小朋友花很多时间看书，会不会没有时间做功课？没有时间提高小朋友的数学能力和语文能力？如果我们的绘本能够将小朋友的表达能力、逻辑思考能力、分析能力结合起来，老师就会知道这对他的教学是有帮助的。所以我们的盒子经过这样设计之后，老师也会认同我们的活动。

泽宇：这样就能真正帮到每一个人。以往的背包客都是单向的帮助，只负责把物资交给有需要的人，但人家拿回去后用不用就不管了。而你们设计的盒子让大家都能从中得到发展和提升。还有哪些好玩一点的盒子呢？

**安猪：**现在我们主要做生活实践类的盒子。老师可能更关注一些科目上的教学问题，但是也有很多老师现在比较关注学生成长方面的问题，包括学生的健康、卫生、安全等。例如零食盒子，因为这在农村里是最常见的现象。我们在农村看到小朋友们都非常喜欢吃零食，当然城市的小朋友也一样喜欢吃零食。但是农村的零食有个特点，就是特别便宜。于是我们对零食进行了分类，有雪糕、冰棍、辣条、薯片、膨化食品、方便面、饼干等，基本上五毛钱可以买到其中任何一种食品。但是，五毛钱买到的食品是不是真的安全呢？这种食品在农村的安全监管是很薄弱的。我们看过很多小朋友吃的东西，都无法肯定是正规的产品还是山寨的，老师们面对这个问题也没有很好的办法。

于是我们设置了三个活动。第一个活动是我们发给学生一个收集袋、一个记录表，让学生们分组统计自己一个星期内吃过的零食，把外包装收集好放到收集袋里面，可能一个小组就有三四十种不同包装的零食。第二，收集到这么多零食之后，我们会给他们提供一些知识卡片和分类卡片，让他们进行零食分类。怎么做呢？其实零食的外包装有一些很关键的信息，最容易看到的是它的QS标志、生产日期、保质期等，更关键的信息就是它的营养成分，让他们针对这些内容进行分类，零食就被分成了健康的、不健康的、可能有问题的这三类。

通过这样的分类，结果就一目了然。我们会提供一张大海报，让学生们把所有零食的外包装都贴在这个海报对应的位置上。最后让他们再收集一周零食并和第一周的结果进行比较，学生们就能了解到自己的零食习惯有没有发生变化。

泽宇：其实是通过一个设计好的流程，让小朋友们自己发现问题，并且解决问题。

安猪：对，关键是让他们产生连接。因为我们的学习、教育常常是完全抽象的，跟我们的生活、生命没有关系。一旦我们学习的知识跟我们的生命、生活是有关系的话，这种学习马上就变得非常有趣，而且也增强了我们的主动性和兴趣。

## 从公益人到设计师的精彩转身

泽宇：产生了连接之后，也让机构可以找到更多生存和发展的方式。“一公斤盒子”这个项目也和企业产生了一些连接吧？

安猪：是的。为什么我们以前做得那么辛苦，现在做得好一点呢？我发现是因为有了自己的产品，而这个产品本身的价值被别人认识后，机构和企业合作是更容易的。以前我们都是带着一个理念合作，但企业很难跟你的机构做具体结合。现在我们有很多不同的盒子，我们就容易跟企业的其中一个需求产生很好的结合。无论是企业还是公益的基金会，只要它关注乡村教育，有学校的项目，它都可以选择合适的接入点。无论它是做艺术教育还是图书室阅读，是汽车企业还是牙膏公司，它都可以跟我们这些盒子产生很好的结合。

我们通过这样的方式跟企业合作，就可以采取市场化的合作流程，包括市场化的收费。同时，因为企业本身的经济力量更加雄厚，我们可以借助企业的力量用企业的资源投入到公益领域，提供更大范围的服务。

泽宇：但是，这毕竟是一个公益性的产品，而社会企业和商业企业还是不一样的，在商业领域它会很快获得一些市场方面的反馈并进行调整，但对公益产品可能就没有这么快的反馈，也就是说公益产品可能还会有局限性。你有没有思考过这个问题呢？

安猪：其实我们的模式也在不断地调整。一开始我们设计的盒子主要是跟企业合作，就是为企业做一些定制化的设计，这是我们刚开始时的主要模式。但是我们慢慢发现这对我们的积累不是特别有利，所以我们也在调整自己的模式。我们现在主要研发自己的产品，就像刚才提到的那几种盒子，当我们有了自己的产品后再跟企业合作，我们就可以尝试更多合作的方式，而且它本身更可复制。

我们下一步会考虑如何进一步把这些产品电子化，通过移动终端让更多人使用。现在智能手机是非常普及的，在农村也很普及，几百块钱就能买到很不错的手机或者平板电脑。如果我们能做出电子化的内容，便能通过一个APP或者微信把这些教学的方法、活动设计用电子化的方式传递过去，使它更容易被复制。另外，我们也会尝试设计一些更低成本的产品，通过免费的方式直接赠送给一些乡村的老师和学校。

## 一个资深公益人的教育创新梦

泽宇：那你认为你现在还是在做公益吗？如何实现设计和公益更好的结合？

安猪：我觉得我们是在用设计来做公益，因为我们不能单纯做那种低效率的、运输式的公益。所谓“运输”就是把钱从广州运到贵州，或者把课桌椅、衣服从广州运到贵州，这是运输式的公益。这种公益行为是不可持续的，因为这不能真正改变服务对象，没有让他的能力获得增长。而设计就是通过一种方法，通过一些产品的设计，让它变成学习的工具，让老师和学生的能力获得增长。我觉得这是一个更可持续的方式，就是我所说的用设计来做公益，这也是我们现在的定位。

泽宇：就是在设计的过程中，对于未来可能发生的各种场景做了一个科学的预测，然后通过自己的努力去推动一些实际的改变，让这个预测成真。我知道你有一个目标：希望在未来成立一个创新型的教育团队。对吗？

安猪：是。

泽宇：为什么会有这样的勇气呢？

安猪：可能我的视野更开阔，不再仅仅局限于公益领域，因为公益更多是往后看的，看到过去的缺失和不足，而设计、创新是往前看的，这是设计一个更美好的未来，让更多人获得这种未来。就教育来说，其实好的教育是不分公益和非公益的，从教育方法来说，公益是放之四海而皆准的，不是城市才需要好的教育，农村同样需要好的教育。像我刚才提到的这些教育的主题，包括零食、交通安全、地震等，其实城市也很缺乏。在这样的背景下，我发现教育是通用的，所以我们更希望回归到教育的核心，并设计出真正有效的教育产品，让更多的人受益。更多人受益的好处就是我们的选择会更多，甚至可以采取更灵活的方式，例如我们可能在城市是销售，然后用销售的利润去支持农村教育。这就颠覆了现在由企业购买的模式，而且这个模式可能会更容易被复制，让更多人受益，而且我们可以更稳健地成长。

泽宇：这还是你最初发起“多背一公斤”想要的一个追求吗？

安猪：如果说最初的话，在2004年我是无法看到现在的，完全看不到，可能永远就是那样。但是我觉得在创新的过程中，它的本质是不可预测的，如果可预测那就不是创新，那是机械式成长。例如今年达到一百万元，明年达到五百万元，后年达到一千万元，那是机械式成长。而创新是今年我设计了盒子，明年因为发展而推出了一个新的产品，可能是一个手机APP，可能是一个空间的产品等，这个才是创新。我觉得我们在做创新。我很难预测将来，同样我在十年前也肯定预测不到今天，如果我能预测到，说明我今天做的一点都不创新。

泽宇：所以未来还会有无限的可能？

安猪：我相信会有。但是我也在思考，虽然我做的事情一直在变，包括它的形态、模式都在变，但有没有不变的东西呢？我觉得不变的东西就是我对内在价值观的坚持。我发现不管是“一公斤盒子”也好，“多背一公斤”也好，都有共同的传承，就是我们相信每个人的力量。不管你是志愿者、老师还是小朋友，我们相信每个人都有行动的力量，每个人都可以学习，每个人都可以改变。这反映到我们具体的项目设计或者产品设计里面，我们呈现出的理念就是：我们相信每个人都可以是一个学习者、一个改变者。

泽宇：希望每个人都可以行动起来，一起去推动改变的发生。也希望“一公斤盒子”在未来可以通过越来越多的设计实现产业化的运作，用这些极具竞争力的产品，为公益服务，为社会服务。好的，谢谢安猪。

安猪：好，谢谢泽宇。

## 记者手记

2013年8月，我第一次采访安猪，当时听同行说起要采访他并不容易，因为他是一个很谨慎的人，如果对自己的项目没有充足的把握，他一定不会在媒体面前多说一句。当时，我认为这种谨慎应该和个人内敛的性格有关。

此后，由于各类采访和安猪的接触多了，我发现其实他是一个很可爱的大男孩。放松的时候，挑个空地就能坐下聊天，聊到兴起的时候也会哈哈大笑，眼镜框都会跟着微微抖动。我发现，所谓的谨慎和性格并没有太多的关系，更多的是来源于安猪对于项目的用心和严谨，这是一种态度。

从曾经的公司白领到初期的志愿者，从后来的公益人再到如今的设计师，十年间，安猪的身份一直在变化，然而唯一不变的就是他对于创新理念的不懈追求。以可持续的方式，助力社会问题的解决。民间公益的发展，有你，有我。

# 行善：
# 一款走路就可以做公益的APP

■ 嘉宾：爱盟公益发起人郭鹏

■ 记者：思元

听见公益

## 机构简介

行善，是一款由爱盟公益开发的手机应用软件，是一款通过走路就可以做公益的APP。行善通过简单易行的方式吸引了大众的参与，从而达到“传播正能量、普及公益理念、推介公益项目”的目的。它为大众搭建了爱心捐助全流程平台，可展现公益项目的发布、实施、监控的整个过程。

## 让腾讯乐捐系统瘫痪了

思元：今天我们请到的嘉宾是爱盟公益的发起人郭鹏。郭鹏你好。

郭鹏：你好，思元。

思元：听说上个月你们行善做了一件比较轰动的事情？

郭鹏：对，我们其实也没有想到。

思元：2014年11月23号当天腾讯乐捐系统瘫痪了，大概瘫痪了多长时间？是什么原因造成的？

郭鹏：当时是这样的，因为我们在腾讯公益上发起了一个筹款的活动，其实这个筹款活动是希望让更多的公众关注行善这个产品，同时一起来体验一下腾讯这个捐赠的系统。

思元：“一分钱合伙人”的捐款行动！

郭鹏：对，这个只需要捐一分钱，你就可以作为行善的合伙人，一起用行动支持公益，通过走路来完成一些筹款。当时活动发起是面向我们平台上的用户，用户他们直接到腾讯的“一起捐”，就是乐捐系统来支持我们这个项目。实际上我们当时发现系统出了问题大概是晚上10点多的时候，一方面是手机不停地响，因为晚上我们400电话会接到我这边和另外一个同事那边，然后有各种电话打进来，提的基本上都是同一个问题，说我们在“一分钱合伙人”上面捐款的时候发现银行扣我们钱了，但是我们收不到微信的这个捐款的回执、通知，是不是没捐到？甚至有用户怀疑我们说，你们是不是在坑我们钱？

思元：就是质疑你们是不是骗子？因为钱没了。

郭鹏：是的，当时微博还有微信公众平台很多人都发来截图以及相关的询问，甚至还有从菲律宾打过来的电话。当时我们马上就跟腾讯联系，大概10点半左右就联系上腾讯的产品负责人，然后大家临时建了个群，当时做了一些分析之后，腾讯说可能是现在捐赠人的人流量太大了，所以系统响应不过来。

思元：但雅安地震的时候一天有2 000万元的捐款也没出现这个问题啊？

郭鹏：是啊，他们当时也提到在雅安地震的时候，他们一天有2 000万元的捐款也没出现这个问题，没想到我们当时只捐了10多万元就出现问题了。我们认真地分析了一下，可能是捐赠次数太多造成的。因为最后统计数据有32万笔捐款，这事发生后导致用户对我们的平台产生了质疑。

思元：听到这里我觉得很紧张，你们是怎么做的危机公关，结果如何？

郭鹏：其实，我们在行善这个平台的运营过程里面，很少碰到像这样的情况，因为第三方的产品导致了用户对我们的一些质疑，不过还好后来很多事情都解释明白、解释清楚了。

腾讯当时也在他们官微上发了声明，就是让大家明白，其实是大家对公益的关注的热情，导致系统出现了一个问题，但是情况确实也比较特别，因为我们是集中一个时段邀请我们的用户来集体做同一件事儿，所以这个压力确实是超乎了正常的行为，它更像一种集中的活动，这样可能它整个的连接系统，包括它的爆发点会比较大一些，所以当时我们也没有想到。但是确实也挺让我们吃惊、高兴的，至少能够看到我们这些行善用户的力量。

## 值得反思的好游戏

思元：我觉得能够引爆当天捐款的行动，主要还是参与的门槛比较低，虽然这次活动做得真可谓是轰轰烈烈，但也让人觉得紧张得透不过气。还是先来说一下怎么想到这样好玩的方式的吧。

郭鹏：因为当时主办方希望我们做众筹的时候，我们看了一下，当时是选了10强，其他项目实际上是有这些传统的，比方有做脊椎修复的，或者是给贫困山区孩子做文化教育的等等，对象都很明确是弱势群体。而像我们的项目实际上更偏重的是筹款形式，因为我们倡导的是快乐公益。我们是一个支持性的平台，不是救助性的，所以我们就想了一个策略，邀请行善上的用户来做我们的代言人。

思元：代言方式很简单，只需要捐出一分钱？

郭鹏：是的，因为行善上的用户是特别认同我们这个理念的，但是你要让他去为这个事情完全做个捐款，我们觉得不太可行，所以就做了一个门槛特别低的捐赠方式。除了这个基本模式之外，我们还引入了团队的PK。行善上面有的团队有上万人，这些团队之间会有一个比赛，经常在行善上面做一个我们称之为“健康和爱”的PK，一方面看用户量，平均走的这个步数有多少，另一方面，看你们累计每个月筹款多少，所以我们就把这个集体荣誉感的团队概念引入到这次“一分钱合伙人”里面，除了你个人捐之外，你的团队也会上榜。

思元：集体的力量是强大的，以至于系统都瘫痪了。

郭鹏：其实那天晚上，我觉得还真的是挺惨烈的，里面有很多需要总结的。首先是当时就想把筹款最多的，或者说捐赠最多的前三名选出来，然后做一个重点PK，而这前三名他们的团队基本上都是上万人的。更重要的就是他们是一个组合，这三名在我们平台上分别以个人名义都建了团队，他们都特别希望能够在这次活动中拿到比较好的名次。所以大家都特别热情地参与，尤其是快接近活动结束的时候，开始特别疯狂，PK非常惨烈。大家都在上面做同一件事情，非常机械地做，这也不是我们所希望看到的。

思元：所以你们后来在凌晨12点的时候发了一个微博说取消排名？

郭鹏：是的，这个消息一发出不到10秒钟就被转了上千条，被人骂得狗血淋头，因为我们破坏了规则，所以赶紧把微博删了。后面我们也是做了一些解释，包括一些紧急的处理，应该让这些事情得到平息，至少大家都还比较满意结果。这次事情对于我们平台或者对于我来说，我觉得有两点是需要总结的。第一个就是在策划这样的活动的时候，其实不一定非得用排名这种方式，可能你设定一个更美好的目标，比如说大家完成了多少次，那我就会用一种什么样的方式作为回报，这个回报可能基于这个群体的回报，而不是说用排名这种方式去刺激人去做。因为最后大家看到用户这么疯狂，我们其实也接受不了，所以我们在策划的时候不要忘了最初想做什么，美好的事情也许能够引导一些美好的结果。

思元：排名这个东西实际上是利用了人的一个心理——争强好胜的心理，你们将来也是希望逐步取消这些东西，而是用一些更正能量的东西来引导大家参与。

郭鹏：对。第二个就是规则，不管你这个事情进行到哪一步，你都不要去更改你的规则，因为这是一个基本的诚信问题。还要补充一点，就是不要太贪婪，因为这个活动实际上对于我们来说，参加众筹，我们让每人都体验一次就够了，但实际上是有重复捐赠的，这个是没有必要的，过度地去追求一些数量会让我们失去做这个事情的初衷。所以行善一直在强调，就是“不忘初心，方得始终，行善不易，且行且珍惜”。不管怎么样，这件事情给我们留下了一个非常非常深刻的教训也好，经验也好，我希望分享给大家。

## 一款倡导大家走路做公益的APP

思元：通过这件事情我们可以看出，爱盟发起的这种捐款方式比较容易操作，而且比较有号召力。

郭鹏：其实行善本身不是希望大家直接通过捐现金的方式来实现，它更多是倡导大家走路，因为它就是一款和运动相关的软件，你走路或者跑步，都可以记录你的步数，记录你的健康值。最主要的就是你的这些健康值，也就是你的步数可以转换成捐赠，你每走一千步，就可以为公益项目筹款一块钱，而这一块钱是由企业来出。

思元：类似“与爱同行”？

郭鹏：对，但它是线下的，你走路，然后是朋友替你来捐款，而我们这个是线上的，应该叫作永不落幕的一种慈善比赛，你只要走路，那么就有企业来替你捐款。所以这种形式也是公众付出自己日常生活中的一些步数，或者就是一个附加值，让企业能够为公益做一些筹款，同时由企业来兑现。

## 用自己擅长的方式来做公益

思元：这是行善的常态模式，希望各方都用自己擅长的方式来做公益。

郭鹏：是的。因为在行善上面的很多用户是没有捐过钱的，他们都是一些年轻人，像十几岁的，甚至00后都有，他们这个年纪能够用手机的话，其实家里的环境都还不错，所以他们有一定的消费能力，但是他们的价值观不在于我要去捐款，他不一定把钱用到捐赠上面。

思元：但他们到行善上面，会觉得是他通过走路在赚钱，这样的话对他本人有一种自我价值的实现。

郭鹏：是的，他会觉得我赚到钱了，不管这个钱是给谁的！更何况这个资金是为公益筹款，对于他来说觉得自己又做了好事儿。

另外还有一部分是粉丝团体，他觉得这个钱能以他偶像的名义捐出去，对于我们行善的用户来说，是一种更新的体验，觉得在用一种很健康的生活方式去做事情。满足了自己的同时，也实现了自我价值，实现了各方面的诉求，所以这是我们行善在做的一种模式。

## 行善诞生的初衷：简单、快乐地参与公益

思元：怎么想到开发行善这款手机APP的？

郭鹏：爱盟的一个初衷，就是希望让大家都能够很简单、很快乐地参与公益，所以我们一直在思考。挺巧的是，2012年我们去韩国做交流的时候，正好看到毅行者的一个活动，就是香港做的跑步走路去筹款这个事儿。当时我第一反应觉得这件事情是可以做到互联网上的，因为很简单，容易让人参与，不用到特定地点、特定时间去做这个事情，所以它可以做成一个常态性的。

思元：于是你们就开始研发了？

郭鹏：对，后来我们就开始做研发，到2013年我们的产品出来了，就叫行善，特别传统的一个名字，但实际上它所包含的是一种健康的生活态度。一方面就是自己健康，我可以每天走路，运动量我能记录下来。另一方面它有一个关爱他人的功能，就是我每天走的这个步数可以做捐赠，1 000步可以捐1块钱给这些公益项目，而每个公益项目你可以自己选，选中后就会有对应的企业来兑现这笔捐赠。所以它很好地诠释了行善的初衷，或者也契合了爱盟的初衷，就是让企业在上面捐款，实现社会责任和品牌文化的一个传播，让公益机构能够得到筹款，同时让公众参与的时候也很简单，又很有体验感、很有成就感、很有参与感，这就是我们做的这个行善的产品。到现在运营有一年多了，中间也发生了很多事

郭鹏参加“一步一代餐”项目启动活动，通过行善APP，用走路的方式为广州地区的弱势群体筹集带用餐

情，我们一直在总结，一直在更新我们的产品。

思元：和我们分享一下行善这款APP上的功能吧！

郭鹏：目前行善上面除了记录你个人走路、你整个的运动健康状态以外，还有团队，你可以在上面组建自己的团队。上面有企业的团队，像南方这边有南方基金，有广州贵金属交易中心等等。还有一些粉丝团，多的上万人，像比较火的tfboys，他们加起来有三万多人，所以团队让很多走路的人有了一个归属感，他觉得这是有共同价值观的人一起在做一件好事情。而另一方面，行善上面还可以捡到宝箱，就是走路可以捡到一些惊喜。这个宝箱可能是用来捐赠，也有可能是自己获得的额外的物质上的激励、奖励，我们很希望在大家走路的时候能有一个小回报、小小的惊喜。

## 2015年爱盟公益将推出行善伴侣　一种叫作最懂爱的产品

思元：行善APP运行有一年的时间了，用户现在不光手机上可以下载行善软件，而且你们还将推出一款和行善配套的手环是吗？

郭鹏：是的，手环的基本功能和其他穿戴设备差不多，其实都说2014年是穿戴设备的元年，而我们做这个手环的初衷是希望让用户在记步的时候更方便。因为你带了手机去跑步、去运动还是很不方便，所以我们就开发了一款和行善配套的手环，叫“行善伴侣”，叫imo+。imo+也是用imore的名字。这个产品是2014年底做量产，2015年初就做一些销售。我们更希望它成为一种礼品，一种叫作最懂爱的产品。因为它的价值和普通手环不太一样，它有一种社会责任在里面，它是在传递我是一个什么样的人，我除了关注自己的健康之外还有社会责任，这是我们希望这个手环能够传递的一个正能量。计划就是2015年元旦发售，其实现在已经做了第一批了，也有一部分我们平台上的用户在体验。

思元：手环和行善APP在功能上有哪些相同和不同的地方？

郭鹏：从我们技术层面上来说，我们会在imo+里加上心率和一些更偏重健康的测试，甚至我们会和其他一些智能穿戴设备，比如说体重计、胎心胎语仪这些合作，让他们的用户使用这个产品，比如减肥到多少斤也可以捐，甚至一些孩子健康心跳检测完了之后也可以产生一些捐赠。让大家都感觉到一种正能量，就是行善的一种模式。

另外行善APP这个产品在功能上会做一些调整，在上半年我们基本上会完成两部分，其中一个就是行善的专版。不管是企业，还是一个机构团体，你都可以在上面建立一个行善专版，上面的用户都是你这个圈子里的人，有团队，有PK，可以发起些活动，可以一起用行善来做一些线下的支撑平台，比如公司周末举办一个行走的活动，大家可以用行善来玩儿，有排名，同时也可以捐赠。未来也会支持这种小项目的捐赠，比如说我这个机构或者企业想资助某一个项目，成为一种专属的项目，只有我团队里的人才能一起玩。

思元：互联网其实越来越是一个圈子文化了。

郭鹏：是的，我们还会在软件上增加一些亲子的功能，比如说会给一些家人关系比较好的，让他们自己在上面建一些团队，号召他家的小朋友戴上imo+。我们其实在2014年年底的时候已经开始面向一些小朋友推广了，他们会觉得这个很特别，而且做这个事儿会比我们更有成就感，因为他整天在跑，回来让爸妈同步一下，然后也给其他孩子捐到款、筹到钱。在我们看来这是一种教育，这种潜移默化的教育让他们懂得幸福、懂得去感恩，这是我们希望行善这个产品能带来的。

思元：包括像这种圈子，就是类似亲子乐园这样的一些活动？

郭鹏：是，我们希望都会在行善上能够表达出来，包括从运动量可以关注一些人，看他们的运动情况，同时提醒他们要经常运动等等，所以行善的功能更多会拖向圈子这块，社交这块会加强。另外一个就是个人健康管理，线下这块我们也会和一些体育场馆合作，让大家去体验一下imo+这个产品。这样的话我们也希望有兴趣的企业能够提供出一块小的地方，作为行善的一个体验店。

思元：有联系过这样的企业吗？

郭鹏：我们在深圳这边谈了一家高尔夫场馆，他们会给一个体验位，就是让大家戴着imo+或者戴着手机，在挥杆的时候，每一次挥杆都可以用来行善，然后每天练球的数量、挥杆的次数也可以用来捐赠，这种方式是我们所期望看到的。我们希望未来在更多的地方，比如一个健身器上面就有这种行善的功能，跑步者在跑的时候可以戴一个imo+或者戴上一个手机，那么他跑的这个步数也可以用来捐赠。让大家了解这是一种更健康的生活方式，除了对我的身心健康，还能让我的心灵得到一些健康的洗礼。基本上这是我们现在做的整个规划，线下我们也会开展一些这种合作。

## 记者手记

只通过日常走路，不花费额外时间、不花一分钱也能做公益。这听起来似乎有些不切实际，但如今，只需要使用一款手机软件，便能做到！2013年7月份，一款名为“行善”的手机软件上线，让日常生活中再普通不过的走路，也能为公益筹款！

“行善”采用离线省电省流量的方式，自动在后台运行，它把手机变成一个计步器，当你走了1000步时，就可以选择一个公益项目，捐出1元钱。那么谁来为这1元钱买单？企业！行善提倡的是一种健康的生活态度，自己健康的同时可以关爱他人，1000步可以捐1块钱给公益项目，然后会有对应的企业来兑现这笔捐赠，郭鹏说这叫“永不落幕的一种慈善比赛”，大众容易参与，企业也可以实现自身的社会责任。目前“行善”已上线14个公益项目，包括山区贫困儿童的“免费午餐”、关注尘肺病人的“大爱清尘”等，其中已完成12个项目，筹款累计80余万元，这相当于行者们行走了8亿步，环绕地球12圈，累计参与活动上百万人次。

中国从不缺乏公益项目，但大多影响力有限，大众参与不足。郭鹏认为公益要迈向大众化是极其重要的第一步，而行善恰恰在便于公众参与这方面迈出了极具创新的一步。同时，走路就可以做公益，这种时尚的生活方式自然对年轻人有极大的吸引力，也让我对行善的未来充分期待。

我更期待的是，中国公益界有更多的“行善”出现。